转型与坚守

新媒体环境下深度报道从业者访谈录

张志安　刘虹岑　著

南方日报出版社
NANFANG DAILY PRESS
中国·广州

图书在版编目（CIP）数据

转型与坚守 ：新媒体环境下深度报道从业者访谈录 /张志安，刘虹岑著. — 广州 ：南方日报出版社，2015.6
ISBN 978-7-5491-1281-4

Ⅰ. ①转… Ⅱ. ①张… ②刘… Ⅲ. ①新闻工作者－访问记－中国－现代 Ⅳ. ①K825.42

中国版本图书馆 CIP 数据核字(2015)第 084622 号

ZHUANXING YU JIANSHOU
转型与坚守 —— 新媒体环境下深度报道从业者访谈录

著　　者：张志安　刘虹岑
出版发行：南方日报出版社
地　　址：广州市广州大道中 289 号
责任编辑：刘志一　郑　颖
责任技编：王　兰
责任校对：阮昌汉　王　燕
经　　销：全国新华书店
印　　刷：广东信源彩色印务有限公司
开　　本：889mm×1194mm　1/16
印　　张：18
字　　数：267 千字
版　　次：2015 年 6 月第 1 版
印　　次：2015 年 6 月第 1 次印刷
定　　价：38.00 元

投稿热线：(020) 87373998-8503　读者热线：(020) 87373998-8502

网址：http://www.nanfangdaily.com.cn/press　http://www.southcn.com/ebook

代序

转型中的坚守

胡舒立

在这样一个变动不居的时代，新闻人是幸运的，因为新技术可以扩大新闻生产的内容和传播渠道，增加新闻影响的广度、深度和精度，也可以提供更多的商业选择。与此同时，新闻人也是焦虑的，因为新闻承担的社会责任和价值正在受到冲击。互联网革命下，商业大潮奔腾而至，如何传承新闻媒体作为时代瞭望者、社会把关人的角色，如何在坚守公共利益的同时求得商业上的发展，新闻人面对着严峻的挑战。

传统媒体的转型迫在眉睫

媒体转型是一个持续多年的话题，并不新鲜。不过中国媒体，特别是以平面媒体为代表的传统媒体，其实一直沉浸在最近十多年繁荣的幸福惯性中，到2013年下半年，这个行业才有了非转不可的共识，而且承认转型迫在眉睫。2013年中国平面媒体的营收整体下滑25%；2014年一季度，同比又下滑25%。媒体经营的前景突然变得如此暗淡。举目四顾，我们所处的环境已经非常险恶。

第一，支持过去十多年媒体发展的经营模式，即广告模式已经崩塌。虽然广告市场整体并没有大的萎缩，但是广告投放方式发生了根本性变化——由过去的品牌（branding）、市场（marketing）、销售（sales）三并重，转为主要偏重销售、满足销售目标（pre-sales）。新兴的交互媒体更有助于广告商实现这种销售目标。商业模式必须转换，这是我们面对的长期性问题，而不是周期性问题。而一个行业改变其商业模式，这当然是最难的事情。

第二，媒体运营在广告收入之外，还有发行收入，即收费模式。但中国新闻的数字媒体采用收费模式，显然难以成功。应当承认，互联网技术导致的知识产权挑战，是行业面临的共同问题。但在中国，新闻媒体对自有版权的保护能力之低，可能也超过任何其他行业。

早在十余年前，中国的绝大多数平面新闻媒体就以低价或无偿的方式，自动放弃自有数字媒体版权。这一巨大的战略失误，虽有其必然内涵，而且成就了中国互联网门户网站中的佼佼者，但也使平面媒体行业受到致命性损害。其直接结果，就是使中国平面媒体通过发展数字媒体收费业务补充广告收入的举动，变得极为困难。

《纽约时报》《华尔街日报》等英文版都采用收费模式，目前《纽约时报》已出现收费收入超过广告收入、电子媒体收入超过平面媒体收入的良性局面。他们的转型当然也非常难，但至少是已经通过拐点。但中国新闻媒体，目前还看不到这种收费模式成长的机会。

第三，由于特殊国情下的体制因素，中国的平面媒体虽然已经成为一个大产业，但缺乏依靠市场进行整合的能力，行业效率相当低下。收购、兼并、破产、关闭等常见的市场手段，无法发挥作用。如今，这个行业已经到了没有退出就没有效率实现的阶段，但退出仍然极难。中国的互联网公司媒体平台迅速扩张、创新不断，早已是三分天下有其二。在这样的媒体版图中，传统新闻媒体面临生死考验。

说到传统媒体，现在绝不是平台问题——所有的媒体都既有平面又有网站还有手机平台——现在的问题在基本模式，传统新闻媒体行业靠高成本投入支持一线采编，然后通过印刷并辅之以电子传播的这种商业模式，因为支持其收入的广告模式崩塌，而难以为继。

变化是个过程，因此很长，但转折并且意识到转折，就是眼前。

新闻人创业要看清四组关系

互联网技术的迅速迭代和运营模式的提升正在解构和重构新闻机构的组织流程、商业模式，同时也冲击和改变媒体组织和媒体从业人员的现状以及既有的价值体系。

新闻媒体近来出现许多变化和动荡，转型冲击强烈，“创业”成为最近的热词。无疑，中国新闻人正站在十字路口。在这样的环境中，许多专业新闻人离开专业的大型媒体平台，寻求新媒体平台的创业。转型从个体开始，形成创业潮。

中国新闻媒体，我这里主要指以报纸为代表的平面媒体的转型，与外国同行不同，有两个特点。

一是时间更晚。英文主流媒体的转型震荡，我认为是出现在十年前，并且由于2008年的金融危机而加剧。中国则由于多重原因，特别是市场约束不足、经济形势较好等，行业一直到2013年下半年，才真正感到震动。

二是媒体人较为主动。美国新闻界面对转型冲击，不仅出现报纸关张，还曾有过连续若干年的大规模裁员，一片愁云惨雾。中国媒体尚未出现行业震荡和收缩，已经有相当一部分比较出色的编辑记者离开专业岗位。近来创业是如此频繁，以至听说哪位名记名编离职创业，已经不再是新闻。媒体人的创业潮，正加速发展。

同时，还有一些有组织的主动创业探索，包括一些媒体发布各种政策鼓励内部创业，以创业姿态做脱胎换骨的结构性改变，和新闻人加入新生互联网公司媒体平台，等等。

中国为什么会出现这一局面呢？首先是体制机制原因，这使许多新闻人在做出创业选择时，机会成本大大降低。此外，前几年一些新闻人的创业得到市场初步认可，在从天使、风险到成长型基金的资本接力中，已有小成；而目前市场资金仍相对充分，众筹、P2P、一些小型创业基金活跃，正是创业潮的直接推动力；更重要的是，随着技术和商业创新，一些新的媒体表达方式的出现，特别是以“自媒体”为总称的各种小型媒体产品的涌现，极大降低了创业成本。

这一轮新闻人的创业潮能持续多久，能够发展到多大规模，成败前景如何，其中有没有、有多大的泡沫和幻象？这些都有待观察，面对行业的困境和同行的激情，要看清四组基本关系。

1．个人与机构

新媒体创造了很多机会，自媒体平台，特别是那种以个人视频为内容的制作平台，投入小，但可以较快有收入。对财务前景暗淡的传统媒体来说，这似乎成为转型捷径。但就目前所看到的商业机会而言，这些新媒体形式，只属于单个新闻工作者的转型窗口，并没有为新闻机构的商业转型给出解决方案。做新闻的大事业，还是要靠机构和公司。

2．成功与失败

我最近采访特斯拉汽车CEO埃隆·马斯克（Elon Musk），问到他如此成功，有没有过失败？他说，我只是这两年才算成功，过去的许多战役都是失败的。创业固然要志在必得，但也要准备失败。本人，社会，包括行业，都要容忍先行者的失败。只有少数人适合创业；创业者中只有少数人能成功。我们鼓励创业，核心是激发创新精神，置于死地而后生的奋斗精神。

3．政府与市场

创业靠什么？媒体处在交叉口，很多人想政府、体制和市场的好处兼得。但新媒体天生是属于市场的，是中国这个转轨经济体中最完整、最开放的领域，即所谓的open sector。政府在新媒体领域中只是守夜人。中国走在市场轨道上，而且会继续往前走。我们在巨大的行业变局面前，更应当看清本质和趋势。如果想靠着政府创业，恐怕是难以获得真正成功的。

4．创新与坚守

新闻传播需要在传播渠道和表现方式上改变，但仍然有其不变的灵魂，即新闻专业主义的主体内容。在中国，新闻真正以读者为尊，是最近二三十年的事情，专业主义只是初有成长。如今，我们又面临双重转型：新技术带来的行业大转型和中国的社会经济政治的大转轨。行业的转型，是靠坚守和创新的双重努力推进的，而且是靠一大批人的紧密合作，靠新闻组织、新闻机构的坚守与创新的双重努力推进的。现在在世界范围内，我们看得见的成功的曙光，都是这样一种整体努力的结果。

创业和专业要不要兼得，能不能兼得，如何兼得，这是当前处在十字路口的中国新闻人思考得最多的问题。方向非常清楚，答案却无法完满。或许，要由我们一代人的不屈不挠的实践，去填写关于明天的答卷；要靠创新与坚守的双重努力，证明新闻专业主义可以基业长青。

新媒体不能放弃对社会责任的坚守

互联网从20世纪90年代进入中国，到90年代后期已经相当兴盛，此后更是年复一年地高潮迭起，势不可当。这必然给中国新闻界提供巨大的机会，也势必会掀起巨大的挑战。新闻人如何传承新闻媒体作为时代瞭望者、社会把关人的角色？如何在坚守公共利益的同时求得商业上的发展？新闻人面对着严峻的挑战。

选择是多样的，因为我们走在由层出不穷的新技术提供的机会丛林之中，或许很多道路都可以通向成功的明天；但选择其实也是单一的，因为在传统的商业模式被颠覆之后，新闻人的使命并没有改变，方向一如既往，所以我们的道路可能格外艰辛。

众所周知，从平面媒体到门户网站，再到社交媒体、移动平台，新闻媒体在互联网时代面对全方位的挑战，新闻内容的生产机制和传播机制出现根本性的变化。

首先UGC的出现、大数据分析工具的普遍应用和O2O的流行，一方面使得新闻生产从单向发布变成众生喧哗，从精英导向变成更加追逐大众，从专项内容转向设计产品，这使得定位更加精准和细分，服务功能更为细致。另一方面，也出现信息过载、噪音过多的现象，对用户的过度迎合导致低俗化抬头甚至风行，版权的缺乏使得传统媒体难以获得应有的回报，再加上新闻生产投入不足，整体质量下降。这些虽然是市场的阶段性特征，但其负面效果不容忽视。

其次，新媒体从业人员的角色正在从记者和编辑向产品经理转变，这对于改善用户体验至关重要，而自媒体的大量涌现，在一定程度上减少新闻生产环节，降低成本，但基于新闻专业主义的严格把关的缺失，客观公正等基本报道原则也受到挑战。

最后，新闻业的传统价值体系也受到巨大冲击。一方面由于商业压力，另一方面由于理念的缺失，一些新闻媒体存有对广告客户的非正常保护，甚至出现利用新闻报道进行敲诈的违法犯法行为。这些年发生的有偿沉默事件，不仅严重损害市场秩序，挑战法制原则，而且严重破坏新闻业的社会公信力，所有新闻从业人员，皆因此感到痛心。

互联网时代，仍然需要强调新闻内容绝不是普通的商品，更不是市场利益体系中的某一方。它作用于弘扬社会主流价值。传统新闻业经过上百年的发展演变，不仅形成以公信力为核心的价值体系，而且发展出一整套制度保障，比如经营部门与经营编辑部门的防火墙隔离，评论与事实的严格区分，编辑稿件的多重审核流程。

基于此形成的新闻价值观和操作准则，正是新闻报道客观中立的有效保证，在主要以报纸、杂志和广播电视为载体的时代，新闻媒体在履行社会责任的同时，采取以读者为基础，以广告收入为支撑的商业模式，可以获得很大商业成功。这种在当时相当完善的商业模式，有效地支持媒体继续履行其社会责任，也使新闻业蓬勃发展，形成一个大产业、大行业。

在互联网时代，一方面新媒体获得新的传播平台和渠道，影响力大大加强，其承担的社会责任更加重大，获得的社会效益也更加显著。另一方面，媒体旧有商业模式被改变，乃至被颠覆，而新的商业模式远未建立，这使得媒体极易因为商业目标而放弃社会责任。特别是当商业利益和公共利益发生冲突的时候，媒体可能将商业利益视为首要的，甚至唯一的选择。这种情况正是经济学上所说的负外部性。负外部性继续放大，会从根本上伤害新闻媒体这个行业，使之丧失立身之本。消除这种负外部性迫在眉睫，这关系到这个行业的命运。

在这里，观念、理念、价值、号召都不可缺，但更重要的是建立起让新闻业能够健康发展的内部和外部的制度环境，关于此，要做的事很多。

于媒体而言，我们认为无论是新媒体还是传统媒体，只要是在从事新闻传播行业，就应当在分工的基础上，在新闻组织内部建立并且坚守经营部门与编辑部门的防火墙——广告销售部门在任何时候、任何情况下都不能指挥、左右、影响新闻编辑部门，新闻编辑业务必须独立于公司的广告利益，要坚决杜绝所谓客户保护名单，防止广告商利益影响新闻传播的公共责任。

防火墙是新闻媒体组织的基本制度。在互联网时代，国外有些媒体出现防火墙后移的说法，他们认为在编辑和经营销售之间有一个运营部门，运营过去是属于经营部的，现在可以确立为一个独立部门。也就是说防火墙过去是在编辑和经营部之间，在互联网时代，有运营的出现，他们认为防火墙应放到运营之间。但第一，这种模式仍然在探索中；第二，移至编辑部和销售部之间，仍然坚持在广告销售部门和内容之间是有一个防火墙，这是世界通例。

不管怎么样，广告绝不能指挥新闻编辑内容这一规律是铁律，自进入互联网时代，这个世界通例在行业中并没有动摇。在坚持防火墙的前提下，还应该着眼于提升编采人员的专业能力和道德水准，并且取消直接与收入挂钩的商业指标考核。

对于跨越采编经营部门的某些以新技术为驱动的创新探索，应该建立合规化的管理机制，充分考虑利益冲突防范，防止不当套利。

当然，刚才我讲的是对媒体一方。对监管者一方，我们认为应该积极改善媒体的竞争环境，通过建立优胜劣汰的退出机制，发挥市场调节作用，通过版权保护、鼓励原则，提升行业的普遍质量，通过清理有偿新闻，净化网络空间，使优质媒体能够获得正当的商业回报。

互联网对各行各业的重塑整合是一个创造性毁灭的过程，这个过程会非常辉煌，也会非常痛苦，最后的结果可能是难以预想的。不过，不管整合如何发生，有公信力的、公正平衡的新闻媒体，对于中国社会的健康发展和成功转型都是必不可少的。

总之，互联网冲击下的媒体建设注定是充满曲折和充满创造性的，也必然是一个漫长的市场调整的过程，可能需要一代甚至几代人的探索。然而历史会证明，对于社会责任的坚守，将是新媒体最终的生命力和价值所在，自由而负责任的新闻业才能造福于民众，造福于中国的明天。

（作者为财新传媒总编辑、中山大学传播与设计学院教授）

目录 CONTENTS

第一篇　转型的思考

第二篇　重构的挑战

第三篇　记录的意义

第四篇　调查的逻辑

第五篇　职业的反思

第一篇

转型的思考

财经记者往往面临转型的诱惑

——专访《21世纪经济报道》特稿部总监陈小莹

陈小莹

1983年生，上海人，曾任《21世纪经济报道》首席记者，现任该报头版/特稿部总监。2006年入职以来，连续四年被该报评为年度记者，2009年南方报业传媒集团的年度记者。代表作之一《京沪高铁20亿贷款变形记》荣获2010年腾讯网年度华语传媒盛典“年度经济报道”大奖，牵头负责的《起底实德资金链》获2012年度南方周末传媒致敬奖。

访谈实录

用财经的视角去报道社会公共事件

张志安、刘虹岑（以下简称张&刘）：从2005年入行起，你就一直做的是财经新闻，怎么理解财经新闻，比如小财经、大财经等概念？

陈小莹：我2005年入行起就一直做的是财经记者。“财经新闻”这个概念本身一直被财经媒体不断扩展内涵和外延，可以说现在的财经新闻都是一个“大财经”的概念。举个例子来说，像“钱云会事件”[1]，如果用传统的新闻概念的划分，可能比较倾向于把它划归为社会新闻里面去。

① 钱云会事件，即乐清蒲岐“12·25”交通肇事案。

再比如“唐慧事件”[①]，很明显这是一个法制领域的选题，但所有的财经媒体也都会去做。因为在中国当下的语境里，由征地问题产生的矛盾背后，是农民作为一个利益群体与其他利益群体博弈产生的矛盾，这个普遍存在的激烈矛盾正是中国经济环境下的重要命题。甚至可以说，这个问题解决不了，经济的上层建筑都会被动摇。

事实上，只要发生这样类似的事件，所有的财经媒体都会去做报道。法制报道也一样，一个公正透明的法制环境，将对经济发展起到深远的影响，绝不能因为是财经媒体，而把自己的视野局限在狭义的财经领域。

我们的社会结构、法制基础等领域与财经密不可分，互相作用。所以，几乎所有的财经媒体都会去报道，像《财经》、财新传媒，也包括《21世纪经济报道》，都会倾注时间和精力去调查。因此，在我看来，传统的划分已经不太合适今天的财经新闻的定义了，现在都是“大财经”的概念。

张&刘：“大财经”基本是指广义的财经新闻，用财经的视角来报道社会？

陈小莹：我指的是广义的财经新闻。今天的财经新闻的范围不单单只是公司新闻、产经新闻的报道，已经扩大到时政、法制、社会事件等各个领域。可能在传统的概念中，这些都只能算社会新闻，但在今天的语境下，这些领域的报道已经被纳入绝大多数的财经媒体的报道范围之中了。

同时，在具体操作层面，很多财经媒体也形成了自己的一套方法论。面对其他领域的新闻，财经媒体不是报与不报的区别，而是怎么报的问题。

张&刘：这种“大财经”的报道实践主要由哪些方面的原因导致？

陈小莹：这也算一种趋势吧。一方面，因为现在不仅仅在中国有“大财经”的现象，在美国，比如《华尔街日报》也会经常报道一些时政新闻、社会事件等。“大财经”本身就是一种趋势，因为政治、经济、社会并非独立存在的结构，很多时候是互为基础的。中国现在所面临的社会现实，比如严重的贫富分化等等，这些社会结构本身决定着经济事件的发展，是经济发展不能回避的问题。

另一方面，一开始经济新闻在中国的发轫，像是《财经》杂志早期著名

---

① 唐慧事件，即“湖南永州少女被迫卖淫案”中受害者乐乐的母亲唐慧为女儿的遭遇奔走各处上访，2012年8月湖南省永州市公安局零陵分局以“扰乱社会秩序”为由，对唐慧处以“劳动教养1年6个月”。

的报道《银广夏陷阱》[①]等都是聚焦于财经领域。但这几年《财经》杂志在法制新闻方面做得也特别强，反腐的报道也做得特别多。这既是社会现实造成的，也是舆论热点导向所驱使的。

在微博上，许多意见领袖谈论最多的也不是他们专业领域的事，反而是一些公共事件。其实，今天中国发生的很多事情如果用“社会事件”这个词来定义可能并不妥当，用“公共事件”才能准确地表达，更有利于解释为什么财经媒体会去关注这样一些事件。

张&刘：针对公共事件的报道，财经新闻与一般的社会新闻在报道角度的选取上会有所不同。介入重大突发事件报道时，财经媒体通常会从哪些角度切入？

陈小莹：就动车事故或者地震这些重大的突发事件面前，在第一层次的报道上，没有社会新闻和财经新闻的区别，因为第一层的报道都是关注救援。这个时候，新闻的第一要素与记者的媒体出身是没有关系的，肯定都是以人性关怀为出发点去报道这样一类的事件。

如果说财经新闻的切入角度与其他一般的社会新闻有什么不同的话，大多是在第二阶段，由于财经类媒体本身对于财经领域方面有一定的积累，在后续的报道上会有自己的独特视角。

举个例子来说，雅安地震发生之后，我们报道了一个上千亿元经济损失数据何来[②]的新闻。当时是雅安有三个重灾县，每天都上报自己当地的经济损失情况，很快就发现这个数据达到上千亿元的规模。结果，当我们把上报的数据与上一年当地的GDP数值比较之后发现，上报的经济损失数据至少是其上年GDP总和的21倍。我们就开始从这些角度去质疑这样一个经济损失上报的情况：这个统计数据是怎么来的，统计的口径是怎样的，上报的损失内容具体包括哪些，上报的过程是如何的，当地得出的这个数据是否可靠，等等。最后，我们的这篇报道在雅安地震期间引起了很大的反响，当地政府上报损失的方法立刻被叫停，国务院也派了由专家组成的调查组下去具体核定当地的受损情况。所以，与经济挂钩的这部分可能是我们财经媒体比较擅长的领域。

---

① 原文刊登于2001年8月的《财经》杂志，银广夏虚构财务报表事件被曝光。

② 原文见《21世纪经济报道》2013年4月26日的报道：《雅安地震评估进行时　上千亿经济损失数据何来？》。

再比如汶川地震的时候，我们写的关于校舍倒塌的稿件与其他时报类的稿件相比，有一个很明显的特点：我们的稿件与地方财政的分配体系是紧密结合在一起的。首先校舍的倒塌与它的维护费用是否落实到位是紧密相关的，维护费用里面深入下去就有两个问题，第一是维护费用是否能落实，与地方财政的配套资金能力相关度极高，财力越弱的地方，配套资金被挪用的情况越严重。第二我们发现由于城乡二元体系的割裂，城镇小学和村小所获的资金来源不同，数额上也大不一样，这也是造成最后村小倒塌严重的原因。我们会沿着体制原因来探究校舍倒塌的原因，这可能是财经媒体比较不同的地方。

可能财经媒体会有自己的一套方法论，在面对重大的社会公共事件的时候既有用共同的人性角度去还原，也会用财经的视角去解读它。所以，我觉得选取报道角度应该是“同中有异”。

财经记者要有一套洞察、认知和行文的逻辑方法

张&刘：从2005年到今天，你已经做了八年的财经记者。根据你的体会，财经记者与其他领域的记者相比，有哪些素质必不可少？

陈小莹：第一点很重要的是要有自己的一套方法论。

《21世纪经济报道》一向非常强调记者要有自己的一套方法论。对于一个财经事件，记者要有一套自己的洞察、认知和行文的逻辑方法。就像我前面举的报道地震的例子，其实把地震导致的校舍倒塌与维修经费联系在一起，进而与地方教育经费和地方财政联系在一起，这就是一种方法论。这需要记者有这样一个认识框架之后，才能沿着这个思路去找相关的素材，进而得出这个结论。

在报道地震的时候，记者首先想到的是，大面积的校舍倒塌意味着校舍的质量不好；下一步，记者就应该去追问为什么校舍的质量会不好呢，这个原因就有很多，既有经费组成的“央地配套”方式，也有城乡二元割裂的原因。因为校舍倒塌不是一个单一的现象，是大面积地存在着，所以不可能是一两个官员贪污腐败的结果，那么记者在寻找原因的过程中就要去探寻更有解释力、更为普遍的原因。

第二点是对财经类资料的占有能力和解读分析能力。

这样的能力之所以重要，是因为很多财经事件其实是有大量的公开资料或者半公开资料可以查询得到的，优秀的记者可以从中找到新闻的线索。我举一个比较老的例子，我们在报道上海社保案的时候，在当时中央调查社保案的真正意图并不清晰、新闻媒体可报道的空间也不明确的形势下，我们注意到了上海企业家张荣坤。我们通过查询他控制的福禧公司的财务报表，发现了上海社保基金与福禧公司的巨额借款往来。这个财务报表就属于半公开资料，从中我们就发现了张荣坤和社保案之间的紧密联系，以及后来一连串的报道和事件。

张&刘：你在复旦大学读本科的时候学的是新闻，一毕业就开始做财经新闻。你是如何积累自己财经方面的知识的？

陈小莹：就是边做边学。其实做新闻的人很重要的一点就是快速学习能力。因为每一个稿件的周期都不会特别长，除非是非常重大的稿件。要在短周期里面学习这个领域的知识并灵活地运用起来，实际上是平时一个一个稿子的积累而慢慢形成的。

新闻敏感性对于事件的把握和判断很重要，因为只有建立了认知框架才能去寻找线索，但是财经知识的运用对于财经报道来说也是至关重要的。财经领域的知识非常庞杂，我经常会遇到需要调动各方面财经知识的综合事件。

比如我们前一阵制作的一个专题“债袭区县”①，探讨地方性债务问题。地方负债本身就是一个综合体系的问题，首先牵扯对地方债务构成的把握，厘清哪些债务主体可以纳入到我们考察的范畴里面，比如需要统计地方的哪些融资平台，哪些可以视作等同于政府行为，哪些是公司行为。再比如需要区分哪些举债行为应该纳入我们的视野。许多地方政府都会在公开市场上去融资，比如说发行城投债，发行信托产品等，这些举债行为能否穷尽，都会影响到我们对于政府的负债到底是否在一个合理范围做出一个判断。所以，这其实非常能够考验一个财经记者能不能把这个领域内的知识融会贯通。

张&刘：财经新闻调查报道的突破手段与其他类型的新闻调查手段之间存在哪些异同？

陈小莹：通常的调查手段，比如接近当事人、突破核心信息源等都是共通的，比较特别的一点还是在于对于资料的证实和应用。比如上海社保案调

① 原文见《21世纪经济报道》2013年7月23日的报道：《债袭区县：“四万亿”惯性催动“饮鸩止渴”？》

查，其实很多财经新闻的调查突破都来自于关键资料的取得，财经新闻相对比较注重从公司的工商资料和上市公司的财务报告以及外围的基础信息里面获得调查线索。

张&刘：通常来看，财经报道的文本相对比较枯燥。你会如何处理文本的可读性和准确性之间的关系？

陈小莹：二者可以兼顾。《21世纪经济报道》早年在财经媒体中是以文本著称的，甚至被总结出来变成了段子。比如有一段时间，记者都爱在报道开头先来一句“风起于青萍之末”，看多了让人觉得风每天都在报纸上刮。另一个阶段，编辑们都比较喜欢用“胎动”“流产”这样的字眼，被人笑称为生育版。近几年，《第一财经周刊》的文本也比较轻松，他们也加入了许多通俗晓畅的“轻财经”的报道方式。

去年（2012年），我在写大连实德的报道①时也是尽可能地想让文本变得轻松可读。当时大连实德陷入了资金的困难，报道拿到了实德的内部资金情况。一般而言写资金链的稿件都比较枯燥，因为这不是一个实体描述，往往需要引用大量数据。但在文本开头，我就用了掌控着实德系的徐明的签字作为开头：“徐明”的“明”最右边的“月”字向右高高扬起，形成一个锐利且夸张的尖角，斜度陡峭，潦草张扬。在文本中加入这样的元素，可能一定程度上能起到吸引读者阅读兴趣的作用吧。

在准确性能够保证的情况下，尽量提高文本的可读性，也是财经媒体赢得读者的一种方式吧。

张&刘：财经新闻中有许多专业的数据，大量使用这些数据会降低文本的可读性。你在数据处理和呈现方面，有什么经验可以分享吗？

陈小莹：在文本处理上，我会对数据做一些加工和概括，因为大段大段地引用数据确实会造成阅读障碍。在引用的数据的前后文本中，我会有一些自己的概括，在文字和数据之间会做一个穿插。此外，用数据的时候，我也会避免大量地搬一些原始数据过来直接这么用。

从2012年改版开始，我们开始比较强调图表的运用，还成立了相关的部门去做一些可视化的图表，甚至有整版的可视化的图表。我们还做过一个专刊，从头到尾都是以图表的方式来呈现的，效果也非常不错。2013年，我们

① 原文见《21世纪经济报道》2012年4月20日的报道《起底实德资金链》。

在做“债袭区县”这个专题的时候，也用了很多数据可视化的方式来呈现数据，大概用了七张到十张的图去缓解数据的压力。

但是，这里会有一个问题，因为大部分人今天看这些报道的时候都是在网上看，网上在转载的时候图片却并不会被一并转载过去。虽然我们想要往数据可视化的方向发展，但是在传播渠道上目前并不顺畅，还要有赖于进一步的沟通。

财经记者可以站在利益交换的角度突破采访

张&刘：你在《新技术背景下的财经新闻调查术》一文中曾提到，财经新闻强调记者应通过调查获取真实的多面向的信息，侧重于直接与采访对象沟通之外的一些先期性、辅助性的工作方法。听起来，采访的重要作用似乎被放在了第二位？

陈小莹：我觉得，更合适的表述是财经新闻的调查更注重对关键资料的占有和应用，但是在采访上与其他调查报道相比其实是同样重要的。如果能争取到核心信息源开口，在任何报道里面都是最关键的指引。

张&刘：你一般会怎么让核心信息源开口呢？

陈小莹：不同的情况可能有不同的应对方式，最重要的一点是，记者能够站在利益的角度，换位思考，能够了解到你的采访对象各自有什么样的诉求。如果你的采访能够满足对方的诉求或者一定程度上达到他的目的，对方就有可能与你做这个交换，所以，记者可以站在一个利益交换的角度去进行采访突破，这样可能可以达到一个比较好的效果。

在采访新闻当事人的时候，也许他是拥有强势话语权的一方，但是因为他处于新闻当中，就必然会采取一种趋利避害的做法，就会权衡接受采访对他有利还是不利，如果记者能够把握到对方接受采访对他自己哪方面有利的话，用这个去游说他就可能成功。

有的时候，新闻事件中存在冲突的两方，比如达能和娃哈哈两家企业进行商战，双方都很想说话，不想输给对方，这个时候，记者可以很轻易地用一方的话去套另一方的话。怕就怕没有利益冲突的双方，这个时候突破就会变得困难。但是在商业世界里面，利益是永恒的主题，如果去找冲突一定能找得到。

张&刘：你提到可以站在利益交换的角度去采访突破，这样做的时候，如何避免被受访者所利用，如何避免卷入利益之争、成为某一方的工具？

陈小莹：我说的只是采访方式，不是写作方式。采访是获取资料的基础，获取的资料越多，你对事件越能形成独立且合乎逻辑的判断。最后的写作是以这个判断为依据写的。这就是我们经常说的，采访的思路和写作的思路完全不是一个思路，如果比较机械地写采访过程，肯定不是一个好稿子。

张&刘：一般而言，对爆料人提供的材料，会从哪些方面入手来辨析真伪？

陈小莹：很重要的一点是印证的几方是没有利益关联的。首先要判断一下，对方提供的数据与你的报道对象之间有没有利益冲突。没有的话，可信度就会相对较高。比如“银广夏陷阱”案例里面，海关数据就是一个官方数据，如果企业给出的数据与海关数据不一致，那么肯定以海关数据为准，因为政府在这一块是没有它的利益诉求的。关键是记者要判断核实的渠道可信度有多高。

比如说，第三方机构比如全球的四大会计师事务所提供的材料是可以采信的，像是“银广夏陷阱”中企业自己进行数据造假的案例是极端的个案。普遍来说，只要不是企业主动造假，这些会计师事务所提供的数据就能直接用。

对于全球的四大会计师事务所而言，他们都受自身的职业准则和职业规范加以约束，他们提供的数据绝大部分都是可用的，只存在极小部分是有问题的。比如美国的安然事件里面，安然公司的会计师事务所①是为它玩了一些会计上的小花样，最终导致自己信誉扫地。但这都是小概率事件，如果记者要去怀疑它，一定是之前就存在疑点才有必要去怀疑。 判断每一份数据能用还是不能用，都要放在具体的案例中加以考虑，都是不能一概而论的，都是要因地制宜的。

张&刘：一般来说在报道财经新闻时，记者会在前期进行大量的研究分析工作。这些研究分析的对象主要有哪几类？

陈小莹：如果被报道的对象是上市公司的话，就可以大量地查阅它的财务资料和它以前的公告，还可以到比较专业的网站上去看一下分析师对它这

---

① 当时世界第一的会计师事务所安达信作为安然公司财务报告的审计者，既没审计出安然虚报利润，也没发现其巨额债务。2001年6月，安达信曾因审计工作中出现欺诈行为被美国证券交易委员会罚了700万美元。

个公司和它所在行业的一些评价和分析。此外，之前关于这个公司的报道也会全部找来看一遍，其中也包括了对这个企业高管的一些报道。如果不是上市公司，就会去政府查它的工商资料以及过去媒体对它的报道。

张&刘：看财务报表需要一些门道，不少有影响的财经报道都是从企业的财务报表或工商资料中看出问题的。你会如何从一张看似没有纰漏的报表中发掘出新闻点呢？

陈小莹：同样一张报表，不同的人能看出不同的东西，关键在于记者本身的专业能力。

我举一个简单的例子，财务报表的资产负债表里有一项是“其他应收款”，大部分人看到这一个名目的时候都会觉得没什么大不了的。但当这个数字以及“其他应付款”离奇地高的时候，你就要注意了，它为什么会有那么高的应收应付款，这些应收应付款对应的企业是哪些，它们之间巨额的应收应付款的名义是什么。包括“存货”这个名目也是如此，如果存货特别高的话，你也要考虑企业是否在正常运转，它怎么会有这么高的存货，它为什么一直未能去库存。这些名目的分析都是与一个财经记者的经验和对新闻的敏感度密切相关的。

在工商资料中，除了财报之外，我还会比较关注股权变更的信息，比如说什么时候股权发生了变更、新股东是怎样的背景、股权变更的价格是怎样的，如果一家持续盈利的企业是以注册时的股本作为变更价格，也就是平价转让的话，这类转让行为就很可能不是一个完全的市场行为。普遍来说，盈利企业的转让肯定是存在溢价的，如果没有溢价产生，这样的转让可能就存在一些问题。还有再比如国有企业的改制或者说私有化过程。它原来是国企，后来被管理层收购或者改变了股权性质等。我非常注意它在管理层收购时的股权价格，因为在改制里面可能出现的问题是非常多的，包括它的土地当时是如何作价的、整个资产是怎样评估的，以及它委托的评估机构的评估价格是否合理。

张&刘：企业的公开材料，对财经新闻领域的调查性报道起着怎样的作用？

陈小莹：其实，研究和分析这些公开资料的目的都是为记者提供下一步的调查的方向和线索。就上市公司的资料来说，对它的研究分析就可以帮助记者认识这个公司的架构、股权比例、财务状况、高管变动的情况；未上市的企业就可以通过工商资料初步地了解一下公司的概况，然后再进一步地去找公司内部的人员以及它上下游的企业和同行，看能不能和他们聊一下这个公司具体的情况。

调查性报道本身就是一个逐渐摸索的过程，每一次的发展路径可能都不太一样，所以，这些资料能给记者提供的价值也不太一样。

张&刘：除了企业的公开资料之外，你平时还会研究分析哪些数据和资料呢？

陈小莹：每个季度的宏观统计数据在发布之后，我都大致会看一下，包括行业分析网站的一些分析资料等。我们还会经常看一些论文的数据库，比如在“7·23”动车事故的时候，我们出的第一篇报道[1]后来的影响力之所以比较大就是因为我们在数据库中找到了一篇关于动车整个运行的一套理论依据，包括它是如何手动控制和自动控制，它的调度和监测系统是怎样运行的，等等。一开始，我们之所以能够短时间内把动车事故发生的原因整理出来就是因为我们找到了这篇由参与动车试验和模拟的专家撰写的论文。

财经记者可能面临的诱惑更多一些

张&刘：财经记者往往面临一些伦理挑战或困惑，比如收受红包、利用内幕信息服务于个人投资、在新闻报道中植入式营销、用报道为某些公司的利益获取服务等。因此，财经记者的伦理规范比一般记者要求更高。你怎么看这些问题？

陈小莹：这应该是所有记者都要面对的挑战，财经记者由于与经济领域接触比较深入，所以可能面临的诱惑更多一些。这个可能只有依靠法律健全，媒体共同体的价值观夯实，才能全行业共同面对。

张&刘：财经记者打交道的对象，多是企业家或高官，时间一长，可能对自己的生活质量或生存际遇会有所抱怨或不满。对财经记者来说，如何保持平常心？

陈小莹：首先要提高记者收入，这个行业的收入确实在将近10年的时间里没有太多的增长，对于留住人才肯定是不利的。虽然今年传统媒体的收入下滑比较多，但危急的时刻更需要对收入结构的调整。

---

① 原文见《21世纪经济报道》2011年7月29日的报道《7·23事故再还原：仍有一些事情需要被追问》。

其次，媒体行业确实有自己的魅力，这个类似于“成名的想象”，以及其所代表的公平正义的价值导向，这些可以吸引到一些真正热爱新闻的人。

张&刘：你觉得，国内财经记者整体的职业生态如何？他们的调查能力、专业素养和生存状况？

陈小莹：很难一概而论。财经记者作为一个独立门类被认知和识别也就是近十多年的事。但由于工具的多样性，以及对于方法论的重视，他们中的优秀者的调查能力是记者群体里比较高的，专业素养也在一步步的积累之中。至于生存状况，我没有特别的统计，不过转行的人确实也比较多。

张&刘：近年来，越来越多的财经记者跨出新闻的行业选择转型，比如转行去做金融、投行，或者到大公司担任公关总监。你觉得，财经记者转型的主要因素是什么？

陈小莹：财经记者往往面临转型的诱惑，主要因素可能还是收入的原因，也与舆论环境有关。我认识的同行里，能从事新闻比较久的同行，一种是真正热爱新闻的人，另一种则是在体系内获得了足够的上升空间。两种原因也互相作用，使得具备某些特质的人能够长时间地在这个行业里待下去。

目前，财经媒体正处于一个自身的路口——产品结构是否过于单一，财经数据挖掘是否并不充分，记者的成长空间是否足够，等等。如果能解决上述问题，我觉得可以延长财经记者的职业生命。

互联网时代，传统媒体也能争取独家的“第一落点”

——专访《新京报》深度报道部副主编、首席记者张寒

张寒

《新京报》首席记者，深度报道部副主编。2005年毕业于北京大学中文系。主要作品有《隐秘“大师”王林的金钱王国》《诺奖后，高密的莫言效应》《从撞人到杀人——药家鑫的蜕变》等。2009年人物报道《张海超：我开胸验肺只想活下去》获得新京报年度人物报道金奖，报道《内蒙古越狱事件》获得新京报年度突发报道金奖。2010年《赵作海：被翻转的人生》获新京报年度人物报道奖。

访谈实录

日报周期相对较短，一旦发现独家就要立刻抢发

张志安、刘虹岑（以下简称张&刘）：王林的这篇报道是《新京报》的独家。在互联网时代，传统媒体的独家报道越来越难。守住新媒体时代的独家报道有哪些策略呢？

张寒：独家确实在传统媒体中占的比重在逐渐下降。现在大家基本上都是做“第二落点”，就是先看到别人在网上发布出来的新闻，然后再去深入采访，做出自己的新闻。但实际上，传统媒体争取独家的“第一落点”还是有可能的。

首先，我认为最重要的是要有和别人不一样的圈子，和别人不一样的视角，才能发现别人发现不了的事情。

其次就是要快，要抢发，日报的优势就在于此。当时王林这个稿子，也不仅《新京报》一家媒体在采访，但我能最先把它操作出来就在于我们的周期相对较短，一旦发现独家就要立刻抢发，因为你不知道其他人会在什么时间发这个稿子。

最后就是要追踪报道。比如王林这个稿子，我的第一篇稿子就是写了5000多字，上了两个版，就是这个事件的核心报道，呈现出了基本的核心事实。在这之后，我们发的报道都是对这个事件的追踪报道，会不断地通过电话采访当地政府，挖掘更多背后的细节。因为我们有日报的优势，当天采集到的新的信息，立刻就会通过即时新闻的方式发布网稿和微博，隔天就能上报纸。

张&刘：你当时对这篇报道的预期是什么样的，希望稿子出来之后能够达到一个什么样的效果？

张寒：我知道这个稿子出来之后一定会有很多媒体跟进报道，因为大家对所谓大师和大师背后的官商网络肯定会感兴趣，但是也没有预料到会有这么多铺天盖地的新闻报道。

也有朋友问我，王林最后会怎么样呢？我想也许王林真的不会怎么样，因为很多时候，我感觉到他是一个非常有法律意识的人。我曾经问过王林，邹勇说这个劳斯莱斯是他送给你的，王林的回答是："他说送我东西犯法吗？"

张&刘：正如你所说，这篇报道的影响也许仅仅是在这之后不再有那么多人相信王林的"特异功能"了，但对于背后巨大的关系网络和利益链条并不能有所触及，你会不会觉得遗憾呢？

张寒：时代环境已经不同了，信王林的人肯定是会越来越少的。20世纪90年代那种全民信气功的状态是不会再重演的了。我可能没有什么信心能够去撼动这背后的关系网络，但是至少我能够告知公众，在江西这个地方，还有这样一个所谓的气功大师，可以依靠他的身份去编织这样一个网络，在这张大网背后，有人得利，就有人的利益会受损。

我把我能够挖掘到的有关背后官商网络的信息都尽可能地呈现出来，但也许我也做不到能够还原每一个官商网络是如何构建的，王林和每一个官员是如何去运作的，因为这本身就是两方收益的一个事情，记者很难撬开谁的嘴巴，把这条利益链完整地呈现出来，我能做到的只是隐约地呈现。

做新闻的过程中这样的遗憾很多。我觉得只要我把自己能采访到的人都采访到，其他东西只能顺其自然了，自己尽力了就好。

记者预设的框架应该根据采访不断调整

张&刘：你写《从撞人到杀人——药家鑫的蜕变》[1]这篇人物特稿的时候，你有预先设想过药家鑫是一个什么样的人吗？

张寒：我开始写药家鑫这篇稿子的时候，这个新闻还没有成为热点，很少有报纸或者杂志过去采访这家人。我只是感觉到大家一定会因这个事情产生群情激愤的状态。所以我当时其实是有非常宽裕的时间去完整地了解这个事情背后的原因。

我没有办法在没有任何采访的情形下去判断任何一个人。做新闻做久了都会有这样的感觉，任何一个事件都是错综复杂的，呈现出来的只是一个侧面的事实，于是我就找到了药家鑫的亲人、老师、同学，想要去还原，他到底是一个什么样的孩子，他为什么会在这样的情况下做出那样的事情。但我承认我最终是没有能够还原到这一点，因为实在是太复杂，我只是通过周边的采访，试图去还原。

我也知道药家鑫的行为非常不对，但我不会单凭这一个行为就去下判断，这不是新闻记者思考问题的方式。

张&刘：新闻记者应该首先是拆除自己的成见。

张寒：对。对任何人、任何事情都不应该有很深的偏见，我从来不会看了一个新闻就立刻说新闻里的人是十恶不赦的，就应该去死。一切都要等我了解了事情的原貌之后再去评判，都要基于我了解到的事实和我的逻辑判断而不是偏见。

作为一个普通人，我内心会有这种道德感的存在，但是作为一个记者，不应该是基于道德、基于非常有限的信息就去评判一个人，而应该基于自己全方位的调查，去呈现出更多的信息，然后留给读者去评判。一个人当他只了解到事情的一面的时候，他很容易下判断，但是如果他了解了事情的多

---

① 原文载于《新京报》，2010年12月6日。

面，他就很难轻易去评判了，因为他意识到了事情的复杂性。

我刚入行的时候做的是热线记者，稀奇古怪的事情都见多了，从那个时候我就已经建立起一个概念：任何事情都可能存在，什么样的人都有。在做热线新闻的过程中，这些很刺激的事情让我看到了人性的各个方面，慢慢地，我在给人下判断的时候就会更慎重一些。

我印象特别深刻的一件事就是在北京有一个男人（肖志军）的老婆正在医院分娩，医院说要剖腹产，不然会有生命危险，但是那个男人就是下不了决心签字，结果他老婆和孩子都死掉了。我当时觉得这个男的是一个特别可恶、特别讨厌的人，是他亲手把他的老婆推向了死亡。但后来我觉得他其实是一个非常可怜的人，因为他根本不具备在危急关头做决定的能力，在那样一种情况下他只能按照他的逻辑去选择。这样的事情见多了之后，我对人性的认识更加丰富了，在给人下判断的时候就会相对更加平和。

张&刘：药家鑫那篇报道出来之后遭到舆论攻击，你当时怎么理解那些骂声？

张寒：那篇稿子很大的一个意义就是我把药家鑫的家庭环境还原出来了，在我的稿子中已经提到了药家鑫的家庭并不是一个“富二代”，也不是什么“官二代”，这一点事实的呈现是比较关键的。

我当时比较年轻，对网络上的批评很不忿，我觉得自己完全是按照事实在写，对于那些到我微博上评论攻击我文章的人，也不以为然。现在想来，因为我当时不能采访到药家鑫本人，只能是通过采访他外围的人，用这样的方式试图去还原药家鑫，这是大家质疑我的原因。那些我根据有限的采访选取的细节传达给读者的感觉是，那么好的一个人怎么会做出这样可怕的事情呢。

张&刘：如果让你现在再去写药家鑫，你会更注意哪些方面的问题？

张寒：如果我现在再去写，我会在笔触上更自然一些。现在看来，那篇稿子之所以会有那样一种误解，可能也跟我在写作上不够干净、不够准确有关。文字这种东西，每个人读起来感觉都不一样，在读者看来，我的感情色彩是贯穿到这篇文章中去了。所以如果我现在去写，我会把文字处理得更干净、更老练。

张&刘：你认为人物报道最难的是什么？

张寒：客观。人物报道是很难客观的，这也是为什么人物报道特别容易引起争议的原因。如何处理记者的主观感情和客观之间的关系一直是我在思考的问题。记者写一个人，首先要建立一个认识框架，然后用细节去丰富它，这种构建框架的过程本身就是主观的。这也是为什么很多人认为人物报道应该是由非常老练的记者去涉足的一个领域，应该由人生经验和世事洞察非常丰富的记者去操作。

人物报道要做到客观，首先是要尽可能全面地占有资料，要做到采访的扎实和多层面，这是最基本的；然后要建立起对自己人性的理解和判断标准，这必然是随着阅历的丰富能够逐渐积累的。占有资料和自我判断之后的认识框架的建立并不是记者最终写作的框架，有了这个框架之后，记者应该做的是让它折返到人物自身，通过跟他对话，跟他周围的人去聊有关他的事情，最终形成的资料才是成文的框架，记者预设的框架应该是根据采访不断调整的，这才能相对客观。

最终记者成文去交代这个人物究竟是一个什么样的人的时候，必然也是通过细节和故事去呈现，而不是记者自身的评判。

在交流的过程中，记者也应该把自己呈现给对方

张&刘：写人物，细节很重要。你在采访过程中会如何去把握这个人身上的细节？

张寒： 首先我会跟这个人相处，多待几天，越久越好，而不是面对面地谈两个小时就完了。因为人具有遮蔽自己真实一面的天性，在这两个小时里，他一直处于被采访的状态，是拘谨的，不真实的。而在日常环境中，他会渐渐地把自己打开。除此之外，我会去跟他的朋友、他的敌人去聊，然后把他放到那个环境中去考量。

有些细节不仅仅是被寻找出来的，常常是自己在采访前就知道自己要的细节是什么，它要细微到什么程度，只有这样，你才会有意识地去追问。就好像我采访开胸验肺的张海超，关于他的肺，我是一定需要形象化的细节的；他在工厂里劳动时候的场景，也必须是细化再细化的，要有气息和温度。

另外，在写作的时候要善于发现一个意象性的、富有张力的细节。一个准确的细节引发的是情感顺畅的释放。拿药家鑫的那篇稿子来说，“那是一双弹钢琴的手”就是这篇稿子中一个很重要的意象性的细节。在我采访完之

后，药家鑫的那双手让我感到特别有力的细节，在整个采访过程中，我也会不断地去问这个细节。因为我觉得从一个弹钢琴的人到一个拿刀杀人的人，这样一种变化会带给人很大的一个震撼。

张&刘：有时候对于细节的追问会让受访者觉得不适，有可能是因为那个细节涉及他的隐私，抑或是重新触碰到他的伤口。你如何处理这个问题？

张寒：人物报道特别难的一点就是让受访者完全地敞开内心。只有当他完全放开的时候，你才可能问出那些你需要但是他不轻易吐露的细节，说出来的话才是最大限度接近真实的。

我觉得最重要的是让他感觉到你的真诚，另外不要让对方感觉到你一直在索取。采访的过程应该是两个人对等的信息交换的过程，而不是记者想要写一个稿子，就单向地想要从对方那里得到什么。我刚开始当热线记者的时候，发生火灾，我去问保安说："唉，这个火灾是怎么引起的啊？"他不会告诉我。但是我离开之后，另外一个记者去问他，保安就告诉他了。后来我去问那个记者，他是怎么提问的。那个记者说，他会先告诉保安自己了解到的关于火灾伤者在医院的信息，这是保安感兴趣的信息，然后保安也会跟这个记者聊他在楼里看到的情况，这就是信息的对等交换。

在交流的过程中，记者也应该把自己呈现给对方。其实记者给受访者的不是具体的利益，而是一种心理上的愉悦，对谈的快感，或者是一种安慰，抑或是给他打开了思维的一扇门，就是他从来没有想过你提出的这个问题，他希望去回答这个问题，又或者是你让他觉得他很愿意去当你的老师，给你一些指点。这个过程不是很直接的利益交换，而是心理上的碰撞。

张&刘：打开一个人的心，能让他与你对谈。但一个人的讲述可能是不完整的，如何把你得到的碎片化的讲述准确地还原成当时的场景呢？

张寒：对于场景化的细节，记者要做的不是质疑受访者所说的，而是要尽可能通过提问来抵达细节的最后一寸。有一些细节之所以不够好，是因为它到那一寸就收住了。只有在不断的细化过程中，记者才会意识到这些细节的准确性究竟够不够，是否违背了基本的常理。

还原场景是记者一个非常重要的能力，只有还原了当时的现场才能让写出来的东西富有画面感。每次我提问场景化细节的时候都会问得很精准，如果我问天气，我不会满足于对方给的一个形容词，我一定会问"那天有没有风，风有多大"，"那天的温度是多少，你有什么样的感觉"。

其实这并不是一个很复杂的活儿。记者需要的是一幅“画”，让受访者把这一幅“画”给记者画完。有的时候，受访者的回答只是给了记者一个框，记者的工作就是发现缺了哪一笔，然后顺着自己的疑问去追问受访者，和他一起把这幅“画”完成。我记得有一次我还原上海公交车着火的现场，采访幸存者的时候，他说他是从窗户里爬出来的，我就问他这个窗户有多大，你爬的时候有没有被卡住，卡住的时候那种状态是什么样的，有没有人推你一把……总之就是特别特别细的一些问题，慢慢地才能把这个场景勾勒出来。

很多时候，受访者会觉得没有耐心去回答这些问题，因为他不明白你为什么需要问那么细致。这个时候你可以告诉他，这个情景对我来说特别重要。有的时候可以先把这个细节放一放，过一会儿再重新问一遍。

张&刘：在最后的写作环节，你筛选细节的标准是什么？

张寒：对于我来说，已经形成了一种敏感。对于一篇文章来说，有些细节一定是核心的，有些细节是飘在半空中的，还有些细节是完全无关的。

稿子中需要的是有信息量的、紧紧地包裹住文章内核的细节，只有这样的细节才是真正的细节，在情感上，它会触碰到人内心最柔软的部分。拥挤地在文章里，让文章变得臃肿而让人烦躁的细节是伪细节，它们与新闻事件的内核之间隔了一层，不是紧密包裹的关系，离事情的中心太远，不能被文章的引力捕捉，只能松松垮垮地挂在边缘。

女性调查记者的韧性更高，内心更纯粹

张&刘：你参与过汶川地震、玉树地震、雅安地震三次地震的报道。与第一次报道地震相比，第二次、第三次报道地震的时候，你最大的变化是什么？

张寒：第一次报道地震是在2008年，当时我刚入行两三年，去到地震灾区的时候一下子懵了，找不到方向。这一次雅安地震去现场的时候，我知道自己应该做什么，能够做什么，认识到了自己作为记者这个角色，应该做的就是把现场我看到的呈现出来，并且从中寻找到好的故事。

张&刘：作为一个女性，与男性相比，在地震现场，身体和心理方面会不会存在一些短板呢？

张寒：情感上，无论是男性还是女性，一开始都是很难接受的，因为看到了太多的死亡，看到了太多原本美满的家庭因为这样一场灾难从此滑向了不同的命运轨道。但是慢慢地我会学会去承受这些东西，意识到我的工作就是报道，去记录当时发生的历史。

其实，我反而觉得女记者的韧性会更高一些，无论是在情感上还是身体条件上。女记者在做灾难报道这方面，身体上的能量不会比男性更差，我去报道地震的时候，好几天睡不成觉，因为没有地方给我睡觉，那个时候我的身体已经到达了一个极限，但是到了极限之后，我只休息了两三个小时，就完全恢复了过来。所以其实女性在身体方面的韧性更高，而且有的时候女性更能吃苦。

张&刘：有许多记者，在报道汶川地震之后都陷入抑郁。你在报道过那么多次地震之后，是如何摆脱内心的阴影的？

张寒：把工作和生活分开，该发泄的时候就发泄一下。汶川地震当中，每个记者都会有崩溃的时刻，但是情绪宣泄过之后，要慢慢地再去面对新的生活。我在2009年的时候，去采访过一个心理学家，她让我做了一个“地震灾后心理创伤”的测试，做完之后她说我的创伤记忆还蛮严重的，需要治疗一下。我拒绝了，心里想，她那个表格肯定不准，哈哈。

张&刘：这些年你一直在第一线报道暴雨、地震、矿难等突发事件，经常单独行动，你从来没有感到害怕吗？

张寒：怕还是会怕的，特别是地震，山体垮塌就发生在你面前，飞石可能就砸在前一辆车上，觉得还是有危险的。但是我挺乐观的，我一直相信我不会那么“点背”，恰巧余震就把我给震死了，我就被飞石砸中了，应该不至于。怕归怕，我还是觉得不会有生命危险。其实除非是做战地记者，一般情况下，在中国做这种灾难报道，记者的生命还是相对有保障的。

其实渐渐地都会习惯一个人去现场，因为我知道我一定是要去的，那既然去了，我就是要完成自己的报道任务。

张&刘：2010年，你在调查四川三名官员进矿洞后身亡时一个人去到矿难现场，当时你是如何在确保自己安全的情况下到达现场勘察的？

张寒：那个地方特别偏远，估计当地都没有想到会有记者过去调查。当时我先是租车，后来我是找了一个摩的，看那个司机的面相比较和善。因为那个时候我不可能再去找当地人陪我去了，天已经很晚了。然后他载着我往高山上一直开，经过了一个特别茂密的丛林，然后穿过丛林，才找到了那个矿洞。

当时我确实是挺害怕的，万一这个摩的司机生了歹意，我肯定非常危险。为了让他有所忌惮，我上车的时候就跟他说了我是北京来的记者，要去勘察矿难现场。然后一路上我都把手机握在手里，按好了110，随时准备报警。但是当时我不可能进去看，一是因为那个洞口已经被堵死了，二是因为那是一个废弃的矿洞，矿洞中有太多的二氧化碳，我也是考虑到安全问题。

张&刘：《瞭望东方周刊》的记者刘伊曼认为①，女记者在做深度调查中，有以下几个优势：女记者更具备软化别人心理防线的能力；在暗访和隐性采访中，女性本身就是自己的伪装；女性更善于倾听；女性调查记者凤毛麟角，比较有优越感。你觉得自己符合这样的描述吗？

张寒：总体而言，我觉得女性确实更容易软化他人的心理防线。一般人对女性会更包容，女性也更具有亲和力，更容易让人敞开心扉。女性也确实是更善于倾听的，更容易达成与对方的情感交流，这就像是天生的一样。

我不是特别赞同女性更容易伪装。现在女记者在隐性采访中特别容易被看出来，男记者反而能装扮成水电工、民工什么的，相对更容易一些；而女记者反而形象固定，不容易扮演特定角色。

其实现在女性调查记者越来越多了，这种优越感会逐渐减弱吧。我记得以前有个老师跟我说，因为男性调查记者会有养家糊口的压力，会更具有野心，也更容易离开这个行业，转而去追求更多的财富；而女性调查记者的内心会更纯粹，所以应该会有更多的女性调查记者在这个行业中坚守得越来越久。

张&刘：你身边转行的女记者一般出于什么考虑？

张寒：女性始终绕不过的一点是结婚生育，女记者如果面临生育的压力，职业生涯就会出现断裂，她可能有两三年不能做一个纯粹的记者，可能会转行当编辑，或者去别的行业。

张&刘：你做记者已经有八年了，你如何保持自己对新闻的新鲜感呢，是否有过厌倦，想过离开这个行业吗？

张寒：我一直觉得做记者很有趣，很开心。虽然有的题材会有重复，

---

① 引自刘伊曼在2011年复旦新闻深度记者讲坛的讲座《调查报道的柔与刚》，2011年6月16日，上海，复旦大学新闻学院。

但是去做每一个题材的时候，我的体会和感受都是不一样的。记者对于我而言，真的是一个特别特别有意思的工种。

虽然有的时候，采访会面临很多难以克服的艰难，我也会问自己，为什么要做这样一份工作，把自己弄得焦躁不安。但是当我把稿子写出来，发表之后，之前的抱怨都没有了，心里觉得特别舒服。更多的满足来自采访和写作的过程，能够去见识不同的人，不同的命运，在突破过程中，不断去丰富我的生命体验，这是让我觉得做记者最开心的，也是我不舍得这个职业的原因。

面对新时代的用户，要用新的方式来讲故事

——专访《南方人物周刊》主笔杨潇

杨潇

《南方人物周刊》主笔、驻京记者。毕业于南开大学中文系，曾任新华社编辑。2008年南方报业年度记者；数次获南方周末传媒致敬、腾讯华语传媒盛典相关奖项；2012年中德媒体使者；2013—2014年度哈佛尼曼学者。

访谈实录

理解一个人的弱点，会帮我把这个人刻画得更全面

张志安、刘虹岑（以下简称张&刘）：2012年你采访了昂山素季，采访前你做了哪些准备工作？

杨潇：准备工作主要有两个阶段，第一个阶段是大量阅读和获得采访对象的联系方式。在接到选题到出发去缅甸大概只有两周的时间，网上的信息是远远不够的，我更想了解缅甸这个国家的历史、昂山素季本人和她父亲的经历，把这两部分合到一起，形成一个整体的认识。于是我去国家图书馆把几乎所有能够借到的跟昂山素季有关的英文书都借到了，也还包括一些缅甸近现代史的书。有一本书，是一个修行小乘佛教的美国人与昂山素季的对话录，对我帮助很大，另一本《完美囚徒》（*Perfect Hostage*）也很棒。因为时间非

常紧，那段时间几乎天天泡在这些书里。除了阅读文献，我还通过网络、海外NGO和媒体获得了缅甸本地的一些媒体人、NGO、政治犯的联系方式，并约好了部分采访。

第二个阶段是到仰光之后的准备工作，主要就是和采访对象见面，并通过他们找到更多的采访对象，这样在采访昂山素季之前做了很多外围采访，基本上都是围绕缅甸的政治改革开始，讨论缅甸的未来和发展。

张&刘：为什么要采取对话体的形式？

杨潇：《南方人物周刊》的惯例就是在理想状况下，封面人物报道的体例都是由一篇叙述体和一篇对话体组成。对话体的好处就是可以让读者清楚地看到受访者自己的语言、态度、看法。

张&刘：你有一个提问是："我很好奇，现在还有什么事情能让你生气？"你为什么问这样一个问题呢？

杨潇：因为昂山素季是一个把自己包裹得很好的人，这个"包裹"不是贬义词，只是说她有被制造出来的外在的完美的女性形象，所以我非常想知道这样一个"完美的"女性，她在抓狂的时候是什么样子的，什么东西能让她失去控制，打破日常状态。

张&刘：理解一个人的弱点，才能理解这个人的本质？

杨潇：某种程度上如此。每一个人都有自己的弱点，如何与自己的弱点共处可以看出很多东西。

张&刘：用对话体呈现记者和被访者之间的交锋对提问本身的要求很高。在写对话体这方面，你有哪些经验？

杨潇：具体到对话昂山素季这篇报道来说，因为昂山素季本身是一个足够重要的人物，所以基本上她对问题的回答我们都保留在稿件里了，除了个别涉及中国的敏感话题。

我个人对话体做得比较少，《南方人物周刊》对话体做得最好的是我的同事易立竞，她是一个非常善于让对方"打开"自己的记者。最著名的一篇报道就是《病人崔永元》，是2005年的一篇报道，当时杂志社只是派她去采访崔永元对于"超级女声"的看法，后来崔永元跟她聊了7个小时，这篇报道就变成了一期封面报道。

我自己对于对话体的一个理解是，很多时候我们强调对话、交锋，强调提聪明的问题，这都没错，但很多时候我们也不要忘了记者毕竟是来采访的，要尽量在对话过程中克制自我表现的冲动，不要卖弄自己的聪明，而要尽量创造一个环境，让受访者说出自己的故事、观点和想法。

写一个人要呈现他观念的来源和所在的结构对他的塑造

张&刘：你写过一些争议人物，例如《制造芮成钢》。在报道争议人物时，记者如何公允地报道？

杨潇：当时这篇报道出来的时候，编辑部可能认为我对待这个人物的态度过于温和了。但我写这个人不是要对他下判断，而是要呈现他观念的来源和所在的结构对他的塑造。

张&刘：有的时候，记者又会太想站在大众的对立面，纠正读者的看法，但往往矫枉过正。

杨潇：对。做记者会经常陷入一个老生常谈的状态，就是觉得自己不但要独立于体制，还要独立于民众；既不屈从于国家主义，也不屈从于民粹主义。但摆姿态比较容易，在实际操作上，还是得下功夫去理解事件、人物的内在逻辑。

张&刘：记者应该以一个什么样的态度去对待争议人物？

杨潇：多倾听不同的声音，要承认这个世界多样性的存在，要保持一个开放的心态或者说一个开阔的胸怀。

张&刘：在写昂山素季的时候，你在文末写道："我有时怀疑，在她优雅的举止背后是否也有难以言说的悲伤。"就人物报道的写作而言，记者如何拿捏主观情感才能在文本和事实之间取得平衡？

杨潇：其实记者不能在报道中发表自己的评论、要客观公正地报道事实双方，这些准则是美联社时代的准则。随着新新闻主义的兴起以及后来与美国传统新闻观的整合，你可以看到，到现在西方的特稿（他们可能更习惯叫叙事性写作，narrative writing）早已被认为是可以带入记者主观色彩的一种文体。

在中国，杂志写作和报纸写作区分得不是很明显，杂志写作的发展与美国相比还远远落后。在国内来看，《南方人物周刊》的杂志写作还是相对风格化的。我觉得杂志写作应当是能够容纳相当的个人风格的，相比"客观"，我更喜欢"公正"这个词。我理解的公正就是记者试图去理解他所写的人，这个人的逻辑、心理和言行。具体到昂山素季这篇文章，在某种程度上，我确实是没能理解这个人，那我为什么不坦诚一点，不透明一点，把我的困惑呈现给读者呢？这也算是让文章保持一定的开放性吧。

张&刘：你如何理解写一个人要把这个人置于大的历史背景下进行写作，这其中有什么特别的叙事技巧？

杨潇：我非常赞同这样的写作，有助于记者理解他所写的人。例如写昂山素季这个人物，我就是把她置于一个缅甸政治改革甚至缅甸现代史这个大的历史背景下进行观察和写作的，当我读到足够多的历史材料和做了足够多的外围采访后，我发现这个人物和她所处的历史背景有特别多可以彼此呼应、咬合的地方，你写的人可以嵌入到你了解的历史中去。所以掌握足够多的材料是非常重要的，在这之后的工作就是“搭房子”，把“砖瓦”一块一块地放到它合适的位置上去就好了，这个过程需要的创造力其实没有想象的多，需要的是练习叙事，不断地联系。

张&刘：把一个人和他所处的时代勾连起来，去试图呈现这个人身上的命运感，这样的叙事是否有一定的危险性，可能会比较主观？

杨潇：也许这个危险性在于，一个人与它处在时代的关系并没有叙事中呈现得那么紧密，可能是在某个特殊关头的某个巧合，而这种处理方式夸大了时代的因素。

从本质上说，没有人生活在真空中，许多影响的因素也许不那么明显，但多少都会存在，呈现隐秘的逻辑本来就是记者的责任。同时你得知道，理解一个人本来就是非常困难的，可能你与他相处了好多年都不一定了解，更何况一个记者通过三五个小时的谈话就去了解这个人的企图。所以这时创造一个“理解的空间感”“理解的可能性”还是挺重要的。我的意思是，比如，如果这个人所处的一段历史是缺失的，那么记者就可以写与这个人同质的群体在那段时间是什么样子的，这个群体对于记者写的这个人是一个参照和框架。也许具体这个人不是这样的，但你的写作创造了一种理解的空间。

说到底，其实把人物和时代联系起来只是我们理解一个人的方式之一。记者还可以从很多角度去理解一个人，你也可以选择从纯粹人性的角度去理解。

张&刘：你个人比较偏好用什么样的理解人物的方式，是时代还是人性，还是他的成长经历？

杨潇：我现在比较喜欢用的是一种“结构”的办法。一个人是生活在一定的“结构”，一定的社会关系当中的，包括他的家庭、邻里、单位，还有大的家国背景、时代精神等等，这些因素对于这个人的塑造都是重要的。相较于人的主观能动性，我觉得人难以掌控的东西和与之相关的命运感更有意思。也许这也是我个人的一个偏见吧，我总觉得主观能动性被过分强调的后果往往会变成一个励志故事，而我比较喜欢研究这个人所处的难以改变的结构。

张&刘：你比较喜欢探究这个人和他所处的环境之间的互动。

杨潇：对，我比较偏好这样的认知方式。因为人都不是孤立的，社会科学研究中的很多方法都可以被借用到新闻工作当中。

张&刘：这个探究人物的方法论大概是在你职业生涯的哪个阶段形成的？

杨潇：做了大概三四年记者之后，我开始意识到某种单调重复。我一直说，我对更广阔的世界的好奇心大过对人的好奇心。我也愿意从一个更广阔的角度去理解一个人，这一点也许对一个人物记者来说还挺奇怪的。

当然，会有很多人不同意我的这个说法，他们会认为人性是更值得探究的，我在一定程度上也同意，因为人性中的许多幽微的东西是很有意思的。而且有的记者看人看得特别准，我也特别佩服。但老实讲这不是我所长，所以更多的时候我需要借助更宏观的因素来辅助我理解。

如果需要贴标签，则要在这个标签下呈现更多丰富的内容

张&刘：除了单一的个体人物之外，你还写过一些人物的“群像”，例如左翼青年。选择这些群体进行写作的原因是什么？

杨潇：这也是《南方人物周刊》常规报道的一种类型。我们杂志做过很多类似的尝试，去打捞一些具有共性的人群进行报道。写左翼青年是因为我感觉到，这个群体的声音在当今社会是有一定影响力的，所以我希望挖掘这个群体中的人，倾听他们的故事和想法。

张&刘：在梳理这样一个概念的时候，你借助了哪些工具？

杨潇：其实都是笨办法。写这个稿子我前后准备了一个多月。当时在搜集文献的时候，有些书是一定要从头到尾去阅读的，有些书可能就起到一个提纲挈领的作用。通过阅读可以在头脑中建立起一个基本的认知框架——这个词的源头在哪里，经过了哪些概念流变，在不同国家有怎样不同的含义和影响。

阅读文献之后，对于一些仍然模糊的问题，我就会采访一些学者，请他

们对一些概念和细节进行确认。在我看来，通过第一层阅读专业知识和第二层让专家来为我把关，从专业角度看，稿件的准确度是可以放心的。而在理解和消化之后，我就可以用自己的叙述方式来加以呈现，也就是为读者讲一个能让他们容易接受的故事。

张&刘：像左翼青年，这个群体的界定本身可能是相对主观的。

杨潇：“左翼青年”这个词更多的是我们自己归纳出的概念。我故意对“左翼”这个词不加特别区分，它主要是西方概念上的左翼，但也容纳一些中国概念上的左翼特色。这个群体本身也不是一个稳定的状态，它是具有流动性的，是当代中国流动中的现象。我尝试把流动中的这个群体的一些共性概括出来。左翼或者是左派，今天人们通常会认为他们是民族主义的，是反自由民主、普世价值的，但其实我觉得这个群体中的个体是蛮丰富的，我同时也觉得今天的中国缺乏健康的左翼论述和左翼力量。

张&刘：《左翼青年》中的三个受访者对于“左翼青年”这个标签持什么样的态度？

杨潇：他们对于左翼青年这个说法并没有抵触，都很大方地承认自己是左翼。我跟他们沟通时告诉他们，左翼青年这个词是被简化之后的一个称呼，你可以说它带有贴标签的色彩，但是其实所有的贴标签的行为都是为了大众更好地认知这个概念，我其实希望这个稿子能够呈现出真正的左翼论述。

如果需要贴标签，则要在这个标签下呈现更多丰富的内容。“左翼青年”这四个字可能是标签化的，但是文章里的人是丰富的，

记者要在文本中显示出他对文章节奏感的控制力

张&刘：2013年，你入选了哈佛尼曼学者计划，当时是什么契机让你有了这样一个机会去哈佛深造？

杨潇：哈佛尼曼学者（Nieman fellow at Harvard）这个项目我很早就知道了，但一直觉得距离自己比较远，因为这是新闻学界最高的荣誉。每年哈佛大学会在全球招24个记者加入尼曼学者计划，其中美国人和外国人各12个。

尼曼计划是每年9月到10月开放申请，12月1日截止。当时我就想试一下吧，反正没有什么损失，结果就通过了。

张&刘：2008年，你离开新华社，转而到《南方人物周刊》，这应该算你

职业的第一个明显的转折点。2013年成为尼曼学者，算你职业的第二个转折点吗？

杨潇：2008年决定加入《南方人物周刊》其实并没有考虑很多，我就是想到一个更开放的平台、更自由的空间里去做记者。

去美国做尼曼学者，可能是我的职业转折点，也可能不是。如果说不是，是因为成为尼曼学者并没有改变我想做的事情，那就是写作；如果说是的话，是因为它让我更加愿意去尝试一些不同的东西，保持一种开放的心态。比如我之前是非常讨厌管理的，但是现在我也愿意尝试做一些管理方面的工作，当然我还是不喜欢，但愿意给自己一个尝试的机会，因为尝试本身是没有什么损失的。

现在说有什么具体的改变，我也不太肯定，还需要更长的时间来消化。

张&刘：从新华社到《南方人物周刊》，两个媒体有着完全不一样的定位，对文本的追求也不同，你如何适应这种变化？

杨潇：2007年1月我开始给《南方人物周刊》写第一篇稿。写了三篇稿之后，副主编万静波老师打电话邀请我加入。现在回过头去看当时写的文章，其实也觉得写得挺差的，那三年很幸运遇到蒋志高这个好编辑和业务钻研狂，彼此磨合得很好，我自己也开始一点点开窍；大概过了三年之后，从之前对文本的“失控”或者说“半失控”的状态中抽离出来，开始有意识地把握文章的节奏。

张&刘：你认为优秀的人物报道应该具备哪些品质？

杨潇：要厘清这个人的行动逻辑，去理解这个人的观念来源和所处的环境；要对细节具有敏感性，对细节要有所取舍；要讲好一个故事，故事是一个特稿的内核；最后，记者要在文本中显示出他对文章节奏感的控制力，在控制中表现出一种张力来。

张&刘：你是什么时候开始把写作当成你的事业来看的？

杨潇：我从小就爱写东西，它是我的爱好，同时也能带给我满足感。但真正开始以写作为志，也就是这几年的事情。也许是写了太久之后，我也不知道自己除了写作还能干点什么其他事情。对我来说，写作（不只是职务上写作）之所以有如此大的吸引力是因为它既能让人内心平静，又可以不断带人去往新的世界。

具体到特稿记者这个职业，它能把远行、对知识的渴求、对人性的发现和对历史的探讨这些东西都结合起来，最后呈现一点点或许可以留得下来的东西，对我来说这实在是太好了。

在新媒体时代，媒体的核心工作还是讲好一个故事

张&刘：美国的媒体在商业创新、对内容的流程再造方面与中国媒体相比有哪些不一样的地方？

杨潇：最大的不一样还是一个“路径依赖”的问题。美国媒体是商业媒体，它们在应对转型危机的时候会更加地主动，去适应新时代读者的需求，它们会做很多的创新。例如这一年来业界说得最多的《纽约时报》数字化专题“雪崩”（Snow Fall），就是一个很好地将文字、影音与可视化数据相结合的全新的报道形式。虽然烧钱，也被批评为不可持续，但你总能看到这种创新的动力。

中国也有媒体在做很多尝试，但还有其他许多媒体要么依靠体制庇护，缺乏创新动力，要么依靠和权力千丝万缕的关系玩一些中国特色的转型，比如一些所谓的舆情观察实际上就成了变相寻租。

张&刘：美国媒体目前在内容创新上做了哪些具体的工作？

杨潇：其实在新媒体时代，媒体的核心工作还是讲好一个故事，但面对新时代的用户，要用新的方式来讲故事。

例如NPR（美国全国公共广播电台）就做了很多尝试，其中有一个特别有意思的节目叫*Planet Money*。它是一个讨论全球化经济的节目，但是这个节目和众筹巧妙地结合起来，做了很多有趣的事情。其中最有名的是“一件T-shirt的一生”这个项目，他们派出10位记者，从棉花田开始跟踪他们所订制的 25000 件 T-shirt生产的整个过程，最后T-shirt被装到一个箱子中，运回美国送到听众手里。最后呈现出的报道是视频、音频、文字、图片的结合，让听众从一件T-shirt的制造透视经济全球化。

张&刘：西方媒体除了内容生产方面的创新，在部门调整方面有什么与中国不同的地方吗？

杨潇：我知道国内有媒体把经营部和采编部都打通，变成了一个个的项目部，恨不得所有的记者都要参与拉广告。但是这在西方是根本不可能的，他们采编与经营分开的传统还是保护得很好，当然也会有微调，包括一些争

论，可是你会感觉到，他们对于这方面的改变是非常非常慎重的。

有一个需要说明的事情是，在国外，时尚、生活类杂志不被认为是doing Journalism（做新闻）。它们算媒体，但是不算新闻媒体，所以可能对他们来说，经营和采编的界限也没那么清晰。但你很难想象《纽约时报》《时代》杂志去做这样的事情。其实早在2006年左右，美国报业就已经开始走下坡路了，在这么长的一段时间里，一些最基本的新闻观并没有被颠覆。

张&刘：就你对美国新闻业的观察，中国媒体和西方媒体在现阶段的差距主要表现在哪里？

杨潇：大的差距就不说了，最让我印象深刻的是美国记者们的勤奋和对新闻记者这份职业的热忱。在很多场合我都可以看到他们在讨论业务，不停地让自己处在工作和阅读的状态当中，他们真的是发自内心地热爱着这个行业。

也许是因为美国新闻业发展的历史比较悠久吧，前人的灵魂啊，精神啊，骄傲啊，都附着在后人的身上。同时，美国新闻业也是一个在市场机制下运营的、自由的新闻业，记者的职业化程度比中国高得多。

中国的记者总是自称“屌丝”和“民工”，我能理解其中的调侃和无奈，但其实挺不喜欢这种自我贬低，尤其当一个记者真的把这样的称呼内化之后，后果是很糟糕的。我挺羡慕我的美国同学的，他们自尊自爱，认为自己的工作很重要。

张&刘：你接触到的外国记者中，他们对于媒体转型感到焦虑吗？

杨潇：焦虑还是有的，但没有国内那样浮躁。我有好些尼曼的同学，都在同一个单位干了十几年，有的还是他们第一份工作。他们也会担忧媒体转型对这个行业带来的冲击，但是他们对这个行业很笃定，认可这个行业存在的重要性，坚信自己的工作很重要。

如果一开始进入这个行业的时候就想着要转型，那么为什么又要进入呢？当然你也可以说传统不同，体制不同，现实环境也不同，可是我的那些同学也都不是富人，甚至就是美国第一代比父母贫穷的人，他们年过四十有时也要一天写三篇稿，他们整天琢磨着怎么提高自己的业务水平，有似乎用不完的好奇心和精力，有时你会觉得挺羞愧的，体制不能解释所有的差异。

张&刘：今天总是有很多人说自己的“新闻理想”破灭了。你怎么看“新闻理想”这个词？

杨潇：我从来没觉得它是一个坏词。现在总有人把新闻理想比作内裤，意思就是不应该内裤外穿，不要整天把新闻理想挂在嘴边。我基本是同意的，可是又觉得没啥意思，最终还是看你做了什么，内裤是否外穿只是个人审美问题，也许外穿的真是个超人呢。

在为新闻业去神圣化的时候，不能把媒体存在的超越性也一并给去掉了。媒体本来就应该具有某种超越性的价值，无论是它自己自诩的也好，还是假装的也好，它本就应该是一个中立、独立的社会公器，是这个社会的第四权，所以新闻理想完全沦为调侃和戏谑的对象也挺悲哀的。

当然左翼学者会告诉你，什么第四权、社会公器都是你们新闻业的幻想。但我想说的是，讨论任何问题都不要忘了“程度”本身就很关键的，你做不到彻底的独立和公正，做到“一定程度的”也不错啊，或者至少你得往这方向靠对吧？不然媒体从业者的尊严感从何而来？

轻松的内容，并不等于浅薄

——专访《壹读iRead》主编林楚方

林楚方

生于1975年，毕业于中国政法大学，现担任壹读传媒CEO、出品人兼主编。曾主持《南方周末》时政版面报道，担任《瞭望东方周刊》北京采访中心主任、《Vista看天下》杂志前执行主编。2011年，开始参与《壹读iRead》杂志的筹备。

访谈实录

杂志的传统商业模式已经塌陷

张志安、刘虹岑（以下简称张&刘）：《看天下》和《壹读》都是文摘类杂志，但风格和定位却非常不同。在主编这两本杂志时，你的编辑理念和做法有什么不同或者变化？

林楚方：从我个人经历看，做《看天下》和做《壹读》这两本杂志的区别还是蛮大的。第一个区别是，在《看天下》的时候，我服务的人群是有限的，只能是通过纸质的杂志去服务读者，虽然读者群很大，但毕竟传播渠道有限。在《壹读》的工作就不一样了，纸质媒体只是我们内容落地的渠道之一，我们会有更多的手段去服务我们的读者。比如我们可以通过微视频的方式，可以通过微博、微信的方式，尤其是我们的视频和微信频道。我们服务读者的手段会比以前多得多，这是一个很大的结构上的区别。

第二个区别就是内容上的区别。我在《看天下》的时候，对于一些娱乐性比较强的内容，对于怎样做内容能够让读者更有兴趣地去读等这方面的思考还是有的，做得也还不错。但是，在《壹读》的时候会更有意识地把有趣的阅读、轻阅读当作内容生产的目标。

第三个区别是，当时我在《看天下》的时候，做的更多的是新闻性、及时性的信息，现在《壹读》追求的更多的是能够沉下来的阅读。比如说，我们会更强调知识性、常识性、百科性。在新闻事件发生之后，我们提供一些常识、知识性的信息去帮助读者理解这个新闻本身。现在，我在《壹读》做的事情是比以前要多得多的。

张&刘：离开《看天下》、创办《壹读》，主要原因是什么？

林楚方：我离开《看天下》的原因很复杂，简单说就是从一个职业经理人到一个公司创始人的转变，而且，当时也是不得不离开，去和自己关系更加密切的公司合作。

2011年，刚开始创办《壹读》杂志那会儿，大家都挺看好的。那时候，移动互联网的发展还没有现在这么好的发展态势，大家会觉得传统的商业模式还有它的生命力。最近一年，传媒界的变化实在是太快了，大家可能会怀疑杂志还有没有存在的必要，因为大家现在都在说要发展新媒体。

其实，我们在做《壹读》的时候已经想到了这个问题，就是怎么做好壹读传媒，而不仅是《壹读》这本杂志，所以我们不断讲：壹读不仅仅是本杂志。从壹读传媒的角度来讲，杂志是我们的产品之一，我们要做更多的新媒体载体去承载我们的内容，使内容的呈现形式可能是纸质的，可能是移动媒体上的，也可能是视频样态的。简单说就是，让我们的内容能够变成各种各样的移动端可承载的信息，它不再简单是一个杂志的概念。我们的编辑部是内容中心，这个内容中心划分了不同载体的内容生产。

张&刘：除了传播渠道上的拓宽和介质多样化的尝试之外，《壹读》这本杂志跟以前传统的纸质杂志还有什么不一样的地方吗？

林楚方：以前的传统杂志的商业模式，一般来说，是先有个编辑部，再找一个发行团队，再找一个广告团队，然后开干，过几年大家一起挣钱，从哪里挣钱？广告。现在这种商业模式已经崩溃了，广告投放给传统媒体的量在减少，份额急剧地下降，去问杂志同行，日子都不好过。

那我们怎么办？我们服务读者的手段会从杂志、视频，然后到手机媒体终端定制。同时，我们服务客户的手段也会相应地发生变化：必须根据客户的需要，给客户提供服务，硬广这一块已经塌陷了，我们在往另一个方向努力，尝试了微视频的手段、移动媒体的手段、给客户承载一些定制内容产品的手段等等，这已经是我们的方向。

用调查报道的方式调查知识

张&刘：你从生产及时性、新闻性的信息转变为生产知识性、趣味性的信息，影响这种转变的原因有哪些？

林楚方：我以前是做深度新闻出身的，做了很多年，但当我到《看天下》杂志的时候，我就已经变了。我认为，首先还是要考虑受众接受习惯的问题，大家是愿意在沉重的氛围下接受信息还是在轻松的环境下接受信息呢？显然是后者。

因此，这种转变第一个原因是大的环境要求你必须要转变，不变不行，而且读者获取信息的载体已经变化了，通过纸质载体获取信息的受众量是越来越小的，而今天的媒体又实在是太多了。一方面需求在变小，另一方面供给过剩，这样一个转变是非常巨大的，它影响到了传媒业态的整个趋势性的发展。

第二个原因是现在的信息轰炸比几年前要更严重。因此，受众对于媒体信息的梳理、再加工的需求也会更强。同时，读者的阅读习惯也在发生改变。现在谁还愿意花时间去看一篇特别长的报道呢？如果你不是特别好，读者花在阅读一篇文章的时间在不断地变短，甚至对这种篇幅特别长、读起来费劲的文章持一种厌烦的态度。这也是做新闻的一种无可奈何或者悲哀的现状。你必须要承认，如果还坚持过去的办法去做的话，结果可能就是你没有读者，也没有市场，这是没有办法的事情。其实，这都是特别简单的道理。

《壹读》做的内容，相对来说比较轻松，但轻松并不等于浅薄，我们把话说得更明白，并且采用读者更能够接受的篇幅和呈现形式去表现文本。

张&刘：做文摘类的杂志很重要的一点是搜集和整合资料。在筛选信息方面，可否分享下你的经验？

林楚方：谈不上经验吧。首先，对所有杂志来说，寻求独家报道这种模式越来越难。我们不会特别强调“文摘”或者“原创”这些词，最重要的是你最终呈现出来的产品是什么样的，它的特点是什么，它的风格是什么，它的读者在哪里。

在这个前提之下，我们再来看杂志的内容生产运作就会发现，虽然有时候你会觉得在杂志上看到的东西好像在网上有见过，或者在什么其他地方读到过，因为这是一个信息爆炸的时代。我个人每天接触的信息比普通读者应该是要多很多的，我发现《壹读》杂志上的内容大部分依然是我没有见过的，因为在内容这块我们都有不同的分类。在不同分类下，文化、娱乐、时政这些板块下都有各自的筛选标准，在这个标准的筛选下制作出来的产品我相信对于大多数读者来说依然是新鲜的，最重要的是我们提供了信息的增量。

一方面，这个时代的信息很多，大家很可能是被信息给淹没了；另一方面，有一些信息你还真没有见过，你平时不会上网去查这些信息和知识。而《壹读》杂志做的就是把你平时没有注意的信息和知识，重新制作成信息产品，让你一看就懂了。

本质上来说，我们做的是信息服务工作，服务读者的手段是通过我们的标准筛选信息呈现给读者。

张&刘：在加工形成最终的信息产品的这个过程中，哪些环节最关键？

林楚方：我就说壹读视频吧。做视频很重要的一步就是形成文案。因为我们提供的信息更多的是知识性、常识性的信息，首先这能够很好地抗击时效，其次它呈现出来的风格会比较好玩、幽默。

在文案形成的过程中，我们记者要用调查报道的方式调查知识。比如说，我们的一期叫《公务员升迁指南》的视频，记者和编辑搜集了大量的信息去形成有条理的知识体系，同时我们还需要保证这些知识细节上的准确无误，然后再形成一个精致的文案，最后才能形成视频。

我们的记者也好，编辑也好，其中一个工作就是搜集、分析、筛选这些信息，这个过程是非常考验记者的专业技能的。能不能像调查新闻事实一样调查知识？这些知识分布在海量的信息渠道当中，记者要做的就是去找到这些知识并且加以判断和筛选。

比起同行的声音，我更在乎市场的声音

张&刘：“轻幽默，有情趣”是你对《壹读》的定位。你是什么时候察觉到市场需要轻松有趣的新闻，而不仅仅是重磅揭黑的报道？

林楚方：对我个人来说，我很早就发现了这个问题。以前，我在《南方周末》做的是比较严肃的报道，我在做《看天下》的时候就在往轻松阅读、愉快阅读方向去转变，这也是我个人对信息的理解的一种转变。

当同行普遍还在板起面孔做报道的时候，我开始把文章的长度大幅度地缩短，将冗长的东西砍掉，将图片的数量增加，甚至将轻松的可接受的信息作为我生产的产品的核心特征。

20世纪90年代，带有揭黑性质的报道出来的时候一下子就会火，到处都会转载，传播度非常大。但是慢慢地，读者的兴趣发生了转移。现在做揭黑性报道，一方面是成本非常大，另一方面读者的反响也会变弱。为什么会变弱呢？第一个原因是人们对于这类型的报道已经司空见惯了，这很残酷。第二个原因是大家天天生活得够累了，不想再累了。第三个原因是生产信息的人也变多了，一个调查性报道会有很多人去披露事实，人人都是媒体，都能生产内容，这时候，传统媒体的竞争者已经不是传统媒体本身，而是“人人”。

人们对信息的理解也在发生变化，人们现在更关注的不是公共事务，而是更关注身边的事情，更关注自己。同时，现代都市生活中，人生存的焦虑感也在增加，相比起严肃的、揭黑性质的报道，人们更喜欢轻松的、能够释放压力的文字。

张&刘：你会在意业界人士对于《壹读》的评价吗？

林楚方：我在做《看天下》的时候，同行关注得很少，是市场对这份杂志做出了认可之后，同行才开始关注这本杂志。我开始做《壹读》的时候，同行对我的关注确实挺多的。说完全不在意吧，那肯定是假的。只能说，我没有那么在意同行怎么评价。

在中国，这个行业的市场化程度并不高。中国媒体更多生长在一个受保护的环境下，不是一个高度市场化的环境。如果把媒体的内容生产当作实业看的话，它比其他制造业市场化程度低太多了。

这个弱体现在方方面面，媒体对用户的服务能力，服务的态度，生产过程的标准管理，员工的职业素养等等，都不行，优秀人才越来越远离传统媒

体业。在这样一个环境下形成的一些所谓的经验，所谓的声音多重要呢？我还是更在乎市场的声音。

张&刘：在乎市场的声音确实能够增加传播的效率，但如何让这种在乎不变成对读者的迎合呢？

林楚方：在乎你，不等于迎合你。如果你要办一本杂志，用问卷调查的方式去看读者喜欢什么不喜欢什么，然后按照调研的结果去办杂志，是在乎吗？应该算迎合，这样是不会办出好杂志的。因为读者并不是那么清楚自己真正喜欢什么。中国的媒体市场化程度低，同样体现在读者的发育程度也很低，如果针对一个不成熟的市场去调研，试图迎合调研的结果，这种媒体死得比较快。

在乎读者是说，我们不断去创新产品，看读者喜欢不喜欢。喜欢，就说明尝试是对的，做下去吧，这是在乎。

张&刘：《壹读》内部对于"轻幽默，有情趣"这样一个定位的具体标准是否存在分歧？

林楚方：大的分歧是没有的，有时候在具体的某个选题上可能我觉得有趣，别人觉得不有趣。大家欣赏的角度都是不一样的，大家对幽默的理解也是不一样的，很正常。

张&刘：对于一些严肃题材报道的整理和再生产，应该如何把握轻松化处理的度，才能避免遭来质疑？

林楚方：其实，我们尝试的轻松的方式还没有遭来过什么质疑。我以壹读视频为例吧，只有过一次质疑的声音，那是我们做的一个帆船题材的视频，画面中有一处把帆船前进时的帆的方向画反了，当时引起了特别多的质疑。

总的来说，我们的这种方式没有带来什么不妥。首先，如果别人要质疑你，有一个前提就是你说得不对、不准确。为了避免这一点，我们对所有的文案的要求都非常严格。最后出来的视频，看上去可能很轻松，但是轻松不等于浅薄和无知。

所以，我们提供的知识靠不靠得住、准确不准确是大家质疑的一个基础。我们的视频是既有知识和文案，又有笑点和槽点，同时对视觉的呈现也是比较好玩的。因为它最终是一个视听产品，不仅仅是一个文字作品，可能大家看它的时候和欣赏一篇长篇深度报道的需求是不一样的，大家也不会用严肃的标准来要求我们。

严肃的报道依然应该存在，只是这一块由别人来做，我们涉及得比较少而已。

渠道的延伸是为了有效地到达读者

张&刘：可以看到《壹读》在各个不同的平台，比如微博、微信、网页、视频等都有自己的产品，摊子铺得很开。你是按照什么样的方法论或者逻辑拓展不同渠道的？

林楚方：媒体工作的本质是生产内容的人寻找自己内容的消费者，如果按照这个逻辑，那么《壹读》也是在不断地寻找自己的用户，他们在哪里，我们的产品就延伸到哪里。比如说，我们发现《壹读》杂志在机场、高铁候车室这些渠道卖得比较好，因为这些地方的商务人群比较多；同样，还有很多人是通过手机上来阅读的，我们就需要在手机平台上做好产品，于是我们就有了微信；还有很多人是习惯通过视频网站来看一些有意思的内容，我们生产了壹读视频，在视频网站上发布；还有人可能对壹读感兴趣，可能从搜索引擎中搜索“壹读”，然后找到我们的官网，了解我们，所以，我们也需要打造自己的网页。

我们把渠道铺开的目的并不是为拓展而拓展，而是发现读者在哪里之后我们把自己的渠道延伸到那里去。所有的这些渠道和在移动客户端上的延伸都是我们到达读者的一种方式而已。所以，这背后的方法论就是有效的到达。

张&刘：渠道拓展的先后顺序是怎样的？

林楚方：最先开的是微博，接着是视频，然后才出的杂志。《壹读》诞生的时候，微博还处于比较黄金的时期，所以我们一开始就比较注意在新媒体渠道上进行传播。杂志只是我们的产品之一，整个公司运营的是壹读这个品牌，杂志只是品牌的一部分，微博、微信、视频都是传递品牌的一种方式。

张&刘：一个挺有意思的现象是，你坚持《壹读》不做App，但在杂志的目录页却一再教读者如何将壹读微信挪动到手机页面。这是不是说明读者还是需要通过App来更便捷地阅读呢，今后《壹读》会考虑做App吗？

林楚方：传统的App指的是苹果的App Store（应用商店），我发现很多传统媒体App已经变成手机“僵尸”了。为什么？因为他们只是充当搬运工，把杂志内容往上一搬，以为大家都会去看，但其实不是的。

我们所做的是让壹读的公共微信账号变成一个“类App”，将它App化。这跟微信5.0出现的背景也有关，微信5.0以前还没有公共微信账号的说法，5.0出现以后，就把所有的微信公共账号放到了一个订阅号里面折叠起来了，所以，每个人的微信打开之后都会有一堆的公共账号，这样的话就会导致一个结果——很多微信公共账号可能从来都不被打开。

所以，我们会告诉读者，将微信号添加到手机桌面，可以方便接收到及时的更新。我之前说不做App，是因为我还没有想好，应该怎么去做App。一个App的开发，少则几十万，多则上百万，我不会贸然去做。如果我想清楚了怎么去做，我还是会做App的，会比谁都坚决。

张&刘：除了做App之外，还会有什么其他形式上的开拓计划吗？

林楚方：我们还出过一款更轻型的微信产品叫“趣你的”。那是我们在阅读方面的一个尝试。这个产品的出炉比壹读的官方微信要晚，我们投入的精力也并不多，但是“趣你的”这种加工信息的方式和带来传播效果比壹读更好，它的粉丝数是壹读官微的四分之一左右。

现在，“趣你的”的粉丝的增长率已经超过了壹读官微，这还不是最主要的一组数据。最主要的是它的转发数和阅读数远远地超过了壹读的官微。这个尝试其实带给我们很大的鼓励。我们可能会在移动端推出更多的这种适合微传播的产品，或者加大对“趣你的”这款产品的投入。这可能说不上创新，但也算我们在微传播这方面的想法的一个实践。

“内容为王”是由一套标准组成的

张&刘：过去说“内容为王”，前几年说“渠道为王”，今天大家都会觉得应该从用户作为切入点开始探索，又说“用户为王”，于是注重阅读的“用户体验”被媒体人时常挂在嘴边。能不能结合《壹读》来谈谈“用户体验”？

林楚方：我想首先需要弄清楚什么是“渠道为王”和“内容为王”，现在，毫无疑问是“渠道为王”。能够想象，吸引大资本的一定是渠道而不是内容，因为他们可以运用自己的技术撬动几何数级的用户，改变他们的生活习惯。

但问题是，我做不了渠道啊。首先，我不是技术精英，我做不成优酷，也做不成微信，只能做有比较优势的部分，哪怕很小很小。在这个小的部分里，对《壹读》而言，肯定是内容为王。那什么是内容为王呢？其实，内容为王是你真的必须在乎用户的体验，他们喜欢不喜欢，接受不接受，传播不传播，是检验你的工作的唯一标准。这是内容为王。

张&刘：能不能举一个具体的例子，《壹读》是怎么去实践“内容为王”的？

林楚方：我举一个我们做视频的例子，大家看壹读视频都会笑，都会觉得挺好玩的，其实这就是我们的内容。“内容为王”是由一套标准组成的，不仅仅是嘴上说说而已。

我们的文案会分1.0、2.0到10.0等不同版本来区分不同阶段的文案，从文案撰写者到负责人到编辑再到我这里，每一层把关都非常注重质量，这个文案要修改到10.0才能形成最终的文案。我们对整个视频的要求是要至少有20到25个笑点，我们的视频一般在3分钟左右，差不多几秒就要有一个笑点。

内容为王，别人可能是说说，但对我们来讲，是要按照标准去落实的。另外，我们可能会更强调定位的问题。每一个封面报道的标准、每一个栏目、每一个板块的定位标准都需要去制定清楚，用精准的描述去告诉每一个编辑部的人。

也许别的媒体不会这样去做，但对于我们，一定要有看得见、摸得着的标准。只有这样，才能够让最终形成的产品是符合设计者的要求的，最后读者是喜欢的，那读者的肯定本身就是内容为王的结果。

所以，内容为王不是虚的，也不是喊的，它是有一系列标准来保证的，大家平时往往喜欢说内容为王，而忽略内容为王的标准和程序。

张&刘：壹读视频一开始是为杂志的宣传考虑而制作的，但现在的壹读视频的传播度已经超过了纸质的杂志。今后在视频产品的制作上会有哪些变化吗?

林楚方：最开始做的视频是为壹读的品牌而设。我们知道传统的那些宣传新刊的方法，投入大量的资金、做大量的广告，效果并不好，而我们也没有那么多的预算。

我们想到用内容来营销内容，就是用壹读的内容来营销壹读的品牌。结果视频出来之后特别受欢迎，还掀起了一阵模仿潮。这本来应该是一种常识，但是在别人看来这却成了一种创新，其实不是。一个媒体公司最好的营销手段就是你的内容。我们现在最大的问题是如何提高视频产品生产的数量，因为我们想要找的视频人才并不那么容易找到。

之前还做过“楚方访谈”，我们想的是把这个访谈视频化，用演播室来录，后来发现这种方式在网上传播的效果并不好。原因之一是这种方式还是沿用了传统电视节目的那种模式，之二是成本很高，不仅是演播室的成本，还有时间成本，太多事情同时做也做不过来，所以我们还是想把重心放在壹读微视频上。

张&刘：《壹读》的编辑部有自己的新媒体内容生产的团队，内部是如何分工的？

林楚方：我们的内容生产是打通的，很多编辑、记者都是一人多职的状态，他写的一篇文章可能会变成视频的脚本，同样，我们新媒体渠道的一些产品可能也会在杂志上呈现，这是一个双向的过程。

张&刘：这样一来，对于记者和编辑的要求还蛮高的。你最看重记者身上什么样的特质呢？

林楚方：对一些同事来说，要求的确比较高，既要做杂志的内容，又要改写脚本，脚本对文字的要求会更高，必须要有画面感，还要简约。我经常说，我不如这些比我更年轻的同事。

我们招人的标准，第一是职业化的水平要比较高；第二就是创造力，要有创新能力；第三是知识结构；第四是合作精神。一个记者有个性可以，但不能太有个性，要懂得和别人合作。以前，媒体太强调个性，有时强调得过头，而忘记了效率。

张&刘：《壹读》编辑部内部的氛围是怎样的？

林楚方：我们编辑部内部是一种相对比较轻松和职业的氛围。大家会比较和睦地相处，好玩的事情也会比较多。

我们在内部推崇的精神和对外宣称的精神是一致的。我们要做一个很好很好的公司，未必要做一个很大很大的公司。我们是一个媒体公司，我们的本质是媒体人通过商业的方法来实现媒体人梦想的地方。

以前我们更强调的是梦想，而忽视了商业化的手段。壹读的同事过去都在各种各样的媒体工作过，知道什么样的弊端让人难以忍受。当我们在一起组建一个新的公司的时候，就必须要杜绝以前我们厌恶的东西，不能走向我们厌恶的那一面。另外，平等、宽松的氛围与职业化的约束共存。

媒体行业本质上是一个服务业

张&刘：目前，有许多杂志都在寻求转型的方向，有做微信、视频、App、可视化的尝试，但挑战不小，发行量和广告额也在持续下降。传统杂志的转型，要突破的障碍很多，对此你怎么看？是思维转变难的问题，还是受传统生产模式桎梏的问题？

林楚方：为什么传统媒体转型那么难呢，最主要的原因是，有些传统媒体现在日子过得还不错，没有我们的转型动力强。说白了，他们还没有被逼到那个份儿上。

第二个原因在于习惯的力量。习惯的力量太强大了，它会限制你去尝试很多新的东西。俗话说："船大难掉头。"这种习惯表现在传统媒体可能不能真正地去适应市场、在乎市场、照顾读者的阅读习惯。比如，报纸能不能先把文章的篇幅减下来。一些编辑和记者总想自己发表的文章越长越好，喜欢那种作品感，他们很少考虑读者接受什么样的作品。写那么长，谁会去看呢？

此外，传统媒体人的工作状态也是一种习惯。很多时候，传统媒体人都是一个自由职业者的状态，尤其周刊，他们并不是一个员工的状态而是一个自由撰稿人的状态。在一个成熟的市场环境下，这样的一个自由状态是很难的，不太可能既有高薪又有自由的职业状态。现在自媒体兴起之后，传统媒体的优势已经被瓦解掉了，传统媒体人必须要寻求改变。

我相信，市场会逼着大家改的。如果通过传统的方式不能再生存的话，要么就破产吧，倒闭吧，凋零吧，要么就转变吧。

张&刘：你做过记者，当过编辑，也带过自己的团队，几乎把这个行业的每个工种都体验过了。在你看来，这个行业现在处于一个什么阶段？

林楚方：这个行业正在经历百年未有之变局。这就回到一开始我们讨论的话题，传统媒体的传统盈利模式已经塌陷。传统媒体依赖的是广告，广告部来赚钱，发行部来花钱，市场部也来花钱。但是，广告在不断变少，传统媒体商业模式的崩溃是目前这个行业最大的变化。

张&刘：你处于这样一个剧变的媒体环境中，会有转型的焦虑感吗？

林楚方：我倒是没有什么焦虑感。以前，我总觉得，哎，要赶上同行中的这个人要三年，赶上那个人要五年，现在很快就追上了，因为大家都可能归零，不改变都完蛋。

还有一个原因，当一个行业塌陷的时候，往往会产生许多新的机会给我们这种后发媒体人。我们说人人都是媒体，这其中也包括机构和公司，他们也是媒体。比如商业银行或者航空公司，他们有庞大的客户群，通过自己的客户端可以轻松地集中千万的用户。既然他们有媒体的属性，那么他们也需要内容，也需要自己的价值观。

如果商业机构需要这部分内容，我想他们肯定是需要的，那由谁来做这部分内容，他们自己是生产不了的。这部分空缺是目前和将来媒体人的机会。最有能力做这一块内容的是传统媒体，他们转型最有可能成功的路径就是这样一个选择。

至于怎么做，需要根据不同的商业客户设计不同的内容产品。举个例子来说，一个家居类的公司，就需要你围绕“家”来设计内容，家庭的生活、家庭的需求、家庭价值观来设计内容，而这些内容与之前传统媒体中以家居生活为内容生产对象的杂志或者报纸所生产的内容并没有太大的区别，可能商业机构需要的是更精致的内容，更符合它们的价值观，更适合移动阅读，但这本质上与软文有区别。现在就看哪家传统媒体能够抓住这个市场，成功转型了。

张&刘：这样的做法会不会有削弱媒体的公共性，成为商业机构的俘虏的风险呢？

林楚方：其实，媒体行业本质上是一个服务业，这种服务的手段现在需要更新。以前我们是先生产内容，再去卖广告；现在应该是先收钱，再去做定制的内容。软文、有偿新闻这一类型的内容生产才是沦落为商业机构的俘虏的行为。我指的内容服务是针对商业机构的客户端上的内容服务，他们也需要货真价实的内容，他们其实不需要软文，因为没必要，他们就需要优质的内容。这部分本身也是媒体要生产的内容。

如果说提供这种内容服务是俘虏的话，传统的盈利方式更像是俘虏，比如说，曝光了一个企业，如果那个企业是这家媒体的大客户的话，据我所知，很多的媒体是不可能去曝光它的。这才是俘虏。

可能在这个过程中，传统的以社会新闻为主要内容生产的都市报会比较艰难，因为可能过程中面临的体制上的困境会更大。在想清楚之前，做好肯定对的事情，如果内容产品做好了，肯定就比别人有更多的机会得到机构的委托去做一些信息服务。

张&刘：你之前提到过，媒体人未来至少有两条路：一是为有媒体属性的商业机构做内容；二是做真正的广告。刚刚你谈到了前一种路径，能具体谈谈后一种路径吗？

林楚方：如果你把广告也当作内容的话，你就会发现从过去到现在，我们看广告的时候都只有一种感觉，那就是厌恶。看电视如果看到广告，你就会换台；看视频如果看到前面的60秒或者30秒的广告，你就会想把声音关掉。如果广告是这样一个效果的话，那商业客户花那么多的钱的意义就没有了。

我想如果我们把广告当作内容去做的话，同样是60秒的时间，读者会因为它的内容好而去看它，加入更多的创意不是更好吗？那谁有能力去做呢，我觉得还是传统媒体有这个能力，因为传统媒体是做内容出身，它能够生产出30秒、60秒这种长度的内容，而且让它变得更加优质，提升广告的效果。当然，在呈现方式上，选择新媒体渠道上会更多一点。

越来越多的商业客户之所以会减少广告的投放就是因为传统的广告形式达不到效果，没有价值，大家不看就没用，他们更期待有使用价值、实用价值的广告内容出现。实际上，我们就是要用看内容的眼光去看广告，做真正能够让读者接受的广告。我有时候开玩笑说，如果说按照这两种路径去走的话，中国所有的媒体人都能够实现“中国梦”。

转型本身是一个伪命题

——专访*Newsweek*中文刊前执行主编、赞赏创始人陈序

陈序

Newsweek（《美国新闻周刊》）中文刊前执行主编、赞赏创始人。首都互联网协会理事、财经专栏作家。服务新闻业20多年，参与创办中国内地多家报纸。曾任*Technology Review by MIT*中文版出版顾问，*Institutional Investor*中文网编辑顾问，中国移动12580手机媒体群总编辑。

访谈实录

导致主编将死的原因，是媒体盈利模式受到互联网冲击的结果

张志安、刘虹岑（以下简称张&刘）：你即将完成《主编死了》一书。书中预言媒体主编这一工种在未来将不复存在。在你看来，传统媒体的主编主要发挥什么功能、扮演什么角色，是什么原因导致“主编将死”？

陈序：传统媒体，我称之为工业化媒体，其主编的功能，或者说权力，其中最主要一项是分配。

在工业化媒体配置资源的过程中，主编处在由记者和编辑组成的技术官僚团队的金字塔顶端。主编决定如何分配记者和编辑人手，也就决定了如何分配投入采访和编辑的固定成本，如何分配投入印刷、发行和营销的可变成本。

表面上看，主编的权力无非是工业化时代所有职业经理人都拥有的配置内部资源的权力。然而，作为一个大众传播机构，工业化媒体聚合了公众的注意力，左右了公众议题，甚至规范了政治讨论的场域。

导致主编将死的原因，是原来维持以主编为金字塔尖端构成的技术官僚组织的媒体盈利模式受到互联网冲击的结果，不复可行。

张&刘：互联网影响传统媒体盈利模式的路径是怎样的？

陈序：工业化媒体的盈利模式是渠道垄断下以广告变现为核心的模式。

互联网先是建立了新的不受工业化媒体垄断的渠道，这一仗，门户网站已经完胜。

中国是最好的例子。中国新闻生产是特许专营的，所以中国工业化媒体整个行业拥有双重垄断。但当门户网站打破渠道垄断时，内容生产垄断即使暂时安全，也难以避免市场价值下滑。因为以广告变现为核心的盈利模式的基础是渠道。

张&刘：有人认为，未来仍然需要主编，因为在这个信息爆炸的时代，主编能为读者梳理庞杂的信息、提供观点指引。你如何回应这种看法？

陈序：这是一个三段论。

一、未来仍然需要信息梳理和观点指引。

二、过去工业化媒体和主编一直在供给信息梳理和观点指引。

三、未来仍然需要主编继续供给信息梳理和观点指引。

显然，前提一和二不必然导出结论三，即主编不是唯一可以提供信息梳理和观点指引的一种传播机制。

从一开始，计算机技术就提供了一种新的信息传播方案。信息不再以书籍、报纸等人们可以直接接收、解读的介质形式存在。简单地说，计算机发明了新的语言，用以存储、运算、传输、接收信息。在这一过程中，没有人干预的入口。

当计算机语言仅仅用于已经成型的信息，如新闻时，主编还可以在计算机给信息重新编码之前起信息梳理和观点指引的作用。报纸的最初的数字化实验，即出版所谓电子版，就是这一阶段的应用。

但是，终有一天，计算机开始直接处理新闻成形之前的，或者说，构成新闻的原始信息材料，主编的作用就渐渐削弱了。

这里需要说明，主编作为一个媒体组织的管理职位失去信息梳理和观点指引的功能，并不等于担任主编的个人以新的身份和方式在信息市场中发挥信息梳理和观点指引的作用。而这，恰恰是主编转业的一个主要方向。

张&刘：如果主编这一职位可以被替代，未来应由什么样的岗位和角色来替代呢？

陈序： 主编之死，不是其职位被简单替代，而是其与整个编辑部作为组织内容生产的机制被新机制替代。

工业化媒体主编负有生产组织、产品研发、受众分析和议程设置等多项复合职能，其中生产组织和受众分析将由机器接手，产品研发将交给另一队技术专家，议程设置比较复杂，意见领袖会发挥较大作用。

张&刘：这是否意味着传统的主编角色被肢解开来，更加专业化和细分？

陈序： 现象上看是如此，实质更复杂些。

因为主编不是被某个或某些同行取代，甚至不是完全被人或完全被计算机取代，而是被计算机算法等新技术工具，个人媒体等新竞争者，内容免费等新价格机制，手持终端等新用户体验，迭代升级等新消费偏好，社交传播和原生广告等新营销手段，这样一个混编战斗群拿下的。所以也不算丢脸——想想这群替代者拥有多少诺贝尔奖获得者，多少大学实验室，多少发明专利，多少股市市值，以及多少消费者粉丝吧。

媒体是体育场，天职就是尽可能造得大，容纳尽可能多的人

张&刘：目前有一部分主编已经不再称自己为“主编”，而是首席产品官。你怎么看这样的变化？你认为应该如何重新定义“主编”？

陈序： Title（职位名称）的改变并不重要，重要的是主编实际功能丧失。就像我刚刚说到的，新的机制不是一对一的替代，也不是另一个人或者一台机器或者一种算法。我认为不需要重新定义主编，不应该为将失去的东西花时间，需要重新定义的是媒体。

张&刘：如何重新定义媒体呢？

陈序： 我对媒体的重新定义是信息连接者。

工业化媒体是互联网出现之前的互联网。所以，互联网对媒体的替代比对任何其他行业更彻底。

彻底替代意味着工业化媒体原来的功能被互联网完全消化吸收。也正是在

这个过程中，主编作为一个独立的分析、判断、下达指令的子系统消失了。

张&刘：其实，主编的角色还在于价值引领，即在管理团队过程中坚持正确的价值观，如果过度强调“产品”意识，媒体的人文价值如何担当和坚守？

陈序：价值引领不是，也不应该是被主编垄断的一项服务。

至于媒体的人文价值，作为一个由精英控制的传播中介，去控制和去中介的过程中确实要关注价值引领漏球的问题。但这不是阻碍或回避变革与进步的理由。

在我看来，新闻的产品化与坚持媒体价值观并不矛盾。在市场中，新闻本就是一门生意。

张&刘：产品意识倾向于获得预期的经济效益，而传统的媒体价值观偏向于社会公器的价值实现。这二者如何平衡？

陈序： 这是一个好问题，却没有好的答案。我在《主编死了》书中详细分析了这一矛盾如何令主编纠结两难。只要媒体还是中介，是公众利益代言人，媒体的商业化解决方案就无法回避这个问题。

新闻专业主义的处理方式是在编辑部和广告部之间建立防火墙，而防火墙是建不到顶的。再高的墙也不过是把矛盾集中上交给主编。主编需要争取董事会的支持。如果是非公众公司的董事会，事情还好办些；如果是公众公司（上市公司），就更复杂。

对此有兴趣的朋友可以思考一个相关问题：为什么媒体要追求影响力？

媒体不是教会，不掌握（或自称掌握）信仰的真理；媒体不是大学，不生产科学的知识；媒体不是法庭，不执行司法的正义。所以，媒体不是因为总能站在正确的一边才追求影响力。

媒体是体育场，体育场的天职就是尽可能造得大，容纳尽可能多的人。媒体的天职是联结尽可能多的人。

而对主编来说，最大的纠结还不是商业利益和公众利益，因为每个企业都会有相似问题。公众利益无法价格化，品牌价值可以。商业利益和公众利益可以转化为企业短期价值和长期价值的比较与平衡。主编学点经济学和管理学会有帮助。

最大的纠结是如何保证最广大人民群众的注意力能够给主编认为重要的信息和价值观一席之地。不要以为水门事件报道始终得到了民众支持，整个过程中读者投书反对的人数会超出多数人想象。

张&刘：主编“死”去，是否意味着编辑中心制的瓦解，这将会带来什么样的连续反应？

陈序：是的。这带来的连锁反应是工业化媒体会陷入一个困境，旧的模式效率越来越低，新的模式又不能及时接班。

张&刘：在你看来，这样一种新旧交替的状态还将持续多久，突破口在什么地方？

陈序： 先要等互联网企业学会做真正重要的新闻，根据我今年4月与硅谷一些高科技公司交流的信息判断，可能不到2年。然后等出现一个举世关注的事件，受众就可以完全忘记传统新闻生产方式。

中国情况复杂一些，要看政策。中国互联网企业对此不积极。他们也需要看政策。

创新需要在全新的市场寻找媒体的商业机会

张&刘：未来广告作为盈利模式还会占据主流趋势吗？还有哪些可能的盈利模式？

陈序： 如果卖广告的，比如谷歌，都算媒体。其他主要的盈利模式有：卖内容，包括数据；卖联接服务，包括运营人际关系。次要的盈利模式有：卖不可贸易或消费的地域特征明显的商品和服务，包括农产品。

张&刘：具体而言，对综合性报纸、专业性报纸（财经媒体），它们未来的盈利模式会有差别吗？“付费墙”的模式，对中国的报纸是否有实践的成功可能？

陈序：报纸是一种新闻产品。这种产品现在最大的危机是生产成本过高，产品体验下降，所以会有电子出版走互联网渠道的尝试。

既然转向互联网，就要做适合互联网的产品；既然做适合互联网的产品，就要用互联网的生产方式；既然用互联网的方式生产互联网的产品，当然就要重新定位市场，重新定义竞争者，重新寻找盈利模式；既然全部重新来过，跟从头做一个新产品、新媒体、新企业又有何分别？

问题其实是：综合性报纸或专业性报纸如何创办一个新媒体？再进一步，综合性报纸为什么不能创办专业性新媒体？专业性报纸为什么不能创办非媒体新产品和新企业？工业化媒体可以通过投资其他行业、运营商业地产挣钱，为什么不能通过投资互联网络和创办非媒体新企业盈利？

因为新的媒体盈利模式不是从旧的模式里生长起来的，转型很可能是伪命题，而创新需要在全新的市场寻找媒体的商业机会。所以，不论哪一类报纸，将来的盈利模式取决于将来的产品，而将来的产品与现在的产品无关。

付费墙实际上是开发一款新的互联网收费产品。它会碰到所有互联网收费产品的问题，比如从一开始就提高了用户门槛，限制了流量等。

张&刘：报业转型过程中，不少报社采取了“大事业部制”，即将编辑部和广告部打通，立足为客户服务，打造内容产品和整合营销服务。不过这种做法也带来了专业“伦理”的问题，即编营部分。你认为两者之间有矛盾吗？

陈序：事业部体制不是报业转型，是报业内部开发新产品。其问题是，编辑部和广告部打通，也破坏了防火墙。最后的整体评估要看媒体品牌价值是增值还是减值。

张&刘：最近《中国经营报》取消广告部和社委会，试图成为一个扁平化的组织，除了基本的人力、行政等“支持部门”以及新闻中心、网络中心等“平台部门”之外，其余的都是以“产品”为中心的项目团队，并且团队的内部也是扁平化的，以产品经理和客户经理为代表。你怎么看这样一种新型的组织形态？这会是未来传统媒体转型的趋势所在吗？

陈序：管理方式和组织形态的基础是盈利模式。如果盈利模式没变，单改变管理方式和组织形态难以起到真正效果。

报纸内部管理方式和组织形态的变革，要看卖的还是不是广告。如果还是卖广告，大可不必费尽周折搞管理改革。如果卖的是新服务，就要看围绕新服务的新盈利模式是什么。

或者说，科层制和扁平化没有绝对优劣之分，关键看盈利模式是否创新。如果确实是为有助于研发新产品，寻找新盈利模式，以产品为中心的扁平化项目制是一个较优的过渡形态，但不一定是最终形态。

我倾向于转型本身是伪命题，而非存在“伪”和“真”两种转型

张&刘：有人预言，未来总的趋势是媒体内容及其价值日益向众包式、分享式、分布式演变。你同意这样的观点吗，为什么？

陈序：分享是未来整个社会和商业之趋势，不仅仅存在于媒体业。众包是知识创造的新模式，也不仅仅存在于媒体业。未来媒体业当然会跟着整个社会和商业的趋势走。

张&刘：在众包式的生产机制的过程中，内容的专业性会受到影响吗？应该由谁来把关？

陈序： 众包生产是需求发起的生产模式，产品是否符合要求，当然由需求，也就是发起方说了算。

张&刘：在新媒体飞速发展的趋势下，什么样的新闻会最先面临“死亡”的危险？

陈序：是什么样的新闻会先死，是什么样形式的新闻会先被淘汰？是新的产品体验取代旧的产品体验。

过去，电报形塑了倒金字塔体，报纸创造了长篇特写，杂志催生了图片故事。现在，手机短信流行了段子，微博复活了140字消息。将来，还会不断产生新的新闻和内容的形式。业界应该更关心什么形式会流行，以及其对传播的影响，而不是什么形式会先死。

张&刘：目前最流行的新闻产品与过去相比在内容和形式上出现了哪些质的变化？

陈序：主要是形式变化，趋势是内容的形式与渠道的用户体验结合得越来越紧密。

长文和长内容阅读的连续性有影响，短文、短内容以及可视化内容产量和品种增长很快。后者可关注微信公众号推送的内容，短视频和国外媒体，《纽约 》《卫报》等最新的数据可视化新闻。

张&刘：未来，除了商品性、服务性的新闻产品之外，完全的公共新闻产品，例如深度调查性报道是否还有存活的空间？

陈序：我以为，不可因新闻产品的公共性，便将之与商品和服务对立。市场和商品是提供新闻产品的机制之一，所以不存在所谓完全的公共新闻产品。有需求就有供给，深度调查性报道有需求也就有供给。还是老问题：有需求可以决定有供给，却不能决定由谁供给。而我认为将来新闻产品的供给者会空前的多。

张&刘：这些新闻产品的供给者可以大致分为几类？它们各自有什么样的优势？

陈序： 未来值得关注的新闻供给者，包括政府机构、企业、非政府组织、非营利组织以及个人。顺便提下，大家比较关注微博、微信造成的个人脱媒，其实个人本来在媒体的内容来源中就不占主流；我更关注它们造成的机构与组织脱媒。

张&刘：现在一些传统媒体的转型是“伪转型”，比如把报纸上的内容直接往线上搬运。传统媒体在组织内容生产上，如何重组资源和生产流程实现真正意义上的转型？

陈序： 我更倾向于转型本身是伪命题，而不是存在“伪”和“真”两种转型。

工业化媒体在做的努力，更像是万达王健林到美国买电影院线，而不是万科王石研究预制件造房。这是改行，不是转型。工业化媒体要思考的问题，不是如何用人和团队重组资源、重构流程，而是如何不用人和团队组织资源、建构流程，生产出好的上规模的内容和新闻。

张&刘：也就是说管理层面的优化并不能拯救传统媒体，传统媒体应该关注的问题还是内容本身？

陈序： 洪水来了怎么办？继续实验能在水里播种、收获的庄稼？杂交能在水里游的牛羊？诺亚的对策是放下锄头和鞭子，学习不是自己专业的造船。现在要学造船。

张&刘：现在媒体行业有两个“脱媒”现象，一是内容生产者与媒体组织者的脱离，二是渠道和内容的脱离。在你看来，内容生产者与媒体组织的脱离需要满足哪些条件？脱离之后，对于生产者和组织者而言，分别面临哪些新的机遇和挑战？

陈序： 需要明确，内容生产者与媒体组织脱离不是双方或者其中任何一方主动或主导的结果，这是第三方的力量。在这一过程中，生产者或媒体都是被动的。

谁是第三方？渠道。正是渠道先脱离内容，才造成内容生产者脱离媒体组织。脱离之后，对生产者，主要是机遇，因为可以脱离媒体组织，自创媒体品牌；对媒体组织，主要是挑战，因为资产流失在外，还催生了新的竞争对手。

新闻生产能力应该成为公民常识课的教育内容

张&刘：在中国，媒体对它所拥有的内容的产权控制由于知识产权的不完善，实际上已经非常弱，这对于媒体塑造它自身的品牌其实是非常不利的。未来，如何协调媒体品牌和个人品牌的冲突？矛盾是否会愈演愈烈？

陈序：这是两个问题。第一，知识产权保护不足，对媒体组织和个人媒体都是不利因素。将来，这方面法律保护的加强有赖媒体组织和个人媒体的合作。

第二，不论媒体组织还是个人媒体，都是媒体业一份子，业内竞争，对外合作，整个媒体业才有希望。否则只会为外人所趁。

张&刘：新媒体时代，公民记者如何有序地参与到新闻生产中去？有观点认为，公民采集新闻的专业性和可信度很难保证，你怎么看这个问题？

陈序：我认为，新闻生产能力应该成为公民常识课的教育内容。有表达自觉才有表达自由，人人有新闻生产能力，接受媒体伦理规制，才能真正实现新闻自由。

未来世界，信息社会最大的风险还是信息不对称，这是贫富分化和文明冲突的根源。垄断新闻生产能力，或者歧视信息传播能力差异，都非民主之福。

新闻之所谓专业，正如政治之所谓专业。不懂政治的人可以被选举为职业政治家，这我称之为业余者的权利。新闻也是如此。业余者可以自由发言，媒体品牌却由受众决定。这就像业余者可以参加选举，是否当选要看选民意向。

要求新闻生产专业可信，是轻视了受众的智慧。至于新闻侵犯他人权利的问题，可以通过完善相关民事法律解决。

张&刘：未来的新闻生产者应该有哪些基本的职业技能和职业道德？

陈序： 基本的内容生产的技能和资料个人都具备。需要讨论、规范的是附着产权或其他权利的信息如何合法地获取、加工、传播。美国对新闻从业人员和普通人的表达自由权、出版自由权有一百多年研究，争论与实务，可资其他国家参考。

张&刘：随着新闻生产机制从组织化逐渐向社会化倾斜和转变，这会对新闻专业主义理念和操作方法形成怎样的冲击和重构？

陈序：新闻专业主义要从人文学科的专业性中找到归宿。为什么有人读红楼梦是学者，有人读红楼梦是读者？不能说因为不专业地读可能惑乱品性，就不让普通人也有机会读，就像一度金瓶梅需要凭高级职称借阅。

人文学者的专业是教普通人怎么读文学、诗歌、历史，新闻专业人士的专业是教普通人怎么生产、消费新闻。他们都应该是永远站在批评角度的知识分子。

张&刘：如果未来传统媒体可以考虑的方向是成为像自律组织一样非常松散的共同体结构，基于一些基本协议把自媒体联合起来，并且还能够保证有一个品牌的平台。在这样的组织之下，传统媒体应为自媒体提供哪些支持，以保障其长期持续的优质内容产出？

陈序：松散的共同体不是一个狭义的品牌。所谓基本协议是指两种：一是基于行业自律的伦理规范；二是基于市场和商业的合作供应契约。

成组织的媒体不是要保证某一个个人媒体能够持续高质量产出，而是要帮助需要辅导的或已经从众多个人媒体中脱颖而出的能够得到必要的专业支持。这一点，媒体业可以像其他知识生产者的行业学习。

张&刘：必要的专业支持具体包括哪些支持？

陈序： 主要是资源，组织化的媒体拥有的相关知识、人脉，整个媒体界的组织资源。这就像传统生产方式中媒体企业内部的团队化和跨团队合作，只不过变成外部合作与支持。大学的媒体研究机构也会参与，像麻省理工的Media Lab的公民新闻项目。

中国工业化媒体在产能淘汰和企业并购方面将同时出现峰值

张&刘：你在《新闻周刊》工作过，能否谈谈西方主流传统媒体目前正面临的危机？外媒中文网在中国的盈利机会和言论空间近年来有什么变化？

陈序：我在*Newsweek*中文刊工作过。*Newsweek*和《华盛顿邮报》的命运，已经是公开信息。西方主流媒体的危机就是单纯的盈利模式的危机。它们做了很多努力，效果却不如人意。

张&刘：就你的观察而言，今天中国的传统媒体和外国的传统媒体在尝试自救和转型时，主要受到哪些相同因素的限制？

陈序：中国和外国的工业化媒体自救，相同之处是都受到信息技术和互联网发展的冲击，都逃避不了大众传播替代性产品的竞争，且都面临盈利模式遭到淘汰的危机，都需要媒体重新认识受众对体验的新偏好，都无法回避广告和市场营销行业的革命性变化和对媒体业的新要求。

张&刘：中外传统媒体转型时，受到的不同因素的限制又有哪些？

陈序： 中外工业化媒体试图转型，不同之处是媒体企业的外部因素，主要包括不同的政策法律规制、互联网业和电信业的不同发展轨迹等，也包括中国和西方发达国家在上次金融危机中的不同表现。

具体而言，国外工业化媒体原来的自然垄断优势早已消失。互联网，尤其移动互联网冲击更早更深，加之所在国家在金融危机中受伤更重，产能淘汰、企业并购、破产比中国同行提前了5年左右。

中国工业化媒体可以得到更多来自政府的货币或非货币补贴，企业生命周期人为延长。加之中国在金融危机中没有经历大衰退，危机来得比较晚。

但是，从人民网上市到去年年底上海报业整合来看，中央和地方对逐步压缩、淘汰媒体业落后产能，引导国有资本进入新媒体，形成先进产能已经形成共识，相关改革也加快了步伐。这意味着中国国有资本在媒体业的存在方式将开始政府主导和辅导下的转移。

中国工业化媒体将走一遍西方同行几年前已经走过的路，产能淘汰和企业并购将同时出现峰值。

张&刘：你提到，国有资本在媒体业的存在方式已经出现了从传统媒体向新媒体的转移。在你看来，这样一种趋势会给传统媒体带来什么样的冲击？

陈序： 这对中国国有媒体是好事，可以加快新媒体创新。

在我看来，冲击主要有两个方向，首先是对掌握落后产能的劳动力，即传统生产模式训练的记者、编辑，尤其是印刷媒体的编辑和主编。行业不需要维持现有产能规模，意味着劳动力需求会下降很快。

其次是对广告收入单一依赖的媒体企业。它们需要在资本完成转移前找到新模式，几乎是不可能完成的任务。

有价格才有市场，有自由的市场才有繁荣的创意与思想

张&刘：2013年10月17日，赞赏正式上线。你创建赞赏的初衷是什么？

陈序： 赞赏是一款帮助原创人在移动互联网上获得赞助的产品。产品形态包括基于手机浏览器的网站（www.zan-shang.com）和微信的轻应用，目前

正在开发独立的手机应用。

我相信，不赞赏，无思想。工业化组织的媒体推动原创向大众传播。于是，通过精英和资本垄断的中介和渠道，原创人生产的内容和创意被编辑、复制，被包装、贸易……而今，信息技术与互联网使原创人第一次有机会真正直面大众，有机会直接在市场中赢得赞赏。

赞赏源于发现，所以，赞赏致力于向有品味的个人和有态度的品牌推荐有思想的原创人；赞赏重在奖赏，所以，赞赏致力于向原创人提供内容和创意的赞赏服务；赞赏认为支付就是支持，所以，个人、品牌（包括媒体、机构或企业）对原创内容与思想产品的支付行为，不是消费，而是赞助与奖赏。有价格才有市场，有自由的市场才有繁荣的创意与思想。

张&刘：为了筹建赞赏，你做了哪些方面的准备？在筹备过程中，你思考得最多的问题是什么？

陈序：筹建赞赏，除了放弃高薪工作机会和投入自有资金，其他准备都是在干中学。过去20年的新闻专业经验和媒体管理经验都帮不上忙，我得从零开始。

在这一过程中，我思考最多的问题就是什么样的媒体才是新媒体，什么样的内容生产才是属于未来的。《主编死了》一书就是思考的副产品。

张&刘：目前，赞赏上线的项目有众筹服务和付费墙项目，这些项目的反馈情况如何？下一步还会尝试哪些项目？

陈序：赞赏提供的新型赞助服务不同于Kickstartert等普通互联网众筹产品，具有更开放的特征，发起人需要的条件和赞助人承担的风险也小得多，所以在未经市场营销的试运营阶段即得到用户认可和积极回应。超过一半的项目完成或接近完成赞赏目标。

需要澄清一点，赞赏中原创人收费内容是原创人自有的付费墙，不是赞赏的付费墙，这两者区别很大。下一步，赞赏将上线手机App产品，进一步创造独特的用户体验。

张&刘：原创人自有的付费墙和赞赏的付费墙这二者的区别体现在什么地方？

陈序： 赞赏没有付费墙，用户使用赞赏服务是免费的。但赞赏给原创人提供付费墙服务，原创人可以用这个服务在赞赏上自建付费墙。

张&刘：正如潘乐群所言，众筹除了“非法集资”风险，还有两大风险。一是侵权，即发起者的项目，本身存在侵权行为；二是“欺诈”风险，比如发起者在“众筹”后逃之夭夭。目前众筹网站很难提供监管保证，赞赏如何规避这方面的风险?

陈序：根据中国法律对非法集资的界定，只有金融众筹才可能发生非法集资的风险。像赞赏这类以内容创作为目标的新型赞助，不涉及资本或现金回报，不存在这类风险。

知识产权保护是赞赏最重视的问题。赞赏的特点是发起人实际上在用自己个人品牌为项目背书，如果发生问题，个人品牌将遭重创。这是发起人不可能负担得起的损失。

张&刘：赞赏在保护发起人的知识产权方面有哪些具体的措施?

陈序：赞赏与其他很多内容聚集平台的一个主要区别，就是让赞赏发起人、原创人自己保留版权。他们在赞赏上传、云存储的所有自有版权内容将永久属于他们自己。这也意味着高质量内容的付费墙可以永久为原创人创造收益。

第二篇

重构的挑战

用商业思维而非媒体思维来创业

——专访资深财经媒体人、少年商学院创始人张华

张华

笔名东方愚，资深财经媒体人、少年商学院（Youth MBA）创始人、西柚教育CEO。曾供职于《南方日报》《南方周末》、彭博iBloomberg，长期致力于中国富豪生态和财富变迁的报道与研究。著有《胡润百富榜：中国富豪这十年》《他们比你更焦虑：中国富豪们的隐秘忧伤》《荷尔蒙经济学：中国富豪择偶与婚姻的秘密》。2013年2月注册“少年商学院”的微信公众号，9月开始跨界创业。

访谈实录

人物报道也是财经报道的一个方向

张志安、刘虹岑（以下简称张&刘）：你写过三本企业家群体的书，《胡润百富榜：中国富豪这十年》《他们比你更焦虑：中国富豪们的隐秘忧伤》和《荷尔蒙经济学：中国富豪择偶与婚姻的秘密》。这三本书的前后时间跨度都是两年。这三本书分别有什么特点，可以把这三本书当作你做财经人物访谈的三个节点吗？

张华：这三本书有很大的不同。第一本书是与胡润合作的《中国富豪这十年》，主要讲述很多企业家创业的过程。虽然是“富豪十年”，但是这本书的跨度实际上是三十年，

引用富豪创业来讲述中国三十年的经济画卷，展示各种类型的财富积累和成功企业家的特质。

第二本书是《他们比你更焦虑》，严格来说它是《南方周末》的人物报道结集。但是单单把报道放在一起是没有人看的，所以我又补充了五万字类似于记者手记的文字，用心理学的模型把我所写的人物分成了几种类型，比如把焦虑分成积累，有的人是真的焦虑，有的人是假装焦虑。这本书主要是剖析企业家的内心世界，特别是他们在整个中国经济变迁的大背景下如何处理政商关系。

第三本书是《荷尔蒙经济学》，主要讲的是企业家的婚姻故事，也涉及家族企业传承的故事。

现在我自己看来，感觉这些书写得并不好，原因有两个。第一，严格意义上说，我写的东西都是碎片化的，比如《胡润百富榜：中国富豪这十年》是把整本书硬生生地分成了十个年份，每个年份先来一篇综述，然后再找四五个代表人物来谈。在我看来，一本书的呈现应该是更具有纵深感的，比如《荷尔蒙经济学》，应该先从婚姻的类型入手，而不是把这些企业家分成几种类型。我写的这三本书还是以偏专栏作者的方式去写的，逻辑上递进感欠缺。

我理想中的书写方式应该是类似于《亚洲教父》那样的。作者是一个外国记者，采访了很多亚洲的富商，他的书写了这些人的创业、经营方式、资本运作以及他们的金钱和欲望。他的书不是单篇报道的罗列，而是把他写的所有的报道都拆开来，重新组合，以独立的话题为纲，按话题去写而不是人为地切割成几种类型。这样更便于读者阅读，更称得上是一本书，而不是专栏文章的集结。

张&刘：所以，你更希望把报道做成作品？

张华：是，这跟我之前在《南方周末》受到的影响也有关。在我看来，做任何报道都应该是一份调研报告。一篇调研报告的字数有限，但调查者在背后要做非常多的工作。

特别是对我来说，做人物报道不像是做行业报道，可以逐渐积累对这个行业的认识，但是做人物报道往往是今天写了这个人，明天写另一个人，这两个人处于完全不同的行业。所以我会对自己要求非常高，因为我害怕，怕我在受访者面前显得我对他所在行业的了解不够深。因此我会更努力，争取比别人有更多的采访，更多的素材和思考。

张&刘：财经记者一般都会长期跑特定的产业或领域。但你并没有以领域和产业为划分边界，而是做财经人物和财富现象的报道和分析。

张华：原因有两个。其一，我自己没有对某个行业有特别的兴趣。我对所有的行业都充满好奇，但是我并没有对其中特定的一个产生特别的兴趣，而是对市场中有丰富经历的人感兴趣。其二，我没有特别思考我将来想做什么。一般来说，跟特定的产业或者领域的记者，最终他们的职业发展会朝着那个方向去。我那个时候并没有转行的意愿，所以没想那么多。

从新闻操作的角度而言，人物报道也是财经报道的一个方向，大人物的采访与写作也有一套自己的方法论；从报道价值的角度讲，虽然这些大人物分属不同的行业，但其中有一些东西都是相通的，比如企业文化、企业传承。

在对这些人采访的过程中，我发现，我可以在与这个企业家聊的时候，谈谈我采访的另一个企业家的事情，他们俩可能互相并不认识，但是往往可以从对方的故事中产生惺惺相惜的感觉，有的时候还会托我介绍认识一下。这个时候，我在他们面前就不仅仅是一个记者，而成了一个也可以给他们一些建议、一些信息的人。但如果你是一个跑条线的记者，你的积累、你的资源、你的知识永远达不到你的采访对象那么高的水平。

其实无论是横向的人物报道还是纵向的行业报道，只要适合自己的就是最好的。

读者对众所周知的财富人物之多面性依然充满好奇

张&刘：你的职业生涯很独特。一般人都是先做记者，然后做编辑或者开始写专栏、评论；而你恰恰相反，是从专栏作家做起，转而做编辑，最后才记者。这样一种反向的从业经历在你写财经人物报道时带给了你哪些帮助？

张华：如果一毕业就出来当记者，面对大企业家的时候，会有些露怯，或者过于崇拜对方。但一开始我作为一个行业观察者去分析的时候，受到情绪的影响会小一些。

从我个人的职业规划来看，我还是比较偏重分析，因为我本科和研究生都是学经济的，我更喜欢研究问题、分析问题，但我最后呈现的产品不是研究报告，而是新闻报道。所以我也从来没有什么新闻理想，只是觉得这个东西有趣，我想深入挖掘。

这带给我的“不好的意思”就是我对一些热点的人物并不感冒。在《南方周末》，我们总想去引领一些报道，去挖掘独家的话题，在我们报道之后，其他媒体有铺天盖地的转载和跟进，这会带给我一种满足感。

张&刘：长期做分析的人，会形成自己的一套比较稳定的分析框架，在看任何商业故事的内在逻辑都是相似的。但是做新闻又要求新鲜、生动和复杂性的呈现，所以稳定框架与新鲜事实之间的互动是非常重要的。

张华：对。我回想起来在《南方周末》这些年，我发现自己这方面做得是不足的，对于热点新闻并不太敏感。

举一个例子，当时《南方周末》做了一个李彦宏的封面报道，带来很大的争议。其实李彦宏成为首富，对于财经记者而言没有多大的价值，因为每年有很多首富产生，所以以此作为新闻由头有点牵强。但我们新闻部的同事就说，我们应该要去呈现一个多面向的李彦宏。报道出来以后，批评的声音主要是说报道太有情绪了，不够客观。

我对这个事情的反思就是，我应该足够敏感，让经济部的记者去报道李彦宏。

张&刘：对李彦宏的报道对于你而言，提供了哪些过去被你忽略了但有价值的东西？

张华：其实这篇报道本身并没有带给我更多的惊喜，都是常规的生产流程，也没有挖到很独家的东西。但从这篇报道中，我收获了一点从前被我忽略的，就是读者天然对于众所周知的财富人物的多面性充满好奇。

张&刘：也许就一篇常规的新闻报道而言，这组报道对于读者而言有新鲜价值，但作为商业报道而言，它并没有提供什么新的商业知识或者投资信息。

张华：是的。但是对于喜欢《南方周末》的读者而言，他们不会去说它是一篇不够客观或者知识性不够的报道，因为读者已经从中收获了新鲜感的满足。说到底，《南方周末》还是一张新闻纸，而不是针对少数人做决策参考的平台。

张&刘：你离开《南方周末》，去彭博做人物视频访谈是出于什么样的考虑？

张华：2013年春节的时候，我就想离开《南方周末》了，不是因为不喜欢了，而是每个人都想要有所突破。如果继续留在《南方周末》，再过三年，也许能够看到的是我又写了许多报道，中间偶有佳作，或者又写了一本书，一定程度上弥补了我过去写书的遗憾。但是除此之外，我并没有新的突破了，我想寻求新的突破，所以我离开了《南方周末》。

张&刘：离开《南方周末》除了这个原因之外，是否也跟《南方周末》经济部在这份报纸内部的尴尬存在有关？《南方周末》是一份综合性报纸，以调查性报道为主流，经济部一直存在地位的边缘化的问题。

张华：这个确实是一个原因。曾经一段时间，《南方周末》的经济报道为了跟这份报纸的综合性结合在一起，想主做政经报道，但因为广告收益不足，又改为做产经报道和商业报道。

让我比较意外的是，2012年的时候市场部做了一份问卷调查，调查了我们的读者和广告用户，反馈的结果是，大家对于财富人物存在天然的浓厚兴趣。当时我就想把财富人物这一亩三分地耕好。但是人物写作写到最后真的会陷入一个套路。我就在想，我是不是应该尝试非虚构写作的方式来写人物，我是不是应该跳出国内的富豪圈去采访国外的富豪，但我发现这样的突破会受到各种各样的限制，而且确实有点尴尬。所以我就想，要不换条路走走好了。

张&刘：你最终决定离开《南方周末》的时候，促使你做决定的是内心渴望冒险的冲动还是你觉得其实就算冒险失败了，也还是有退路的？

张华：一个人永远都会有多元的选择，其实我也可以留在《南方周末》，把我自己对财经影像制作的兴趣做成微电影的产品，只不过我等待不了一个庞大的机构经历转变所需要的漫长时间。所以，我还是决定离开那里，去别的地方冒冒险。

但是说实话，离开的时候还是非常不舍。当时有人问我，离开《南方周末》会不会难过，最后吃散伙饭的时候，我喝酒之后哭了，我对大家说："从今以后，我离开《南方周末》就注定漂泊。"虽然听起来有些"作"，但是我说的是心里话。因为我心里知道，离开之后我就很难再在媒体圈找到拥有如此理想主义的、让人内心安静的平台了。

我只是告诉自己，人总要往前走，总要不断地突破。

商业模式不是凭空想出来的

张&刘：离开《南方周末》之后，摆在你面前的创业方向是什么？

张华：当时我想了两条路，第一条路是继续在媒体，但不再做纸媒，而是转向新媒体，做视频节目。我一直对做视频很有兴趣。在2010年的时候，我就创建了一个群博客，叫“财经影像联盟”，将商业方面的信息图片和电影作品收集起来。这其实是一个细分市场，在国外20世纪80年代的时候就有了《华尔街》那样的财经电影，但中国到了近几年才零星拍摄出《中国合伙人》等几部“类财经电影”。财经电影的发展其实是与一个社会的经济发展阶段息息相关的。我想，未来中国肯定会有这样的财经电影产业链，财经新闻等内容产品的形态一定不仅仅局限于文字或电视，还会出现更多的表现形态，比如电影等。但是因为这个群博客的愿景不够明晰，很快就做不下去了。

第二条路是创业。但是创业怎么创我自己还没想好，只是当了爸爸之后对儿童教育方面的兴趣日渐浓厚了。我离开《南方周末》前一年在报社内做了一个“世界首富系列”的报道项目，十名记者，分别去到全球十个国家，探讨首富成功的秘密。我去的是“小国家”丹麦，因为丹麦首富是乐高家族，我的孩子喜欢乐高。我很希望在儿童教育方向做些事情，但一时间我还是找不到突破口，索性注册了一个“少年商学院”的微信公众号。

张&刘：当时你选择了第一条路是什么样的原因？

张华：我当时是因为受到现代传播董事长邵忠先生的邀请，2013年7月的时候就加盟了其旗下的iBloomberg，负责筹划一档高档财经访谈视频节目。我的核心工作还是与财经人物有关，但作业方式和呈现形态都发生了很大的变化。我之前没在新媒体待过，对于我来说这是个挑战，也是一个机会。第一季的主持人是冯仑，他老人家也答应了，与他对谈的王长田等头几位嘉宾，也确定得差不多了。但冯老师因为万通“立体城市”的项目，每个项目都很大，很难抽出时间。这个时候我感觉到，有很多事情是自己不能掌握的，节目进行得很吃力。

这个时候，我看到“少年商学院”的订阅量在慢慢增加，到九月份的时候有了三万用户，看得见的是数字的增长，看不见的是后天那么多寻求合作的机构、海外和国内的家长渴望交流的需求，有家长问我，“少年商学院”有没有其他形态的产品，他们愿意付费购买。订阅少年商学院的这些人群有固定的特征，他们的诉求也是相同的。这时候我觉得可以做点事情，于是就从北京回到了广州。

张&刘：你当时想到把“少年商学院”这个微信公共账号进行商业化运作的契机是什么？

张华：有两个原因。第一个原因是我并不想仅仅依靠微信来盈利，第二个原因是我认为儿童教育的方向已经从过去十年盛行的辅导班变成了今天大家想把孩子送出国接收海外教育。但是大部分家庭并没有条件把孩子送出国，所以一定会出现一些教育机构能让这些孩子在不出国的情况下也能享受到国际化的教育。但我没有把自己定位成教育培训机构，那不是我的菜，我一直希望做成跨财经、媒体和教育的跨界智库，不一定针对普通的终端用户产生服务。

以前我在媒体当编辑、记者的时候，工作状态相对松散，工作的内容也不够专一，我现在就是想要找到一个垂直的方向，慢慢积累。而微信公共账号粉丝数量的增加也让我更有底气去冒险。

张&刘：你当时的构想是什么，是否有找到投资人？

张华：其实我到今天都没有百分之百想清楚我到底要做什么。创业都是一个不断摸索的过程，我只是粗略地给自己设置了一个“止损期”——半年时间，如果到2014年5月，我还没想清楚自己具体的核心的产品是什么、还没想清楚到底是做垂直服务还是平台，或者还是在烧钱而没有多少进账，那就不行了。

当时我并不太想找投资人，因为现在如果别人给我钱，要么是出于人情，但是越是熟人，越不好意思拿；要么是一些机构，想要入股，但是我还不想跟这些机构谈合作。我们现在能够看得到的资源就是“少年商学院”这个微信的十几万用户而已，其他的什么都没有。

于是我还是决定单枪匹马，自己拿钱出来创业，而且自己出钱还有一个好处，就是你会“把钱当钱”，别人的钱烧起来没有感觉，但是自己的会顾虑一些。

张&刘：你有过不安全感吗？

张华：许多媒体朋友在创业的时候最大的不安全感来源于两个问题：第一，商业模式是什么；第二，是否拿到了投资。

第一个问题，商业模式一般是需要在一个企业成熟之后才会显现出来，而不是凭空想出来的。

第二个问题，我并不想拿投资，是因为我想摒弃媒体人“借鸡生蛋”的思维，我要精打细算，权衡投入产出，用商业思维来创业而不是媒体思维来创业。

在公共账号上生产内容要把内容服务化、产品化

张&刘：“少年商学院”的订阅数量能够在大半年时间内涨到10万，最主要靠的是什么？

张华：如果单纯拿微信公共账号的内容来说，只需要把内容做好就够了，不用想推广的事情。但是在微信公共账号上呈现的内容与媒体生产的内容是不一样的。一样是文字，媒体侧重传播的是资讯、事件、现场等，但是微信公共账号上呈现的内容是在一个垂直的领域，带有服务的属性，要带给阅读它们的家长实实在在的收获和价值，所以在公共账号上生产内容需要把内容服务化。

接下来我们就要将线上和线下的内容产品化，要让用户购买你的产品就必须要让它具有一定的功能性。

而如何提供让用户认为具有服务性的内容呢？首先需要做的是调研。我们调研了目前的主要订阅户都是家里有5岁到15岁孩子的家庭，家庭平均年收入在30万以上，这个数据就是调研的结果。

其次是要不断接受用户的反馈。他们会主动提建议给我们，而我们会根据用户的需求不断地纠正自己的方向，通常我们会在微信上发布一些调查问题，包括你的孩子几岁、你几点阅读我们的文章等，挖据用户的需求。其实读者就是我的顾问。

张&刘：“少年商学院”公共微信账号的推送文章的筛选标准是什么，主要来源是哪里？

张华：一开始是我自己去各种博客上找一些海外华人的教育心得，这些人的文笔不一定很好，但做新闻的人，一眼能看出文章是否有价值或价值有多大。我会联系这些作者，获得他们的许可后，对文章进行编辑，然后把文章发表在我们的微信公共平台上。作者能够做到什么？一是做家长、做教育的人多是非常具有分享意识，他们并没想着一篇安静地躺在其博客上的文章能带给自己什么回报；二是他觉得你认真地对待了他所写的文章，他们看到你认真地修改、润色，会对你产生信任感；三是很重要的，他可以通过我们

的微信平台，收获到其他读者的反馈。

“少年商学院”的一个特色就是所有文章都获得了发表授权或已与作者联络。我们现在的特约撰稿人有几十位，现在随着用户增多，陆陆续续与我们建立联系、投稿的作者还有不少。他们会把这个当成一个圈子或者是社区。但我们到今天还没有建立系统性的海外作者机制。

没有建立海外作者机制的最主要的一个原因还是国内对知识产权的不尊重。微信公共账号上，文章一大抄。我们已经发现了许许多多个微信公众号，直接复制粘贴我们的文章，来源不注明，甚至作者名也省去了。如果我花大精力去约稿，去做专题，可能事倍功半。

张&刘：在不断调研的过程中，你的构想有哪些变化，有什么在困扰着你？

张华：我现在的尴尬就在于，现在有两个发展的方向。一开始我们构想的是做工作坊的形式，从国外引进体验式学习产品，提高孩子的创造力，但现在大家看到的是一个探索如何将欧美的教育理念与中国传统教育理念进行对接的形式。

另一个困扰我的是做平台还是做垂直。我想未来还是朝向平台的方向去的。但在此之前，我需要有一两款垂直的教育产品，它的主要作用是帮助我了解这个市场，否则我总感觉悬在空中，不够接地气。

现在有很多教育机构想跟我合作，但是他们都仅仅是把我当成一个在教育领域的“媒人”，懂内容营销但是不懂教育。但是我们从没把自己定位成一事实上的教育培训机构，而是一家跨教育、媒体和商学的社区式智库机构。这个智库是商业智库而不是文人智库。

张&刘：“少年商学院”这个微信公共平台的推送习惯是什么样的？

张华：一是推送时间，基本上是每天早上7点准时推送。因为调研的结果是大家还是喜欢在早上阅读，因此我们顺势而为。

二是单图文，每天只推送一篇文章。因为我们不是提供资讯的平台，而是提供知识，所以一篇就已经够了。也试过推送两篇，结果发现两篇文章的打开率加起来比每天推送一篇文章的打开率多不了多少。

三是分栏目，做导航表，方便读者检索和阅读过去的文章。但是后来我们还是把分栏目去掉了，主要是害怕过早分栏目会失去一批读者。

张&刘：现在每天推送的一篇文章的生产流程和把关标准是怎么样的？

张华：先找作者，一般是在国外生活的华人；然后是确定选题，我们一般会像报社确定选题一样，把这一周的选题先确定下来，争取有那么一两个选题是有新闻由头的；最后是编辑文字，确保没有错别字，再发布。

张&刘：现在除了“少年商学院”这个微信公共平台之外，还有哪些内容产品？

张华：2014年我们推出一系列在线内容产品，除微信以外还会有电子杂志、App、视频讲座等。这些内容产品分为两种类型，一是免费的，二是我们在2月份的时候招募了微信年费会员，为他们提供更多的专属产品与服务。

线下我们主要有三种产品，一是设计思维（Design Thinking）工作坊，我们获得了斯坦福大学设计学院创始人David Kelley的授权，在中国青少年当中传播和推广设计思维理念，提高他们的创造力自信；二是“开眼界”——带孩子到知名企业实地探访和职业体验；三是海外游学，同样是以体验式学习为主。除此之外，我们也开始在北上广深等一线城市开展高品质的国际教育沙龙。

张&刘：现在“产品思维”这个词很热，你如何理解它的含义？

张华：产品思维，每个人都在谈。对教育行业来说，理解产品思维有两个维度，一是不忘初心，不要忘记创业的初衷是什么；二是用户真正的需求是什么？把用户的需求进行分层，剥离“看起来很强”的需求，结合自己的核心竞争力，最终变成自己的拳头产品，这就是我在做的事情。

不能单看媒体的转型，而要看整个社会的转型

——专访纽约时报中文网执行总编辑曹海丽

曹海丽

纽约时报中文网执行主编。本科毕业于中国人民大学，硕士毕业于美国加州大学伯克利分校。2008年入选美国哈佛大学尼曼奖学金项目。曾任财新《新世纪》周刊首席记者、《财经》杂志国际新闻主管编辑和高级记者，是《财经》杂志的创刊成员之一。

访谈实录

外媒中文网总体上依托于母报进行内容定位

张志安、刘虹岑（以下简称张&刘）：纽约时报中文网在2012年6月28日上线。在这之前，英国《金融时报》《华尔街日报》等国际性知名媒体都已经开设了中文网站，并吸引了相当数量的中国读者。为什么纽约时报中文网到2012年才上线？

曹海丽：这个问题我可能回答不了，因为并没有和纽约总部沟通过这个问题。可能是出于战略或者人员配备上的考虑。

我是在2012年4月加入纽约时报中文网的，我只参与了纽约时报中文网上线的过程，但并没有参与决策过程。

张&刘：纽约时报中文网上线的准备过程大致是怎样的，遇到了哪些困难？

曹海丽：我们当时准备的时间很少，只有2个多月的时间。我在4月初加入纽约时报中文网，到6月底必须完成网站上线的全部工作，包括招聘翻译和编辑人员、完成网站定位、签约专栏作者等工作。

总体来说，最大的困难就是时间紧迫，当时整个团队的建设是在非常短的时间之内完成的，上线之前也没有充分的测试时间。

我们的网站上线之后没多久就在中国内地被禁，被禁掉的原因，最直接的就是当时我们刊发了一篇内容比较敏感的文章。其他原因还包括《纽约时报》一直以来被认为是一份时政类报纸，涉及政治的内容比较多，不像你刚刚提到的其他几家外文媒体，它们以财经新闻著称，可以说自己是一份财经类报纸，这样也会相对安全一些。

张&刘：在内容构成上，BBC中文网以报道国际政治新闻为主，FT中文网、华尔街日报中文网和路透中文网等报道内容主要是经济和商业新闻。纽约时报中文网相比较这些同行，在内容定位上有何差异？

曹海丽：外国媒体的中文网从总体上看基本上都是依托于母报来定位的。纽约时报中文网依附的也是《纽约时报》英文版提供的内容，所以从内容定位上看，是与《纽约时报》的媒体特性一致的。

《纽约时报》是一份综合性的大报，最突出的是国际新闻。另外，副刊和文化版也很好。《纽约时报》的定位就是一份知识分子、精英看的报纸，因此纽约时报中文网也是以这样的定位来筛选文章的。

其他外国媒体也大致如此。比如FT中文网，因为《金融时报》英文版的内容是以财经新闻为主，所以FT中文网的内容也是沿用了这样的风格。当然，FT中文网也有很多内容是与中国时政相关的，它走了一条比较特殊的路。

张&刘：在网站的栏目导航设置上，纽约时报中文网如何凸显内容特色？

曹海丽： 在内容定位上，我刚刚也提到了，纽约时报中文网区别于较早进入中国市场的华尔街日报中文网和金融时报中文网财经类媒体的定位，我们的内容更加多元化，包括国际国内新闻、商业与经济、文化、健康、教育、风尚、旅游、观点评论等等。在栏目设置上面，我们的栏目设置与其他外文媒体中文网的栏目设置区别不大。

张&刘：在编辑方针上，纽约时报中文网跟《纽约时报》有否区别？

曹海丽：我们大部分的内容是对《纽约时报》上刊登的文章进行翻译，在这一点上，所有外文媒体的中文网都是一样的，都是以翻译为主的新闻网站。当然，大家也都会根据中国读者的需求做一些原创新闻，具体到不同的媒体会有所不同，一般会根据内容把控、资源配置和内部结构来确定具体的选稿标准。

具体来说，在编辑方针上，纽约时报中文网与《纽约时报》的区别主要体现在选稿的侧重上面。纽约时报中文网在筛选每天要翻译的文章的时候会选择跟中国读者相关性更大的新闻，包括亚洲的新闻，并且在发布的时候把这些新闻放在网站比较重要的位置。

中文网为中国读者了解外媒如何报道中国提供了语言上的便利

张&刘：*在采编策略上，原创新闻和翻译的比例如何？*

曹海丽：当时刚创建纽约时报中文网的时候，《纽约时报》计划中文网三分之二的内容来自其英文网站。目前，中文网原创和翻译的比例大概是1：4，翻译占到了全部新闻的80%以上。原创新闻基本上是与中国有关的选题，通常是约稿，编辑会根据自己的判断去决定一个题目是否值得做。

张&刘：*翻译的文章会对原文进行“剪辑”以适应网站环境下的阅读习惯吗？*

曹海丽：我们不会对原文进行任何“剪辑”或编辑，但会根据纽约提供的压缩（trim）版本对长文进行篇幅上的压缩。但在标题和导语上，我们无须一定要跟英文保持一致。

总体来说，因为我们受每天能够翻译的量和时间的限制，我们并不追求短平快，而更侧重提供深度新闻。

张&刘：*对于中国本地选题，有无一定选取的标准和角度？*

曹海丽：这个问题很难量化，编辑在约稿的时候，选择什么样的角度和报道框架都是跟他之前的知识结构、经验有关系的。但最基本的要求都是一致的，事实准确、逻辑自洽、具有深度。写作上当然每个作者的风格不同，呈现方式自然也会不同。

张&刘：*纽约时报中文网如何更接近中国读者的需求？*

曹海丽：对于中国读者而言，他们的阅读兴趣是非常多元的，不是铁板一块。因为我们不是门户网站，我们能提供的内容是有限的，不可能满足所有读者的需求，只能把读者进行细分，满足其中一小部分人的信息需求。

翻译外媒的稿件，以中文形式发布能够满足中国读者了解外媒如何报道中国的需要。其实外媒中文网为什么要去做翻译外文稿件的工作，就是因为中国的读者渴望了解外媒是如何报道中国的，以及可以看到中国媒体无法报道或刊登的信息。那些被翻译过来的稿子原先由外国记者所写，是在没有新闻管制的环境下写出来的，中国读者会从这些报道中得出不一样的认识。这是外文媒体中文网能吸引到读者的主要原因。中文网的作用就是为中国读者了解外媒如何报道中国提供了一种语言上的便利。

新技术改变了媒体原有的盈利模式，也重塑了它们生产的产品

张&刘：纽约时报中文网目前的读者主要是什么群体，区域分布情况如何？

曹海丽：大部分读者仍是中国内地的读者，他们通过翻墙阅读；第二是台湾，第三是北美地区的海外华人。

张&刘：作为纽约时报中文网的主编，你的工作重心是什么？

曹海丽：主要是负责统筹、人员管理，以及战略层面上的一些规划和实施。

张&刘：新媒体时代，纽约时报中文网如何利用社交媒体向用户推送内容、提供服务和开展互动？

曹海丽：其实我们最大的问题还是我们的网站在中国内地处在一个被封闭的状态，如果解禁，相信流量方面还是会非常不错的。

我们也尝试过用社交媒体进行内容推送，例如在一系列中文平台上开通账号，包括新浪微博、人人网、新浪博客、网易博客等，向中文用户推送内容、提供服务和开展互动，让更多的人能够读到纽约时报中文网的文章。

目前我们的几个社交媒体平台，Twitter的用户数量最多。因为能看到Twitter的人一般也能上得了我们的中文网站，可以直接带来流量。

张&刘：新旧媒体的主要差别在于技术的应用。在媒体运作中，应该是编辑部门主导还是技术部门为主导？

曹海丽：理想状态是大家都处于一种不断学习的状态，无论技术人员还是采编人员。编辑部不同部门之间需要相互学习，要处在一个开放的状态，

学习是永无止境的。

其实我们有一个误解，认为在新媒体时代传统编辑部需要掌握技术，就意味着让内容生产者去学习具体的技术语言，其实不是这样的，而是在整个思维方式上有所变化，与技术部的人有更多的沟通，去学习他们的表达语言。

张&刘：具体来说，目前纽约时报中文网的经营和盈利模式是怎样的？

曹海丽：从经营模式上看，还是靠广告，但是由于被封，我们现在的广告几乎没有，主要还是靠总部支持。因为我们既没有广告，又没有内容付费，所以现在还是处于比较困难的状态。

依靠广告投放来盈利肯定不是一个适应新媒体时代的模式。不仅是纽约时报中文网面临这样的困境，在《纽约时报》总部，广告投放都在走下坡路。

新媒体时代的媒体盈利模式有很多可能性，所有的媒体都在探索，但是想法是一回事，操作是另外一回事。不是说有好的想法、好的内容，就可以立刻变现，需要有比较强执行力的人去把理念落地。

张&刘：互联网的出现改变了传统媒体的经营状况。过去，传统纸媒会花费许多时间和金钱去做独家的、深入的调查。现在，由于广告收入下降，很难再支撑独家报道的生产。《纽约时报》和西方其他媒体如何解决这样的问题？

曹海丽：尽管自从金融危机以来，《纽约时报》也很难独善其身，经营状况受到很大的挑战，但《纽约时报》还是非常重视深度报道，整个驻外记者的规模也是西方媒体中最大的。

深度报道对于读者而言还是非常有吸引力的，现在不缺短平快的信息，现在是信息太多，良莠不齐，真假难辨。在中国可能因为版权问题，深度报道的投入和收获不成比例，窃取抄袭的现象很多。但是在国外这方面的法律和制度都非常健全，所以好的原创新闻和深度报道还是有市场的。

张&刘：调查性的深度报道目前在国内外都颇受冷遇，深度报道还有未来吗？

现在看来，深度报道做好了是非常有市场的。国内的媒体，比如说财新传媒，他们点击率最高的报道也是那些调查性报道。现在要解决的问题不是做不做深度新闻，深度新闻、调查性报道肯定是要做的。

目前需要解决的问题有两个。一是在全媒体环境下如何将不同形态的内容进行分包，运用不同的渠道到达不同的受众。需要强调的是，在多媒体环境下，传统的线性文字表达的价值不应该被否定，而是说尽可能地用多种表现形式来满足不同阅读习惯的读者的需求。

二是根据整个媒体经营模式的变化去调整产品的呈现形式。传统媒体的盈利模式是广告，决定广告投放的主要因素是发行量或访问量。现在，随着新的技术和产品出现，比如电子商务的出现，广告用户投放不是单纯地依据访问量，而很可能是读者定位和特定人群的到达。因此，媒体的经营模式在决定它所生产的内容产品。新的技术的出现改变了媒体原有的盈利模式，反过来也重塑了它们生产的产品。

在探索多平台运作的过程中，产生核心内容的过程其实是一样的，对于调查最基本的要求是不变的，即获得尽可能多的事实，不断接近真相。不一样的是在不同平台上的呈现方式不同，这方面需要进行更多的尝试和探索才能有所突破。

《纽约时报》有一个多媒体实验室，尝试各种各样的报道形式和多媒体项目，加强与读者的互动。《纽约时报》改版之后，增加了图表和互动的内容，即用图像图形和幻灯片、视频区的形式，让读者在阅读上更加全面丰富，有更好的视觉效果。因为不少多媒体项目花费的时间很长，所以选取的是相对比较静态的选题。

但是在中国，静态的选题得不到很好的重视和开发。首先是因为读者的阅读习惯不一样，大家很难被这些静态的选题所吸引，反而很容易被一些热点事件、突发事件所吸引。其次，中国的记者很少能够驾驭得了这种静态选题的写作。静态选题的写作需要运用文学化的笔调和写作方法，很多中国记者缺乏这样的素质，又或者他们也没有接受过这样的专业训练。而且很多中国的媒体也不追求这样的东西。所以这些多媒体的项目实验很难开展。

在互联网时代，传统媒体需要做出取舍，一方面需要对以前的传统生产线进行调整，另一方面也需要坚持一些具有核心价值观的东西，也就是优质的内容和高质量的深度报道。

全媒体时代需要的不是全能型记者，而是后方的统筹配合

张&刘：《纽约时报》如何将纽约时报英文网的数字化运营经验运用于中文网？例如数据可视化。

曹海丽：我们纽约时报中文网也希望有这样的数字化尝试，但是我们需要解决两个先决条件，一是《纽约时报》英文版要给我们授权，他们要有时间与我们进行合作；二是我们这边的开发团队在没有资金的情况下，很难去做成这样一个数字化运营的尝试。

张&刘：在新媒体时代，报业面临转型的压力，《纽约时报》在这方面做了哪些调整，例如部门职能的重新界定、盈利模式的改变，对于内容生产的调整？

曹海丽：《纽约时报》作为一个如此庞大的、老牌的传统新闻机构，实际上它转型是非常困难的。《纽约时报》从很早的时候就开始重视数字化运营。据我所知，《纽约时报》可以说比所有的媒体都更重视转型，它一直在不断地调整自己，让自己更灵活，更快地适应环境和形势的变化，同时又保持新闻的质量。

《纽约时报》尝试的一些多媒体项目，在读者群中反应都非常不错，其中《雪崩》这个报道还获得了普利策新闻奖，当然整个专题的制作从想法到成品经历了相当长的一段时间。

最近，《纽约时报》也做了一些部门职能上的调整，赋予了负责数字化的编辑更大的权限。

张&刘：数字化或者说全媒体化对于编辑而言，最难的是什么？

曹海丽：因为我之前在《财经》杂志、财新传媒做了很多年的记者，其实胡舒立非常早地就意识到了网络的重要性，很早就开始了网站的建设，最早是财经网，现在是财新网。实际上最难的并不是怎么做网络，怎么做杂志，怎么把这二者融合起来，最难的是统筹协作和管理人才。

以前我做记者，记者的工作就是去前线采访、拿一手材料，然后回来写稿子，他不用考虑最后如何在版面上呈现，他甚至连图片都不用去考虑。现在要做多媒体，不是写完一篇稿就完了，后面的传播过程也是需要考虑的。

这个时候，编辑就需要想办法把这些观念不同的人整合起来，管理好这些人才，让他们有效地协作。在媒体里，往往是会做采写的不懂技术，或者做内容的不懂传播。做媒体最大的资源就是人，没有什么机器可以代替，所有的思维和想法都在人的头脑里。

张&刘：作为记者，如何适应全媒体报道？

曹海丽：其实对于传统的记者而言，要让他们掌握除了采写编辑之外的视频、图片、数据分析等多种技能，还是比较困难的。例如说调查记者，他们已经在采访过程中消耗了自己最多的能量，很难再分心去考虑如何在最终呈现的时候更加多样。全媒体时代需要的不是全能型记者，而是后方的统筹配合。

所以比让记者采访、写作、拍片样样精通更重要的是后方的配合，如何把不同部门的资源整合起来，对于一个题材，让善于调查的记者专心地拿料，让擅长视频的记者去用视频的形式呈现更加多元化的内容。最后，编辑部需要一个多面手的人，一个有创意、有想法、有经验的人把这些资源整合起来。

中外媒体所处的生态不同，应对新媒体挑战的切入点也不同

张&刘：十六年前，你参与创办了《财经》杂志，能不能讲一下你参与到创办中的故事?

曹海丽：我们当时是在胡舒立的带领下创办的《财经》杂志，她对于我们而言起到了一个导师的作用。当时她花了很多时间研究，之前也在国外进行过调研。在那个年代，杂志或者是报纸都是专注于内容本身，做得都很细致。

在定位上，我们区别于众多媒体的一点就是“独立”的意识。当时，市场化媒体才刚刚出现，独立媒体的概念其实是非常新的，包括记者不拿车马费这样严格的规定，在当时都是非常新的。

在内容上，因为过去的公共话语体系是非常呆板的，当时《财经》是在有意识地打破那种官方的话语体系，这也是一个突破。

张&刘：创办《财经》的时代，媒体还未受到来自互联网的冲击，主要专注于内容，从而建立自己的品牌和传统。在你看来，新媒体时代，一家媒体还能有效地建立自己的媒体传统吗?

曹海丽：现在处在一个变动的时代，很多事情大家都还看得不清楚，而且中国的大环境是无法回避的。媒体自身就是不完善的，还有很多新闻操守的东西仍旧处于讨论当中，很多专业准则还没有形成共识，在这样一种情况下，谈媒体传统其实是非常奢侈的事情。

中国媒体和外国媒体虽然都面临新媒体的挑战，但是他们所处的媒体生

态不同，所以需要解决的并不是同一个问题。

张&刘：中外媒体在转型过程中面临的问题有哪些是共通的，例如技术壁垒、采编流程再造、部门调整等？

曹海丽：技术的变迁、互联网的发展对于传统媒体而言都是一种挑战，但是这个挑战对于媒体的冲击的表现是有差异的。

中外媒体在转型过程中面临的问题存在的根本差异是大环境的差异，中西方的竞争系统是不一样的。在中国，党报内系统和党报外系统完全不是在一个水平上竞争，整个市场不是完全竞争的状态，肯定会影响整体的媒体生态，而国外媒体的竞争相对而言是在同一个平台上竞争，所以分析工具和变量都不同。

张&刘：中国的传统媒体天生缺乏市场基因，长期依靠体制红利，而西方媒体一开始就是市场化的，在面临技术革新时的反应不同？

曹海丽：这需要把国内外媒体放到各自的外部世界里去观察才能得出合理的解释，不能单看媒体的转型，而要看整个社会的转型，这不仅仅是媒体自己的问题。

国外媒体，大部分都是有着很长的历史，而且直到最近几年，大多数是由家族控制的。中国的市场发育程度与国外有着很大的差别。用不同的观察维度可以得出不一样的解释，总体来看西方媒体是更加积极地、快速地对技术的变迁做出了反应。

中国到目前为止，除了党报以外，其他市场化报纸的历史都非常短。事实上，即使是像财新传媒也还没有经过换代的考验。中国媒体，因为经历的时间都比较短，所以很难给出一个明确的判断。

而国外的媒体通常都上百年了，中间经历过经济大萧条，代际更替等种种考验，像《华尔街日报》原先由家族控制，后来被默多克买去之后对它们而言是一个很大的变迁。但是这样的变迁在中国都是还没有发生过的。

另外，在中国更多可以看到的是个人努力的结果，但是个人努力很难对整个行业树立起共识和守则。

在西方，无论是《华尔街日报》还是《纽约时报》，基本的规范、守则是一样的。在西方，无论是新闻业还是广告业，整个商业运行的规则都是比较完善的，出现新闻寻租的可能性相对小很多，所以在面对技术变迁的过程中，他们解决问题的切入点跟中国媒体存在很多不同之处。

张&刘：在西方纸媒的改革过程中，如何处理网站内容发布与报纸内容发布的关系，在你看来，报网融合应采取何种途径？

曹海丽：因为纸质的发行渠道是有限的，它的发行成本比较高，而网站的发布成本低，关键是发挥不同传播渠道的优势和特点。

首先，一般来说，报纸都会将自己纸质的内容移植到网上去。但网站能够到达的读者人群可以大大超过纸质读者。以《纽约时报》为例，它的纸质发行基本局限在美国本土，但它网站的阅读范围则是全球。加上英文是世界通行语言，能够读英文的美国本土以外的读者数量非常大。

其次，网站比报纸能够承载的内容要多，因为印刷版受版面的限制，而网站没有篇幅和空间的限制。理论上有无限的空间发表内容。国外的网站不像国内的网站，有那么多复制、抄袭的行为，它们会付费购买其他媒体的新闻或者是签订一些协议来获取或者交换其他媒体的内容。通过自己原创或者购买来扩展新闻产品的数量和种类。

最后，通过发挥网站发布信息速度快、可随时更新的优势，提高报道的及时性。例如一个重大事件发生了，可以先写一个简短的Breaking News，以抢占时效性的高点，然后随着了解的信息增多，再不断地更新。这一点是传统的报纸做不到的，传统报纸的生产周期是按天来算的，而网站可以按分钟来算，速度大大提升。

张&刘：付费墙模式在西方哪些媒体中能够取得较好的效果，在中国能够复制吗？

曹海丽：很难。

最直接的原因是，在中国，大家看免费的东西看惯了，突然要收费，大家会很不习惯，也就是中国的读者还没有养成付费习惯，所以一时还很难实行。而在西方，读者已经习惯了长期为他们所阅读的东西付费，只不过现在是从线下付费转为了线上付费而已。

最根本的原因还是中国的知识产权保护不够，即使收费，还是有人照样复制粘贴，再以免费的形式发布到自己的平台，那读者为什么要付费来读你的东西呢？在知识产权保护制度完善之前，很难做到收费。

在建立这个前提之后，能否做到收费还要看这个媒体本身的公信力。如果是一个新建立的网站，可能它需要花很多时间来建立自己的品牌，在这方面，百年大报会更有自己的优势。关键还是要保证新闻媒体的质量，要让读者找到为它付费的理由。

过去，传统媒体生产的新闻需要编辑层层把关，而在互联网时代，很多信息的发布无须按这种方式运作，新闻品质有可能打折扣，要持续让读者付费，必须先保证新闻质量。

很难在西方专业主义与现实限制之间找到平衡

张&刘：外文媒体在中国绕不开报道敏感性问题。纽约时报中文网采取的措施是将服务器设置在海外，这样是否会大大降低访问量?

曹海丽：把服务器放在海外是所有外媒中文网的通行做法，不是某一家的措施。这和外媒中文网不具备国内内容生产商（ICP）的资质有关，受政策的限制。在敏感问题的处理上，我认为FT中文网是比较有经验的。

张&刘：外文媒体发布内容时如何在自身媒体秉持的西方专业主义与现实限制之间找到平衡，是否有自我审查的困扰?

曹海丽：很难在西方专业主义与现实限制之间找到平衡。

至于自我审查，我们是没有的。纽约时报中文网绝大多数文章都是从《纽约时报》翻译过来的，所以我们的文章是按照《纽约时报》的操作规范和专业主义去做的。

张&刘：外文媒体在中国的本土化传播策略有哪些?

曹海丽：我们纽约时报中文网目前还谈不上本土化的传播策略。我们现在网站的内容主要是英文文章翻译和本土作者原创相结合，既包括《纽约时报》英文报道的中译版本，也包括本土中文作者及专栏作家专为中文网所撰写的原创稿件。

在本土化策略方面，做得最好的是FT中文网 。原创最早也是由FT中文网开始做的，并且很好地把握了商业化和内容之间的关系。他们在内容本土化和政府公关方面都做得很成功。

在渠道方面，我们目前在做的就是网站和App，没有深入其他渠道去推广我们的内容，我们的业务链条是比较简单的。

张&刘：外文媒体在对中国议题进行写作时，相对于中国本土的记者，存在哪些限制，又有哪些优势?

曹海丽：优势就在于外文媒体有更宽松的环境，不存在不能报道的选题。

至于限制，大概就是一些敏感区域不对外国记者开放，或者经常被“跟踪”。当然，他们对中国事务的了解和人脉资源或许不如中国记者，一定程度上会影响到他们作品的准确性或者深度。

张&刘：外国媒体如何在有限的采访权下，与本土的中国媒体进行竞争？

曹海丽：其实不存在竞争关系，外国的媒体与中国的媒体不是在同一个层面上竞争的。外国的报道针对的是国外的读者，国内的报道针对的是国内的读者，我们纽约时报中文网只是将《纽约时报》的内容进行翻译，再呈现给中国读者而已。

张&刘：《金融时报》《华尔街日报》《财富》等等在国内已经有很多中文的传播渠道，国外的这些优势媒体进入中国市场，国内的媒体在内容上有哪些缺失是你们可以提供补充的？

曹海丽：只能是做一些补充吧，因为缺失的东西很多，我们不可能都补充，我们能做的就是提供多一个看问题的视角。

一个人的转型是一次自我修行

——专访腾讯大浙网总裁傅剑锋

傅剑锋

1978年生，毕业于西南政法大学新闻系。曾供职于《南方都市报》《南方周末》。主要作品有《卧底番禺传销》《砍手党来自小山村》《神雕之死》等。《揭开传销绝对秘密》等传销系列调查，获荐央视2004年度“中国风云记者”的候选；《城市里的陌生人》系列报道，从农民工犯罪切入，反映中国农民工的生存状态，引起广泛关注。2011年，他离开《南方周末》，任腾讯公司综合资讯部新闻中心副总监，现为腾讯大浙网总裁。

访谈实录

新闻专业主义应是新媒体发展的基石

张志安、刘虹岑（以下简称张&刘）：作为腾讯大浙网总裁，目前你工作的重心是什么？

傅剑锋： 我所负责的工作第一是要把内容这块做好；第二就是把经营做好，经营这块是硬指标，因为这个公司是有利润目标的，必然是要盈利的；第三就是要把公司的文化真正做到一流，因为只有一流的文化才能吸引一流的团队。此外，要把团队的发展阶梯搭好，要让团队的核心骨干在自己的位置上发挥自己的才能。如果有了好的班子、好的团队、好的方向和好的文化，这个公司肯定可以无往不胜。

张&刘：具体来说，腾讯大浙网的内容生产和经营机制是怎样的？

傅剑锋：内容这块我们分了三个中心：新闻中心、生活中心和行业中心。第一个新闻中心主要做的是以常规资讯、信息为主的题材，包括新闻频道、财经频道和娱乐频道，其中我们还会做一些创新创意类的产品和活动。第二个就是生活中心，这是非常大的一块，因为大浙网定位为地方区域生活门户网站，那么生活是什么？就是吃喝玩乐。所以，我们生活中心这块就有旅游频道、美食频道、时尚频道和教育频道，还有社区论坛。第三个就是行业中心，这一块是与经营挂钩比较紧密的，可以直接拿到更多广告的，比如房产频道、汽车频道、家居频道和亲子频道等等。

除了这些之外，我们的架构里面还有一个就是代理机构。平台方面主要由我们自己搭建运营，经营方面我们会外包给一些代理公司。这些公司本身拥有很专业的团队，可以来代理我们的广告。经过评估之后，他们每年向我们缴纳一定额度的费用，我们就把广告经营业务分给他们去做营销，从而达到一个双赢的局面。

大浙网是一个需要多方合作的公司，是腾讯公司与浙江日报报业集团合作的，其中又离不开各种各样的代理公司。所以，我常会跟我的合作伙伴们开玩笑说，我们才是真正的“中国合伙人”，我们是“大浙合伙人”，我们所有目标的达成靠的都是合作。

张&刘：移动互联网时代，对大浙网而言，主要面临着哪些挑战，你们又是打算如何应对的？

傅剑锋：移动互联网是一种趋势，对于大浙网而言是一个不小的挑战，会存在很大的压力。因为大浙网现在是基于PC端产品来做的，比如腾讯QQ的弹出窗。现在，移动互联网的产品形态与原来的模式建构是不一样的，PC端的流量增长速度放缓了，因为人们现在越来越多地使用移动端来阅读信息。

要适应移动互联网的发展趋势，就意味着我们要应用好腾讯在移动端的产品。这并不是说我们自己去做开发，因为大浙网这样的地方站没有那么多的人力物力，只能更多地借助腾讯网已有的移动端产品。比如微信，如果结合得好的话，未来的前景是很好的。

张&刘：腾讯如何判断网络原创报道的新闻价值。具体来说，你们进行新闻选择的标准有哪些？

傅剑锋：从新闻价值判断上来说，与传统媒体并没有根本的不同——从理念上来说，追求的都是新闻专业主义。像我曾经在腾讯分管的“活着”栏目，也是基于新闻专业主义生发出来的。如果偏离了新闻专业主义的轨道，做出来的东西自然是乱七八糟的，不被读者所认可。

当然，在具体运作的过程中会运用到互联网的工具：通过数据分析网友的信息偏好和习惯，观察流量数据……但不管怎么样观察，怎么样分析，核心的理念就是新闻专业主义。我以前向内容部门推崇的理念也是新闻专业主义，认为新闻专业主义应是新媒体发展的基石。现在也是如此，一定是新闻做到越专业，别人越认可。

实力、愿望和时机是记者转型的三个要素

张&刘：你长期做调查报道记者，后来去腾讯做网络新闻策划及管理，现在又开始负责独立运营商业网站，要兼管内容和经营。在这个过程中，你觉得，一个优秀的记者，如果要做这样的职业转型，关键得积累和依靠哪些资本？

傅剑锋：其实，转型并不是想转就能转的，这其中包含很多的要素。从内部来说，记者内心的愿望是最重要的，从外部来说，转型的时机是最重要的。还有一点，就是实力，记者的实力和他的愿望是不是相匹配也非常重要。如果只是有愿望但是实力达不到，那么也找不到好的机会，转型就不可能成功。

所以，一方面，一个人的实力要得到某种认可；另一方面，他内心的愿望要足够强烈。除了内在因素之外，还要加上外部合适的时机。如果要说一个优秀的记者或者编辑想要转型需要具备哪些条件，我想实力、愿望和时机这三个要素是必不可少的。

至于转型需要做哪些准备，在我看来，大概分为两种。一种是你没有办法准备，这个转型跟你想的不一样，但是你必须去转型；另一种就是你“蓄谋已久”的转型，比如我就想往互联网这方面转型，我就会比较注意观察互联网行业的宏观发展、行业趋势、产品形态。除此之外，思维方式上的自我改造也非常重要，因为传统媒体的思维模式和互联网的思维模式有很大的不同，这些方面都是需要及时地学习和更新的。

张&刘：具体来说，应该如何把握转型的时机呢？

傅剑锋： 要牢牢抓住自己的兴趣所在。有的人对互联网感兴趣，就应该抓住互联网的时机；有的人对金融感兴趣，就应该去把握金融行业的时机。也就是说，要对自己感兴趣的行业有所积累和判断。

另外，一个转型的人必须有很大的决心和学习能力，一个开放的心态是非常重要的，其他能力可能因人而异。一个调查记者的成熟度和资源的充足度也会影响到他的转型。

张&刘：从内容生产到管理运营的转型过程中，有哪些东西是你需要重新学习和适应的？

傅剑锋： 对我来说，综合管理的东西是最需要学习的，比如经营管理、对于行业的细微或宏观的观察和判断，以及处理与各种人的关系。

关系的处理是非常复杂的，跟我做编辑和记者是不一样的。作为一个记者或者编辑，我完成的任务都是很单一性的任务，要处理的关系都比较简单。现在对我来说，作为一个管理者，要处理的关系却是非常复杂的，我所有的时间都是被切成碎片的。所以，我必须明确的是每天需要做的最重要的事情是什么，否则我所有的时间都被打碎了。

还有一点，过去我做记者可能是一个比较个人英雄主义的记者。我做编辑的时候可能是一个非常专业的编辑，包括后来到腾讯新闻中心做副总监，都是我专业范围之内的工作，处理的都是单一性的任务，这种单一性的任务处理起来其实是比较容易的。什么时候人处理任务会感觉比较复杂呢，就是当你面对的任务是多线条的任务的时候，这时候一个人自身的缺陷就很容易暴露出来。

以前我做记者和编辑的时候，很多人认为我的专业能力和常规的关系处理上是比较优秀甚至是接近完美的，我自己也这样认为，对于专业那一块，觉得很自信。但现在，我在做管理工作的时候，我发现自己以前没有暴露出来的缺陷都开始暴露出来了。

从某种程度上说，我觉得一个人的转型特别是一个人转型去做管理工作是一次自我修行。因为以前我的缺陷没有被暴露出来，现在我开始意识到这些缺陷的存在，我的缺陷开始暴露出来了，如果我不去克服的话，这些缺陷就会被放大，可能就会影响管理工作甚至会影响到团队的信任，所以我必须去改变，要敢于去改变。这种改变的确是一种修行，把它看成自我修行，也让我的心态平和很多。

宗教里面的修行，特别是佛家的修行，会特别告诉一个人的一点就是，我们要把自己身上不好的习性一点一点地拿掉，一点一点地清除出去。其实，管理工作中也是这样，需要把自己身上影响管理工作的工作方式一点一点地改变，让团队有方向感、目标感、信任感，会因为我的鼓动而非常有激情地、有使命感地去做事，这其实是另外一种艺术，与采访的艺术是不同的，所以这个才叫转型。

张&刘：的确，可能当记者的工作方式总体是单枪匹马的、充满战斗力的、注重个体专业性的，但作为管理者则需要学习与他人合作、领导团队的艺术。那么，你是如何快速学习和适应这两种角色的转变呢？

傅剑锋：其实我并不觉得我现在做得足够好了，也还在学习的过程中。但就我现在总结的来看，至少有几点是特别重要的。做一个记者需要不停地突破，把要拿到的料拿到，用自己的写作能力讲一个好故事；做一个编辑就需要协调合适的版面，策划合适的选题，找到合适的记者去做这个报道，然后把它包装出来就可以了。一个人带三五个人的小团队，去完成一个项目和目标，这个流程是比较简明的。

但如果要带一个超过三十个人的团队，甚至一个公司的团队，那就是另外一种状态了。因为这个时候你就会发现，人与人的关系不是那么简单的。这个时候就需要把这个团队的目标、文化塑造起来，才可能会进行一个合适的管理。只有让部下有成就感，他们才会有做事的动力。怎样让员工感到有成就感呢？就需要管理者把荣誉分给他们，让他们不停地创造，有获得荣誉和成就感的机会。

有时候，我要像导师一样，让我的同伴们找到正确的工作方法；有时候，我也要很谦逊，因为有很多领域现在对于我来说，我还不够专业，这个时候我就要很谦逊地倾听他们更加专业的看法，但又要保持自己方向性的判断。对于一个互联网公司而言，要让下属变得比自己更出色，才是一个优秀的团队，更多的是大家共同想出一个好的点子，然后朝着一个对的方向去做事。这个时候，特别需要管理者有一种“虚己树人”的智慧，把自己放空，去培养下属。

调查记者的转行是由体制造成的

张&刘：到《南方周末》做了一段时间的记者之后，又怎么会从记者改行做编辑？

傅剑锋：因为做累了嘛，我想这是一个最直接的原因。在中国做记者，说实话是“压榨式”的，不是让你慢慢成长然后能够持续地做下去的。目前，记者生存的体制是非常“变态的”。

刚开始做记者的时候，你的薪水也许比其他行业的同龄人高，因为记者的薪水是底薪加稿费，刚入行的时候，肯定很有积极性，一个月写很多稿子，月薪可能就能达到一万元。相比之下，去政府工作的同学，可能一个月的底薪也就是三四千元，多一点的也就五六千元。

但往后发展就不一样了，记者的体力是不断下降的，一开始的时候，你可能一天能写三篇，往后可能一周写三篇，再往后可能一个月都写不到三篇了。到那个时候，可能你的底薪高了些，写稿的质量也高了些，但是你写稿的篇幅和强度下降了，整体看来薪水是没有什么变化的。也就是说，五年前你的薪水是一万块钱，五年后还是一万块钱。

相比之下，你在其他行业工作的同学，可能刚入行的时候，薪水是三四千元，五年后就到一万多元，十年后更多的社会资源和社会地位都会朝他“涌过去”。但是做记者就不一样了，上了年纪之后，除了所谓的人脉之外可能什么都没有。

用俗一点的话来说，调查记者的成长是“吃青春饭”的。记者不像律师或者医生，随着年龄的增长和经验的丰富不断增值。在中国做记者，随着经验的丰富是在贬值的。调查记者的转行是由体制本身造成的。在国外记者的待遇不是这样，无论是《纽约时报》还是《华尔街日报》，许多记者都可以做到白发苍苍，是因为它们的体制保证了他们可以这么做。

张&刘：如果跟国外相比较，目前国内调查记者的职业生态确实不那么让人满意。

傅剑锋：目前，中国的记者不可能受到像国外记者那样的待遇，包括《南方周末》也不可能。《南方周末》以前有一个很棒的记者，刚来的时候身体很好，基本上每个月都有一到两个头版是他写的，每年都会写出几个震动整个新闻圈，甚至得到国家领导人批示的报道。但当他颈椎、肩周、腰椎因为写稿都开始出现严重问题的时候，他的底薪都被取消掉了，只能靠稿费生活，非常落魄，最后自己默默离开了《南方周末》。这种对记者的考核机制我看多了，太残酷了，所以我知道自己这样下去肯定不行，当我走到记者职业生涯顶峰的时候，应该急流勇退去做编辑。

张&刘：就这么放弃做你热爱的记者行业，会不会觉得可惜？

傅剑锋：我去做编辑是在2008年，汶川地震之后，我就做了编辑。地震后看到的残酷场面也可能是我选择做编辑的具体原因，那个时候真的是身心俱疲。

其实，做编辑也有做编辑的价值，通过做记者积累了新闻的判断力和采访经验，通过做编辑可以传递给前方记者。我所有的储存都可以和我的记者去分享。另外，做编辑还需要有比较好的协调能力。从2001年开始，我做了那么多年的记者，到2008年我感到自己应该去学习和提升自己这一块能力的空白了。所以我愿意放下以前的东西去做一个编辑。

有一些圈内的朋友觉得，会不会太可惜了，因为我的文章写得还是不错的，就这样放弃写作不会有遗憾吗？但对我来说，没有遗憾。因为外部的例子就摆在我的面前，要是一直做记者做下去，需要付出太大的代价了，选择转行做编辑对于我自己的能力增长来说更有价值。

张&刘：从《南方周末》跳槽到腾讯网，选择去网站工作的原因是什么？

傅剑锋：这个其实是跟当时中山大学张洁博士要我去做一次讲演有关系。2010年的时候，张洁要我去中山大学讲一讲微博和传统媒体的关系。我当时就想对《南方周末》2010年全年的重大报道和头版报道做一次统计和分析，看一看微博对于《南方周末》这份报纸的影响力到底有多大。

后来我发现，里面大约有七到八成报道是微博对其直接产生议程设置作用的，大多数是微博先爆出，然后《南方周末》去跟进做了报道，然后再形成第二轮、第三轮的传播。传统媒体的议程设置能力已经完全被互联网所替代了。所以当时我看得很清楚了，传统媒体的黄金时代已经过去了，下一个黄金时代一定是互联网的了。

张&刘：当时，你周围的同事或者你熟识的记者都有这样的预判吗？

傅剑锋：其实在这一点上，我的觉悟是落后于我的其他同事的。我还在《南方都市报》的时候，很多同事就已经转型到互联网，今天已经做得非常不错了，有的开公司，有的成为四大门户的高管。当时，我还在《南方都市报》做记者做得不亦乐乎，根本没想过转型的事情。

直到2010年要去大学做讲演，这次对南周头版报道进行数据分析的结论很深地触动了我，我才下定决心要转型到互联网。要是再在传统媒体这条路上走下去，路会越走越窄。对于一个人，尤其是男人来说，做选择一定要看五年之后，不能只看现在。

当时，我还有一个心愿没有完成，就是我2004年做阿星砍手党的报道留下的遗憾。我想用2010年到2011年这一年的时间，静下来把这五六年来观察和积累的东西整理一下，并且进行高密度的采访，把砍手党的报道做出来。在我离开《南方周末》之前，我写了一系列《城市里的陌生人》的稿子，这可能是我职业生涯中做得做好的报道之一，呈现了城乡冲突背后的整个体制性的原因，并且这种原因的呈现是通过一个故事来完成的。最后，我采访了四五百个人，写了三十万字的采访手记，写成了一个将近六万字的作品。

张&刘：从《南方周末》跳槽到腾讯新闻中心时，你是否有过担忧？

傅剑锋：担忧肯定是有的，但是方向看清楚了，就要去赌一把，如果瞻前顾后的话，干脆就不要做选择了。做选择一定是必须自我承担的，这个选择可能是适合自己的也可能不适合，但是我既然想清楚了，那就跳呗，如果不适应，大不了再回到传统媒体嘛。人选择的路径很广，转型的成本并不像人们想象的那么高。

张&刘：《南方周末》的同事，怎么看你转型的决定？

傅剑锋：大家肯定会觉得不舍吧，但是跳槽的人又不止我一个，前前后后有那么多人都跳槽了。我们那一年一下子走了七八个人，每个人都有自己的选择，想跳槽别人也不能强拦着。所以，一方面大家可能会不舍，但是更多的是比较平和的心态吧。

张&刘：不同类型的媒体带给人的挑战和收获是不同的。你在网络媒体的收获与在传统媒体做调查性报道的收获有什么不同？

傅剑锋：总结起来，传统媒体是通过一篇报道来获得价值和自我成就感和自我实现的，网络媒体特别是像腾讯这样的平台是通过整个传播链条和大量的平台资源整合来达成自我实现的。

互联网传播模式影响力是传统媒体完全无法企及的。举一个例子来说，腾讯网“新年新衣”是一个给贫困山区的孩子送衣服的一个慈善项目，我也是项目负责人之一。我们通过网络报道在两三个月的时间内募集到了30多万件衣服并且完全分发出去。这是任何一个传统媒体都无法做到的事情。网络媒体通过报道，然后网友报名，进行互动，整合当地的媒体和公益机构，最后分发并进行信息反馈，形成一个报道加公益的闭合式网络传播链条，当时除了宁夏其他各省、自治区、直辖市都覆盖到了。从网络媒体和传统媒体中，我收获的成就感是不同的。

传统媒体无法解决自身的问题，它存在于体制之中

张&刘：从2001年到2011年，你一共做了11年的记者和编辑。2011年，你跳槽到了腾讯公司，一年之后，又到了腾讯大浙网担任总裁。回过头看，这三次转型，你最大的感受是什么？

傅剑锋：其实只有从腾讯新闻中心到大浙网这一个转变是转型，以前的我觉得都算不上转型。因为以前我做过的所有的工作，无论是记者也好，编辑也好，还是新闻中心的副总监也好，都是我的所长，是我对内容的理解自然延伸出来的东西，这些东西都是绑在一条线上的。按照现在流行的说法来讲，一个好的产品经理必须有两万个小时的工作时间才能够成为一名出色的产品经理。就我个人来说，我花下去的时间肯定不止两万个小时，因此，在内容方面我可以做到游刃有余。从传统媒体编辑转向腾讯新闻中心做内容总监对于我而言并不构成很大的挑战。

但是，现在我所做的工作，在某种程度上说，是比较不讨巧的一个工作，因为我并不是一个对钱、对物质特别敏感的人。在以前的工作中，我对我的钱都不太上心，也没有像我的很多朋友一样把工资拿出来去做投资，我以前做得最多的事情就是不断地思考内容，思考各种社会、政治、经济的一系列比较宏观性的问题。现在我所做的工作，内容仅仅是其中的一部分，而且对于内容这一块，我做的是间接管理，而非直接管理，因为我们还有一个总编辑，我所负责的是更为宏观的管理。这对于我来说，才是真正的转型，要做一个真正成功的、有智慧的管理者，这是我必须面对的挑战。

张&刘：从内容生产转型为管理运营，除了能力的提升，思维上的转换也很重要。传统媒体和网络媒体的文化会有差异，比如较之传统媒体，网络媒体的商业文化更鲜明，更加强调投入与产出比以及对市场需求的迎合与满

足。你如何处理这二者的关系，如何寻求平衡？

傅剑锋：其实真正的现状是，大多数的传统媒体并没有一个清晰的分工，记者身上也担负着一定的经营任务。到了网络媒体之后，我所做的内容与盈利挂钩并不大，是相对独立的，所以价值冲突并不存在。

就企业文化本身来说，像腾讯这样的网络公司要比传统媒体好多了，不是好一点，是好很多。因为说到底，传统媒体就是一个国企。传统媒体无法解决自身的国企病，它自身就存在于体制这个怪物里面。它里面会存在很多政治意识形态的约束，人际关系也更加复杂，有的时候会感觉到一种压抑感。它传播的东西和它自身存在的问题是冲突的，这也是很多传统媒体人存在困惑的原因所在。他们会想，我们今天帮别人维权，明天谁来帮我维权呢？

这种困惑背后是什么呢？是企业文化。很多媒体的企业文化都不能让人觉得真正很开心，因为它存在太多国企的毛病了。腾讯的价值观和我的性格是完全吻合的，它第一点强调的就是要正直，而且把正直这种理念植入到所有的考核里面，贯彻到人与人的交往中去，人际关系变得简单明朗了，只要专心做事就好了。我觉得，这样的企业文化就是我所需要的，我所渴求的，它给我了。

张&刘：据你观察，调查记者的职业转型路径除了转向互联网之外，大致有哪些？

傅剑锋：这个因人而异。第一种转型路径就是转向互联网，这是很大一部分，大都相当成功。像王雷，原来在《南方都市报》，是孙志刚案的报道者，现在是腾讯微博内容运营中心执行总监；另一位孙志刚案的报道者陈峰，如今是网易副总编；还有孙志刚案的编辑陈志华现在是凤凰网视频的副总裁，《南方都市报》深度部原来的主任龙志，现在是网易UGC中心总监。

第二种转型路径就是做公益。我看到很多调查记者，比如邓飞、王克勤等等，转型做公益，同时也有一批调查记者被他们所带动，做得也很不错。

第三种路径就是去公司，特别是财经记者，去公司做事的尤其多。他们去公司有很大的优势，知道舆论内在的变化是怎样的，可以帮公司做公关的工作；还有一些成为了专业的咨询师，做过很多财经报道之后，他们的专业知识并不亚于一些财经专家，好多人后来就直接去证券公司和投行工作了。

其他路径还有自己创业开公司、开客栈的。比如《南方都市报》深度新闻部原主任喻尘现在在云南大理开了一家自己的客栈。此外，还有其他许多转型的路径。

记者选择转型是体制决定的。在现在的情况下，传统媒体的路越走越窄，所以走的人就会更多了。

互联网在很多方面都比传统媒体有更系统的链条

张&刘：从个人兴趣的角度来说，大浙网总裁和腾讯网新闻中心副总监、报社记者这三个工作相较而言，你最喜欢哪一个？

傅剑锋：每个阶段都有每个阶段喜欢的，因为它都会给我带来学习发展的机会，新的知识和挑战和新的成就感。我每个阶段的选择，刚好跟我每个阶段对自己的期许是一致的。

张&刘：回过头总结的话，这三个工作带给你的不同收获有什么不同？

傅剑锋：我在报社的时间最长，整整11年，我从一个行业报记者转向都市报记者，从一个常规的跑线记者转为一个调查记者，然后又成为一个资深编辑，通过一些报道对这个社会产生了一些正向的推动。这11年的工作我都不后悔，而且它带给了我很多快乐和成就感，也让自己真正能够为这个社会做一些事情。那些时光是很难去忘记的，而且对我这个人的价值观也产生了很正向的影响。

在腾讯新闻中心只有一年多时间，也让我受益匪浅。这为我的人生打开了另一扇窗户，让我意识到过去的内容操作是非常单向化的，也没有多少数据化的观察可言。过去，我们做新闻凭借的是新闻感，往往拍脑袋做新闻，能看到的数据反馈也是很慢的。到了互联网就不一样了，数据会告诉你，网友的偏好是什么，你通过分析各种数据去寻找他们的行为方式背后的逻辑，再和你的新闻选择和判断结合起来，去做内容的选择和产品的升级。

互联网的运营是呈现出链条状的。我们在做内容管理者时，会有非常完整的一条链条，可以整合全国各地乃至全球资源。比如，一个人特别需要帮助，在传统媒体就只能发一篇报道，然后呼吁大家帮助，但是在互联网机构里，可以立刻发起一个公益行动，它不仅完成这条新闻的传播，而且还要对这条新闻进行数据分析，进行更后续的效果上的延伸，通过与网友的互动，让新闻的主角获得帮助。这样一来，我做新闻的成就感肯定就是不一样的。

当然不仅是这一点，在很多方面，互联网都比传统媒体有更系统的链条。互联网这一块对人的综合要求会比传统媒体更高，整个视野也会被颠覆，能感受到更为广阔的东西，能感受到这个时代最有前景的、最可能对这个社会产生影响力的力量。

张&刘：你曾经多次表示，如果不做记者，希望能做学术、做研究，将来还会去实现这个想法吗？

傅剑锋：会。我很愿意与一些大学合作。现在的大学新闻院校有比较大的问题，就是自我更新的速度跟不上行业发展的速度。因为新闻这个学科与其他学科有一些不一样，它变化得特别地快。

一个比较好的方法是让有一些有实战经验的人融入到大学中去，这样就可以达到教学相长。国外很多新闻院校不就是这样吗？有很多媒体老板同时也是大学里做研究和知识传播的。

做知识研究的人也会跟媒体有深度的合作。我现在也很愿意有这样一个途径，这样一来，我既可以做自己的工作又可以超越自己的工作去做一些更加宏观的思考，这对我自己来说是有好处的，同时也可以将最新的东西传递到学生那里去，从而让我们的新闻教育变得更"接地气"，同时也可以提升大学研究的针对性。

不要瞧不起互联网新闻的短平快

——专访搜狐新闻总监助理王晨

王晨

前财新传媒《新世纪周刊》调查记者，现为搜狐新闻总监业务助理、策划组主编，负责“点击今日”“数字之道”“谣言终结者”等栏目策划。曾参与高铁事故、揭露高铁利益链以及铁道部窝案报道，主要作品有《奢侈动车》《张曙光浮沉》《危险的关系》《高铁国产化幻觉》等。其中，《奢侈动车》获腾讯网“2012年度调查报道奖”，并收录在纪实作品《大道无行》一书中。

访谈实录

在保持精英色彩和注重受众口味二者之间，必须取舍

张志安、刘虹岑（以下简称张&刘）：从财新跳槽到搜狐，就这样放弃记者生涯，会不会觉得可惜呢？

王晨：我现在已经不是一名调查记者了，但遇到一些重大事件还是会采访专家，但已经不是走调查性报道的路子了。我现在很怀念当调查记者的日子，每当看到我的同事写的一些好的调查性报道还是会觉得很激动。

于宁是我一直尊敬和崇拜的一个记者，也只有她能够日复一日地去做一线调查，她真的是一个理想主义者而且非常

有定力。我自己肯定觉得遗憾，因为我自己是非常喜欢调查的，调查过程中的未知永远刺激我，因为我做一个选题我永远不知道什么时候会结束，还有就是我把稿子做出来之后，始终还是会相信我的调查是对社会进步有所贡献的，这种职业荣誉感是很强的。

张&刘：你选择离开财新，投身新闻网站的原因有哪些呢？

王晨：每个人在不同的人生阶段会有不一样的选择。做调查会让人长期处于一种流浪的状态，会长期需要面对心理关口。在那种状态下，我既坚强又脆弱，太痛苦了。

更重要的原因是我想去互联网，互联网是大势所趋，也是一个崭新的领域。我现在依旧觉得如果财新网能够借鉴一些传统门户网站的经验，应该能够发展得更好、走得更远，因为它独家的内容优势在整个中国的传媒界都是无人能敌的。

相比互联网而言，传统精英媒体很高傲，也很贵族，同时也非常有责任感和担当，会影响中国人的记忆。但对于大量的网民而言，就会觉得离传统的精英媒体有点远。在商业社会，传统精英媒体面临的现实是很残酷的，因为它的受众面窄。如果有个基金会养着倒还好，否则很难迅速盈利。在保持传统媒体的精英色彩和顾及更广大受众的口味这二者之间，必须得有取舍。

张&刘：投身互联网，可以选择的互联网媒体有很多，为什么选择了搜狐？

王晨：这都是偶然，当时搜狐总编辑吴晨光老师在找纸媒的人加入互联网，而正好我也想加入互联网看一看，跟这边谈了一下发现理念和待遇都差不多就到了这里。其实在我眼里，搜狐、腾讯、网易、新浪都差不多的，都是门户网站。

张&刘：你在做调查性报道时积累下的方法和资源对于你现在从事的互联网新闻领域有什么帮助吗？

王晨：没有什么太多的帮助，一切都要从头开始，包括以前做产业报道时交的朋友，现在联系得也不多，直接的人脉资源现在也用不上。一方面是因为我做调查的方式是尽量少地社交，有什么事情就直接谈，谈完之后一般不会与对方保持社交关系；另一方面也跟互联网新闻很少做原创有关。

但是，做调查记者的经验是让我对整个中国社会的各个领域的运作规律有了比较接近真实的了解，这让我在做互联网新闻的时候会更具有判断力，对一个产业熟悉的优势才会体现出来。

张&刘：在传统媒体平台做新闻这么多年，突然转向新媒体平台做新闻，最不适应的是什么？

王晨：对我冲击最大的是，互联网与纸媒对于新闻的标准的判断区别很大。举个例子，前段时间有一个直升机坠落的消息，按照传统纸媒的思维就会判断说，只有一个直升机并且上面只有一个人，而且坠落的地点不是在闹市区而是在无人区，用传统的思维判断得出的结论就是这个新闻没什么价值，不会派人去调查；但搜狐视频却对这个事件做了直播。我当时还想，做直播有什么意思啊，肯定没人看的，结果流量超高。

这件事对我的震动特别大，纸媒的思维是预先判断这个事件的热度，而不会太考虑受众对这个事件的关注程度，因此会觉得一个直升机坠落在无人区的事件不会有很大的热度，最多只会热几个小时就会被其他新闻淹没，所以不值得派人去调查；但互联网恰恰是利用网民对这件事情的好奇心，在这个事件发生后的几个小时捕捉事发现场。

纸媒往往会忽略受众的好奇心，因为在纸媒工作的人通常是在某个领域研究得比较深，他们已经没有那种本能的好奇心了，他们只善于判断了，但网民不是。这一点让我对互联网新闻有了一个新的认识，以前觉得互联网新闻就是追求海量，在内容上也不专业，只讲速度快。但从这件事情之后我发现其实互联网新闻和传统纸媒的思维是不一样的。

我现在还是习惯于对一个事物进行深入的分析，但这需要耗费很多的时间。互联网需要的是快速地捕捉热点，这是我现在最需要填补的短板。

互联网新闻在内容独创性、纵深化方面有很大的发展空间

张&刘：转型之后你做了哪些努力去适应这份新的工作？

王晨：其实没有太大的改变，我还是挺急躁的。以前做调查的焦虑主要来自于未知，不确定性会带来焦虑感，现在在网站工作不会有那么大的焦虑感，形式上也比较像上班族，生活更有规律一些。

张&刘：目前你在搜狐新闻负责大报道的统筹和“点击今日”“数字之道”和“谣言终结者”栏目的策划。就你的经验谈谈，传统媒体和互联网媒体的新闻生产机制有何差异？

王晨：传统媒体是做原创新闻，通过自己的采访和写作创造价值；但互联网是从已有的材料中挖掘新闻点，选择一个角度把这些材料重新做一盘“菜”；还有一个很重要的因素就是互联网的管制问题，这直接限制了互联网新闻不能走原创道路。

张&刘：目前你在搜狐新闻负责的三个栏目对创新的要求都很高，同时在风格上追求轻松、活泼、易读的效果。你如何快速地转变之前在传统媒体的思维方式，满足网络新闻对创新思维和轻松活泼的风格的需要的？

王晨：我始终觉得轻松、快餐化应该是在表达形式上给人带来的感觉，但是我还是更认同传统媒体的价值观，比如财新的价值观。其实这个问题并不是非此即彼的，就像任何产业在政策的管制下都有相似性一样，传统媒体和新媒体也有相似性，就是你要了解自己的受众。

可能过去在传统媒体工作的时候我想到的更多是怎么样对这个国家负责，现在在新媒体工作会考虑受众更多一些。比如我们做一个转基因的专题，我认为转基因食品在科学性上就是经得起推敲的，但如果把这样的观点放在网站上肯定会有很多网友骂，这个时候就要想怎么样在这个问题的表述上更巧妙一些。我在传统媒体形成的思维并不是说要凌驾于读者之上，更多的是用来驱动自己把报道做好，因为我相信网友也是需要专业和负责任的报道的。

张&刘：不同类型的媒体带给人的挑战和收获都不一样。与做调查报道相比，在网络媒体工作的价值感和收获有什么不同？

王晨：做调查报道的快乐更多，现在的工作也有快乐，但是更少一些。有人告诉我说，你们太天真了，调查报道根本不能推动社会进步，中国就是这样子。但对于我来说一篇调查报道写出来，不管它实质上有没有推动社会进步，我内心深处的期待都是存在的，那种荣誉感也带给我很多的快乐；而现在的工作更市场化一些，得到的满足感就只有一个新闻事件带来的短期刺激，周围的人很少谈期待、谈未来、谈这个国家的发展。但我在财新的时候很多人谈这些问题。但是，互联网还有很大的发展空间，在内容的独创性和纵深化方面都有待挖掘。

张&刘：记者转型并不是想转都能转的。你从长期做调查性报道，到现在在搜狐新闻担任策划组主编，同时也是搜狐新闻总监助理。在这个过程中，你认为一个优秀的记者要成功转型，什么是最重要的？

王晨：最重要的是长期的积累和不断地学习，不断地更新自己的技能。同时心态也很重要，不要存有预设，不要瞧不起互联网新闻的短平快，觉得它没有深度或者怎么样，因为每一个产业都有它自己的特殊性，有它自身成功的原因。

就像我一开始做调查一样，在我没有深入一些产业之前我可能觉得这个产业没什么意思，但深入之后都能发现这个产业的可爱之处。以前我在财新的一位同事评价我说，我这个人就是没什么理想，能够非常快速适应不同职业对个人的专业要求。

新闻可视化最重要的是抓住一个矛盾点

张&刘：搜狐新闻“数字之道”这一栏目中运用了许多可视化的手段，可视化在今天的互联网新闻中占有越来越重要的地位。在你看来，新闻可视化的优势有哪些？

王晨：首先它最大的优势是在阅读的快餐时代，这样一种呈现形式更符合读者的需求。现在大多数人都是在移动端上阅读，他们更容易接受图形和图像而不是长篇的文字。

其次是这样一种方式需要内容生产者把很专业的信息进行常识化的解读，数字和图形又是最便捷的呈现手段。这对于内容生产者的要求比以往更高，因为图形和数字的准确运用要建立在对这个事件的深入理解的基础之上。

搜狐的设计团队和内容中心是相通的，沟通起来非常方便，我们的设计团队是比较有内容理解力的，所以最终出来的新闻产品的感觉比较接地气。我们也会参考国内外信息图设计，比如《南华早报》、壹读传媒的可视化新闻作品。《壹读》杂志主编林楚方是我的第一任领导，他非常考虑读者的感受，对于现有的材料进行重新组合的能力非常强。他天马行空的创意是我学不来的，我只能从他那里学到他对读者口味的关注和在乎。

张&刘：新闻可视化比较适合哪些题材？

王晨：公共政策类，涉及需要帮公众算一笔账的题材比较适合这种呈现方式。比如我们之前做过的“活多少年才可挣回养老金”“中国式二胎”等专题，其实就是帮大家梳理一个公共政策出台之后大家到底是亏了还是赚了，让网友有吐槽的点。

张&刘：目前搜狐新闻的图表新闻在国内可视化新闻方面是实践较为丰富的互联网媒体之一。“数字之道”中的可视化新闻的生产流程大致是怎样的？

王晨：我们有设计团队也有编辑团队。一般来说，制作周期差不多两天，短的时候是一天。首先是确定一个题材是否能够通过这样一种呈现形式来做，然后确定选题之后就由编辑团队搜集数据和确定文本，最后将文本交给设计团队，做出最终的新闻产品。跟一般专题文案不同的是，我们更强调表述的趣味化和剧本化。

比如我们做过的一个专题“爸爸去哪儿的吸金大法”，确定选题的过程是大家认为这是一个热点，是观众喜欢的，但在具体选取角度方面我们并没有抓到观众最感兴趣的一点，而抓的是国外版权的引进费用，这个尝试后来宣告不是太成功。我后来反思了这个问题，其实观众不在乎这档节目它是不是引进的，观众就是喜欢它，所以它的成功本身才是新闻点。

比较成功的一次专题是“放开二胎可怕吗”和“中国式二胎”。当时我们对大的背景的判断是认为养老和二胎是中国非常引人关注的热点问题，在出台二胎政策之前我们就在猜想应该最近会有二胎政策出台。在角度选取上，我们是抓到了一个矛盾点，就是专家和大众都认为二胎政策有很大的危害，但为什么国家就是不放开二胎政策呢，原来是因为国家要靠它赚钱。最后，在视觉方面我们用了很多心思，把几个主角打扮得非常有特点。这一期专题的点击率非常高，反馈也很好。

其实可视化最重要的就是抓住一个矛盾点，最好这个矛盾点就是网友关心的点。这个矛盾点的寻找基于对这个新闻事件或者政策的判断，而这种判断又来自你对这个领域的认识和理解。另外，在数据收集方面搜狐新闻现在正在确立一套规则和机制，把“数字之道”这档栏目的生产流程固定下来，定期地浏览并分析统计局等官方部门发布的数据，从这些数据中再挖掘新闻点。

张&刘：如何兼顾新闻可视化的生动性、可读性和事实的深度与准确性？这二者矛盾吗？

王晨：新闻可视化这种表现形式是直观的，但你不能说它就是肤浅的，肤浅是价值观上的判断，而可视化只是一种呈现方式。可视化比较弱的一点就是它的呈现是单向度的，它不能一口气用多条线来解释清楚很多问题。成功的可视化案例一定是从小切口入手，找到一个矛盾点深入下去，而不是泛泛地呈现图表和数据。比如仅仅是限制二胎的危害都可以有很多呈现的角度，例如对个体生育权的伤害、对整个社会人口红利的伤害、导致养老负担的加重等，要面面俱到是不可能的。

我记得当时有一期专题是做薄熙来的贪腐金额是如何计算出来的。当时选这个题的切入点就特别小，我们就是看到官方公布的贪腐数据是2179.0587万元，特别好奇那个个位数是怎么来的，于是我们就从银行利息、外汇折算、物品折旧三个方面进行了解读。

可视化新闻最重要的不是把这些问题都呈现出来给读者看，这不是可视化这种呈现形式能够做得到的，只能是选取其中的一点加以深入。

网站的优势在于同样的价值观可以用不同的形式加以呈现

张&刘：国内的几大网站在做新闻盘点时对于内容的选取标准有什么不同？

王晨：我很少观察竞争对手在做什么，这一点跟我在财新做调查记者的时候是一样的。选取标准的不同背后其实是价值观的不同。我现在做新闻的价值观仍旧是在财新工作时形成的那一套价值观，注重公共利益、专业判断和独立性。

举一个疫苗问题的例子，我们会发现一出问题网友就喜欢媒体说是疫苗的质量有问题、产品有问题，其实是不一定的。按照专业判断，它确实是有一个概率的问题存在。这个时候，我们的板子选择打在垄断性进入上，即只有一两家疫苗企业成为垄断性进入的供货商，这样一来，一出问题就会波及面很大，板子打在这里是没错的。有一些媒体的报道是直接把板子打在疫苗质量上，其实按照医学的判断，不一定是疫苗质量的问题。这个时候我一定会坚持自己的判断，不会迎合网友想要把板子打在质量问题的心理。

张&刘：像这样的新闻盘点要怎样才能做出新意呢？

王晨：其实不是为了不一样而不一样，而是为了更快地分析清楚这件事情，向读者传递经验和专业性的判断，这是最重要的。在呈现方式可以追求新意，比如李天一案我们做了很多个专题，有的借鉴了电影的呈现方式，有的加了几个图表进去，但背后的价值判断都是一样的，就是司法还没有独立，它总是会被舆论挟持。在李天一案审判那天我们做了一个专题叫“全民目击李天一案”，当天流量就达到了一百万次，正好那个时候电影《全民目击》正在上映，我们就把这个专题做成了一个“罗生门”的形式，把一个一个的疑点抛出来。

网站的优势在于同样的价值观可以用不同的方式加以呈现。

张&刘：像是“点击今日”“数字之道”“谣言终结者”这类有新意的内容产品目前有做手机App的打算吗？

王晨：这是下一步要进行的。现在只是把栏目内容做一个内容页，但已经有一些网站比如腾讯的“今日话题”是单独做了客户端的。客户端现在的发展很蓬勃，这一块用户是巨大的。新的渠道永远是要尝试的，互联网的生命力就在于它总是给你提供很多新的可能性，而且它靠数据说话，能够分析出在哪个渠道上你的用户最多，也为你考虑如何将自己的产品往不同渠道上面推提供了很大的参考价值。

张&刘：四大门户网站的原创新闻各自有哪些特点？

王晨：普遍来说都很少，因为有管制存在。腾讯的原创新闻是比较多的，搜狐的“当事人”栏目也有一些原创新闻。

张&刘：目前网站的原创新闻比较少，更多的是对传统媒体的一手新闻进行二手摘编。也有个别新闻门户网站在追求原创新闻，比如腾讯新闻的“活着”栏目。搜狐新闻对于原创新闻的投入多吗？

王晨：搜狐其实是很看重原创新闻的制作的，但现在主要是看政策走向，比较注重规避风险。

张&刘：在尚未真正具有采访权时，如何生产原创新闻，既能打擦边球，又能做得好？

王晨：得看选题，比如社会选题，像上海嫖娼案那种题材就比较安全，因为它打击的对象不会触碰到政府的痛点；还有像李阳家暴案也比较安全，这种题材的报道对象是公众人物，也触碰不到政府的禁区。但是调查性报道就不太适合，风险比较大。

张&刘：目前，国内的门户网站的一大特点是杂而多，搜狐新闻一直在给自己的网站“瘦身”。国内新闻网站普遍追求多而杂的原因有哪些？

王晨：因为网友的需求就是这样，它希望在你这里什么新闻都不落下，什么东西都知道一点，他们对门户都有这种依赖，在门户网站看新闻对于他们来说就像每天吃饭一样。但是像财新那样的原创新闻网站就不能给网友全部的信息，它就像饭后甜点一样。

张&刘：在你看来，互联网新闻海量资讯的模式未来会被淘汰吗？

王晨：会。因为如果都是海量资讯，大家都比速度，内容都一样的话，门户是很容易被取代的。其实每一个原创新闻策划，我们都费了很大力气，就想把同样的材料做出不同的菜，好跟自己的竞争对手不一样。

张&刘：互联网媒体与传统媒体发布的新闻相比，天生劣势是权威性不足。如何弥补这一先天缺陷呢？

王晨：其实对于门户网站而言，权威性不足的根本原因是因为它没有原创。网管办一听到你是原创新闻就让你撤稿，由此以来网站原创的东西就很难有社会影响力。

权威性的建立是从无到有的，门户网站只要有做原创新闻的机会，其实权威性也是可以慢慢建立起来的。其实如果向门户网站开放牌照的话，纸媒的生存空间就会被完全挤压出去了，因为网站既能掌握渠道又能掌握内容，对网站采访权的管制其实是给了纸媒很大的生存空间，就不知道纸媒能不能利用好这个时间差。

张&刘：有人说，网络新闻归根结底是产品导向、点击率导向、商业导向，而非专业导向，你怎么看？

王晨：不是这样的。我做"点击今日"栏目很有感触。来到搜狐之后，开始在这个栏目做公共政策的选题，一开始可能觉得这样的选题太严肃，可能不能吸引网友参与。只要是做得比较好，就会吸引很多人参与，点击率和参与度都有提升，我更看重的是网友参与度。点击率是很重要，因为它能直接带来广告，但是流量这个东西不能靠一些非常低俗的信息来带动，这其实归根到底是对网站品牌的伤害，所以我们后来就更在意栏目的质量。

门户网站的专业性与传统媒体的专业性存在差异。门户的专业性在于对热度的判断，而传统媒体是对一个问题的深入解析。传统媒体人来到门户网站的优势就在于他过去积累的专业判断和对纵深的把握，劣势就是自身还是比较高傲，不会太在意读者的兴趣。

目前，门户网站博眼球是短期变现，要实现长期变现还是要靠打造品质。

承担了历史的责任，但却没法从中解脱

——专访《广州日报》原高级记者杜江

杜江

1969年生于贵州，中国摄影家协会会员、广东省摄影家协会纪实委员会委员。1997年7月至2007年3月任人民日报社华南分社摄影记者。2007年4月至2013年3月任广州日报社摄影记者，现执教于中山大学传播与设计学院。摄影专题《最后的滇西抗战老兵》获《人民摄影报》2005年度新闻摄影作品评选新闻人物类（组照）金奖。摄影作品《最后的人证——南京大屠杀70周年》获2008年广东新闻奖三等奖作品。摄影专题《英雄——抗美援朝荣誉军人》获第21届中国新闻奖新闻摄影三等奖、《人民摄影报》第19届“金镜头”现场与新闻人物类（组照）金奖、2010年度中国新闻摄影年赛新闻人物组照金奖。

访谈实录

撤销摄影部对摄影记者行业是致命的打击

张志安、刘虹岑（以下简称张&刘）：最近《芝加哥太阳时报》宣布撤销摄影部[1]，并要求文字记者要会拍照片。你看到这个消息，当时的感受和判断是什么？

杜江：当时，我觉得这个消息的冲击力比较大。最近的坏消息很多，但像这样坏的消息还不是很多。这个消息带来的打击是遍及整个新闻摄影行业的。而且，被解雇的摄影记者中，还有获得过普利策新闻奖的59岁的约翰·怀特。他有一句话："信心、专注、飞翔。我忠于我的艺术、我的使命、我的工作、我的梦想。"这次事件发生在他职业生涯的最后阶段，这肯定不是一个让人释怀的结局，还是比较让人痛心的。2012年，美国一项针对200个职业的调查，摄影记者排名在188位，其原因是摄影记者长期处于危险之中，而收入并不高。

张&刘：《芝加哥太阳时报》撤销摄影部主要是因为美国报业在衰退，运营成本压力比较大，而摄影部是相对高成本的且不能直接带来收益？

杜江：我觉得这种判断肯定是错误的。报纸的失败是在于它的盈利模式，而非内容好坏，而且美国报业的传统对于新闻摄影还是非常重视的，在报纸的成本压力中，人力资源的成本也并非最大。中国报业也是如此，针对员工的风险转移敏锐，利益转移迟钝。《芝加哥太阳时报》撤销摄影部其实是没有方寸的做法。

张&刘：《芝加哥太阳时报》撤销摄影部，并不是说报纸不再需要新闻照片，而是主要让文字记者来拍照片。

杜江：其实，它找到取代摄影记者的三个替代品：一是文字记者，二是公民记者，三是求助于独立通讯社与自由摄影师。

摄影记者传统的工作流程，首先是获取线索，第二是现场拍摄，第三是发稿见报。它是一个延时工作的过程，而且工作之间要形成闭合回路，这种工作才有价值。而现在，这个闭合回路被打破了：在他拿到线索的时候，可能已经有图片出来了；在他去现场的时候，可能已经有消息发出来了；而在他发稿的时候，可能所有的媒体都已经见报了。这种公民记者与互联网结合所带来的冲击，对新闻摄影这个职业是最大的打击。《芝加哥太阳时报》牺

---

① 美国《芝加哥太阳时报》2013年5月30日宣布裁掉整个摄影部。法新社援引消息人士的话报道，《芝加哥太阳时报》摄影部共有28名员工。5月30日上午，报社召集28人开会，通知他们立刻下岗，包括普利策奖得主约翰·怀特。《芝加哥太阳时报》隶属的太阳时报媒体集团将要求文字记者在采写文字稿的同时附上自己拍摄的图片和视频。遇上重大报道，报社将聘请自由摄影师拍摄图片。与此同时，太阳时报媒体集团将增强对通讯社图片供稿的依赖。

牲摄影部的做法是非理性的，这并不能拯救报纸，但事件却警示了大家——摄影记者也许是报业最先被抛弃的一员！

张&刘：文字记者和公民记者顺手拍下的图片是否能满足报纸对于图片的专业要求？

杜江：我看是不能满足的。自媒体的工作形态是传统媒体远远不能想象的。职业媒体和公民记者在动机上就有很大的差别，动机不一样，报道的差异也非常大。

张&刘：除了职业伦理上的差异之外，专业摄影记者在图片拍摄方面还有哪些方面是公民记者和文字记者无法企及的？

杜江：这还是要从新闻摄影的本质来说的。

新闻摄影本质上是行动高于一切。“决定性瞬间”对于新闻摄影而言是最重要的，也是新闻摄影的基本语汇与根本价值的起点。布勒松[①]把“决定性瞬间”定义为“‘摄影’就是在若干分之一秒的时间里，既认识到一个事件的重要性，也认识到这一事件得到适当表达的严密组合”。

摄影记者对于瞬间的看法与文字记者是不太一样的。文字记者没有受过视觉训练，在新闻性上对它进行一个形象把握是需要专业训练的。摄影记者需要在瞬间内抓住新闻的本质。在工作原理上，摄影记者和文字记者的差异很大。因此要让文字记者拿出照片没有问题，但拿出好照片很成问题。

虽然《芝加哥太阳时报》也提出，对于重大题材，会聘请自由摄影师进行拍照，购买比较专业的通讯社的照片，但是撤销摄影部对新闻摄影行业而言是致命的打击。我们不妨想想自由摄影师从哪里来？通讯社的摄影师怎么生存？印刷媒体的全面危机，除了令报社摄影记者难以生存之外，通讯社的摄影师也难以生存。

独立的图片机构面临更大的压力，而且这种危机在电视诞生以来就存在了。

在文字主导思维下，对图片的看法是简单化的

张&刘：以图文结合的方式来报道新闻，之前主要针对的是印刷媒体，现在的问题是，图文结合这种报道方式是否同样符合网络平台的传播特性？

---

① 亨利·卡蒂埃·布勒松是法国著名摄影家，他一生从事摄影半个多世纪，足迹遍及世界各地，拍摄了大量精彩照片。被誉为“当代世界摄影十杰之一”“人类喜剧的报道者”。

杜江：无论从受众记忆、评价的角度来看，还是从新闻内容传播效果评估的角度看，摄影图片与简短的文字说明相结合所组成的新闻摄影报道，都是最有效的组合传播形式。

之前有一个实验证明，从记忆和认知的角度来说，图文结合的方式是最佳的。但是那个实验是在2002年做的，当时互联网的访问速度比较慢，现在的网络环境可能会有所不同。

但这个实验也说明这种摄影报道方式有一定的竞争力。视频是用一段时间来讲一个故事，图片用一个或多个瞬间来讲故事，新闻摄影的概括能力比视频更强，在单位时间里的信息量是其他媒介不可比拟的。过去普遍认为成功的网络传播是以吸引眼球并且最大限度地占有受众时间为目标的。但在网络实现完全竞争后，受众的时间成本成为唯一重要的成本。此时，能够在最短时间内让受众获得最明晰、最简洁信息的方式便是以图片与文字相结合的报道方式，这样的方式在网络时代会获得生存空间，达到最大的传播效果。

比如腾讯的“活着”栏目就是一个纪实摄影平台，用静止的图片加上文字。这与纪实摄影“人道关怀”的理念是一致的。现在中国有很多优秀的纪实摄影记者与这个栏目合作，合作方式主要是编辑选题主导的方式，稿酬也还可以。并且栏目还通过募捐平台对一些采访对象进行帮助，是比较成功的。

张&刘：图文结合的新闻摄影报道方式具体是怎样进行的？经历了怎样的变化？

杜江：源起于1942年的美国，美国密苏里新闻大学新闻摄影教授克里夫·艾邓将“photo”与“journalism”（新闻、报道）连起来，创造了新词photojournalism来涵盖报刊上“图片与文字相结合的报道形式”，也由此确定了现代新闻摄影基本形态。

依据这个定义，摄影记者的工作里面已经包含了文字的要求，不管文字记者是否在场，摄影记者都有文字工作，图片说明一定要由摄影记者来完成。摄影记者的笔记本和照相机同样重要。到位的、高质量的图片说明是摄影记者专业化与职业精神的体现，也是日常工作的一部分。

但是中国新闻摄影的发展是断裂的。在“文革”期间，新闻摄影仅仅是一个政治动员的工具；改革开放之后，新闻摄影也只起到题花、补白的类版面填充物的作用；到20世纪90年代，中国新闻摄影学会提出“图文并重，两翼齐飞”的观点，新闻摄影的定位才开始明确，地位才有所上升。但这是一个艰难的过程，新闻摄影实质性发展还是都市报兴起之时，新闻摄影成为一种有效的促销工具而予以重视。

由于新闻照片在版面上的“配图”地位，对新闻摄影的规律长期存在一定程度的漠视，催生了一些“采访前不准备、到现场不采访、发稿时不会写图片说明”的“三不”摄影记者。摄影记者在现场采访不足、采访质量不高也是图片说明质量不高的根本原因。

张&刘：说到图片说明，我想到一个案例：某报摄影记者拍摄韩寒站在松江二中校门口的黑板旁边的照片，文字配图说那块小黑板是专门用来记迟到学生名字的。后来，那个学校的学生说，其实那块黑板是用来提示哪些学生有快递的。该报摄影记者对此做了回应，表达了歉意，他是根据自己上学时候的生活经历写的图片说明。

杜江：他缺少一个现场采访的过程。摄影记者给图片配上的文字一定是要在当时就采访核实的。做这个工作的时候，摄影记者应该把它视为一个完整的工作而不应视它为一个分裂的工作。我之前在《人民日报·华南新闻》时，新闻摄影采访是一个“三位一体”的工作，那就是“标题、图片、文字”。尤其是专题报道，想不出报道的标题，整个摄影专题都立不住脚。

现在的问题是，摄影记者往往不知道编辑需要什么样的照片。

张&刘：为什么摄影记者不知道编辑需要什么样的图片，导致这种困境的原因是什么？

杜江：主要原因是摄影记者的采访平台与报社的编辑平台发生沟通困难甚至断裂，摄影记者的工作缺少针对性，他不可能为每张图都配上文字，而后期编辑加的文字说明往往很空泛且缺乏质量。现在采编分离的状况比以往更加突出，而且摄影队伍对媒体机构的认同感也有所下降，最重要的是他们在工作初期就没有形成紧密、良好的沟通机制。

报纸是一个文字主导的世界。在报纸的世界里，图片只是扮演第二性的角色。在文字主导思维下，对图片的看法是简单化的。但摄影报道的传统基于摄影画报的，像《生活》杂志的生产机制，它是以图片为中心的，版面剩下的空白能写多少字就写多少字。

张&刘：嗯，一方面是摄影记者跟编辑之间的沟通问题，另一方面杂志和报纸对图片的依重程度有所差异。那么，到了网络时代，这个问题能够解决吗？

杜江： 在印刷平台上，空间是有价值的，而在网络平台上，无限空间如何赋值是最重要的问题——看似无限的空间里，如何进行重构。在印刷媒体上能够产生的第三种意义，即并置产生的新的意义，在网络平台上能否充分实现，需要探索和研究。

历史的重新新闻化、重新视觉化，离不开摄影记者的参与

张&刘：你为什么在做新闻摄影工作之外，去拍摄远征军老兵和南京大屠杀幸存者这样的纪实题材?

杜江： 这从报纸的工作体制说起吧。我们大部分记者的工作时间是以天为单位的，大部分新闻照片的生命活不过一天。所以，我就想找一些既有一定的时效又不要那么短命的题材。应该说，我拍的这三个专题，抗日战争远征军[①]、南京大屠杀幸存者[②]和抗美援朝荣誉军人[③]是一个彼此延续的关系。

拍远征军老兵的时候，我还在《人民日报》工作。抗日战争本身是一个巨大的新闻题材，每个中国人都知道这场战争的意义，但却很少人真正了解这段历史，了解为战争付出代价的这些人，再加上中国远征军幸存者现在的生存状态都不好，所以有一定的新闻价值和社会效应，因此我就选择了这个题材。

我在2005年4月份去了一次，7月又去了一次。

从新闻报道的角度来说，我把中国远征军这个题材做得比较完备，形成了系列报道。2005年5月份写了一篇内参，请求党中央在抗战60周年纪念日，给国民党老兵和共产党老兵以同等的对待；同时，又在《人民日报·华南新闻》发了一整版的图片报道。除此之外，我还发起了一个“老兵回家”的活动，将我的摄影报道在《贵州日报》发了一遍，取名为《老兵，老兵，多想回到家乡》——因为老兵中贵州籍的比较多，借此呼吁社会人士达成他们回乡的愿望。这次活动是全国比较早的老兵回家的公益活动。湖南卫视的《真情》栏目还做了一个《归去来兮》的专题节目，标题、解说词、背景音乐我都有所贡献。这个视频在网上很受欢迎，是许多关爱老兵志愿者岗前教育的

---

① 作品名称：《最后的滇西抗战老兵》。

② 作品名称：《最后的人证——南京大屠杀70周年》。

③ 作品名称：《纪念抗美援朝作战60周年：英雄·抗美援朝荣誉军人》。

参考节目。

但是，我这次采访到的人很多，但采访得比较粗，是典型的报纸的工作形态。后来想要形成一本书，发现内容不行，仅是一个图片专题报道的结构。

2007年，我到了《广州日报》工作，我觉得应该把这个选题做完，所以2007年的3月份，我又去了一次，想要出一个集子。我觉得，要弄清楚这段历史才能给这些人定位，但对历史的认知是一个渐进的过程。

张&刘：对于一个摄影记者来说，如何才能有足够多的智力资源和时间资源去大体弄清楚历史，并长期跟踪拍摄一个纪实摄影题材呢？

杜江：理论上，应该是不够的，而且也没有先例可循。在做这个题材的时候，我能做的就是拍下人物的肖像，但是如何定位这些肖像的身份和情感，仅仅靠照片是不够的，所以我就需要去弄清那段历史。

把历史弄清楚的过程是非常痛苦的。2010年，我又去了一趟东北和湖南。去东北是因为远征军的精锐都是在那里覆灭的，东北是他们的归属地和命运转折点。去湖南是因为湖南是中国军队最大的兵源地——“无湘不成军”。我现在是以军为单位，一个部队、一个部队地做研究，这支部队在哪里源起、在哪里覆灭，通过这样的工作，才会对他们历史身份和经历有一个定位。

张&刘：一个很现实的问题是，你拍摄这些题材时的经费成本从哪里来呢？

杜江：大都是报社供应的，无论我在哪个平台工作，都得到了领导与同事最大的支持与理解。要利用体制内的优势，要自我拓展操作空间，要让你供职的平台理解你工作的价值。当然，我也会不断地在报纸上做新闻、发作品，比如远征军的报道，我会利用合适的时间节点逐步推出报道，以保证自己和服务媒体的良性互动。

张&刘：你现在对这组摄影作品的认识，比起2005年刚开始做的时候有什么变化？

杜江：我觉得中国历史有一个很重要的特点就是“匆匆掩埋”。当然这跟我们人口与土地的矛盾、人口与资源的矛盾有关。所以，历史的题材本来就是新闻的题材，历史里面有很多值得用新闻表现的东西，而且现在做新闻必须要有一点历史感。我们现在是不太知道自己要到哪个地方去，还不如多花点时间弄清楚我们从哪里来，这样的话，或许对知道我们要到什么地方去可能会有所帮助。

张&刘：有的人会说，这个工作应该由历史学家去还原，为什么要由摄影记者去还原历史呢？

杜江：其实这些历史一直是被体制所忽略掉了。摄影记者首先是一个新闻人，历史中的很多问题是需要用新闻的手段去发现的，历史和新闻不是完全断绝的。现在报纸上的很多内容也是对历史的再现。历史的重新新闻化、重新视觉化离不开摄影记者的参与，这个趋势在近年的新闻报道中不断地表现。

但是新闻摄影只是静止的肖像照片，对于历史的认知是很有限的，所以我之后还增加了老兵的口述，并且我会依据自己对史实的认知加以仔细辨识，希望能够为历史补充一些“确认的细节”。

做记者需要用良心触摸这个社会

张&刘：除了远征军老兵这个题材，你又怎么会想到要去做南京大屠杀幸存者这个题材呢？

杜江：南京大屠杀幸存者是远征军题材的延续。对比起来，德国人在奥斯维辛的犯罪有很多影像资料，对照起来南京大屠杀留给我们的视觉材料太少，我所做的工作也是基于这种考虑。

我觉得，所有的历史都要回到个体，要有个体的表述才有意义。南京大屠杀的幸存者的特点与远征军又不太一样，南京大屠杀的幸存者以女性居多，很多人还活在南京大屠杀下的阴影中，并没有走出来。

张&刘：你如何让他们感觉到你拍摄这件事情是有意义有价值的，让他们能够接受你并且愿意面对你的镜头？

杜江：绝大多数的拍摄对象可以理解拍摄这个行为的意义。

南京大屠杀的幸存者自己有一种历史责任感。我在采访过程中，有一个幸存者开始是不愿意被拍的，他觉得很痛苦，不愿再提这段历史，也不愿意拍照片。我并没有尝试去说服他。那一年，在南京大屠杀纪念日到来之前，作为受害者群体中的一员，他感觉自己有这样一种责任替这个群体去表达。但是，从他个人的内心情感来说，他难以承受这些东西……

张&刘：你有否碰到过这样的情况，在采访过程中因为要求对方重新讲述那段历史而导致被访者情绪失控？

杜江：从来没有过，我的采访和拍摄都是一次成型的。也许讲述那段历史对于他们自身而言可能会有所伤害，但采访对象一旦决定接受采访，他就具备了一个自我心理承受力，我的采访在这个范围之内。

可能比较丰富的生活经历对我的职业也是有帮助的。我本科接受的是心理学的基础教育，毕业后从事过多种工作，大学毕业后的第八个年头才成为摄影记者，这些经历让我更加理解这个社会。

我觉得，一个人做记者需要用良心触摸这个社会。你不仅要看到它，还要感受它的温度，对它有所理解，你要的不能仅仅得到一段话、一张照片而已。你和你的采访对象应该是在同一个空间、同一段时间里共存的，而不是单向地给或者拿，弄清这一点可能就比较好定位采访者和被访者的关系。

张&刘：摄影记者需要临时性地、快速地进入现场，或介入被拍摄对象的生活，这个过程中需要做哪些准备，是充分表达自己的善意、显得不那么功利还是需要其他准备？

杜江：新闻记者工作的目的很简单，你是代表新闻机构在工作，本身就有足够的正当性，就不需要隐藏。我每次采访前都会准确表明自己的身份，很多时候我会主动出示证件；如果通过电话预约，我会在电话里清晰地说明自己的目的，在现场我也会按照我在电话里说的去做。

当然，这跟我比较熟悉这个群体的经历也有关。比如我后面做抗美援朝荣誉军人采访时，他们的话语体系、他们的历史背景对于我而言都不陌生，这也加快了我和他们沟通的效率，拉近了我和他们之间的距离。

张&刘：很重要的是你对这些人的经历和背景都有比较充分的理解。如果没有这种理解，临时性的介入恐怕很难做到。其实，很多记者在做一些采访时，比较容易表现出功利性的一面，比如内心涌动着某种雄心壮志，很想要做出一个非常有分量的报道。

杜江：最典型的就是抗战老兵的报道。一些记者会把采访对象理想化、完美化了，会给他们安排一些没有做过的事情——如果记者去采访那个人，结果他并没有做出什么惊天动地的事情，可能感觉就没有什么东西可写，尤其对于文字记者来说，这种压力会更大。

如何你理解克劳塞维茨“摩擦”的观点，在战争中的一切事物都非常简单，但即使是最简单的事物还是困难的，你就不会去片面追求故事的戏剧性。

纪实摄影最重要的是达到人物真实、环境真实、情感真实

张&刘：拍摄这样的历史题材，可能还会存在一个风险，就是印证采访对象说的话是否真实。因为他们都年事已高，对过去的事记忆也许会模糊，同时为改变自身的困境可能会对于一些事件的说法有所夸大。你会如何进行核实呢？

杜江：因为没有书面证明，所以要通过口述来确认他们的身份真实。

第一，我要确认他们的身份真实。部队番号是重要辨识信号，也就是确定其所在的“军、师、旅、团、营”。

第二，我会确认他们回忆的基本事实真实。因为军队的活动有一个很大的特点，就是集体化的活动，不可能在同一时间点上一个人在一个地点，另一个人却在另一个地点。而我掌握的整体信息比采访对象要多，信息是不对称的，我是处于信息的优势地位，相对来说，我还占有更多整体资料。有一些重要的参照点，确认他的回忆是否准确，确认他的在场性。

第三，我会跟他们确认细节的真实，这个过程是一个破译的过程，背后的工作量非常大。我会反复听录音来确认。这是最难的，也是口述历史工作最有意义的部分，这个确认建立在前面两个确认的基础上，前两个靠谱，这个就靠谱。

张&刘：你后来做志愿军老兵的题材又是出于什么原因呢？

杜江：其实做志愿军也是抗战老兵题材的一个延续。首先从中国的国际地位和发展历程来说，朝鲜战争是一个非常重要的历史事件，而且这场战争在我们的历史教科书上的记录上有许多空白的，比如长期并没有出现伤亡数字。所以，这个选题本身有一定的操作空间，有重新新闻化的可能性。

如果我们对一个事件的认知已经非常完整了，那么我们重新关注它的价值就不高。正是因为有这样一些缺失，我们才更希望去还原历史。

朝鲜战争符合这样一个选题的标准，而且做这个选题也存在一定的机缘巧合。我的采访对象距离我第一个工作单位很近，这个单位就是贵州省荣军医院。当年仅是隔了一堵围墙，我们单位没有澡堂，就去他们那里洗澡……

当时我还不掌握新闻摄影的工作方式，但以后当记者后一直惦记着有一天可以去重新拍摄和记录。因为我操作的手段和目标都非常明确，所以这次采访的工作量相对较小，前后也就只有一周的时间。

张&刘：是不是一个记者去选择摄影的题材，一方面跟他的价值判断有关，另一方面也跟他的生命体验有关？

杜江：我想是的，这跟我自己的生命体验有关系，因为这段经历在我的心里留下了那样一个影子，在多重因素的促进下可能就会被唤醒。

其实那一年，做志愿军采访的不止我一个，但是我做得更准确，我做的就是荣誉军人。第一，荣誉军人的身份很容易确认，因为他们就住在官方安排的机构里面，你不用去质疑他们的身份；第二，他为这个战争付出了更多，比一般参战的志愿军留下的伤痛更大；第三，我是连续做了三组现场环境肖像的人物报道，无论是远征军还是南京大屠杀幸存者，都是用现场环境肖像的手法去报道一个人物，我对这个手法的把握比一般的摄影记者更加纯熟和精准。所以，从这三个角度来说，我的报道是更加准确，效果也最好。

张&刘：除了现场环境肖像手法，还有别的手法可以去表现他们吗？

杜江：就我而言，只能如此。因为处理这个题材可选择的手段是有局限的。

纪实摄影最重要的是要达到人物真实、环境真实、情感真实三个目标，因此我选择的拍摄手段要和目标之间达成一致。现在比较流行的说法是要找到拍摄对象的"心理焦点"，也就是说，摄影记者和采访对象之间，拍摄目的和表现手段之间，要有一个心理对位，形成共鸣。

张&刘：纪实摄影的价值与狭义的新闻摄影的价值有什么不同呢？

杜江：纪实摄影首先它在时效性上可以弥补新闻摄影易碎的特性。某一个题材在一定时段内会一直是有价值的，而错过这一个时间段又会失去它的价值。另一个价值就是——留存活的历史，以指引后来的。至于我自己，实际上说不上有一种自我满足感，因为虽然承担了历史的责任，但却没有办法从中解脱。

张&刘：为什么会没有办法从中解脱？

杜江：历史的知情人就是历史的责任人。

我们处在一个一边建设、一边崩溃的时代，即使你意识到自己的责任与使命，现实往往缺乏完成这一切的条件。自我的迁延的本性，会使责任成为难以解脱的长久负担。所以任何人都要坚持在现实的沙子上行走。

摄影记者要比一般的记者更清晰地理解死亡和命运

张&刘：这种用新闻摄影的手段去还原历史的做法，可能不太能够得到政治方面的认同？

杜江：其实，是政治给了它空间。如果政治不给它中间地带，是不可能被拍摄或发表的，我恰恰是利用了政治的空间。我所做的采访，都得到了政府的认可，或许原本是有风险的，但是我做完之后就不再有风险了。

张&刘：这个过程中，你会有意识地进行风险把控，还是会顺其自然地处理？

杜江：我还是有自己的风险判断的。我觉得，我做的东西应该要符合大的发展方向，还是要回到民族的利益和社会发展史里去看这些历史。像远征军、南京大屠杀幸存者，包括抗美援朝志愿军这些题材，都是符合这些利益的。

有很多历史的题材都是可以操作的，关键是什么力量支撑他们去做。回过头来看，纪实摄影的“基金化”（即靠基金会来支持其拍摄），可能是推动它发展的重要力量。

张&刘：这种历史题材的纪实摄影，更多地是依赖有追求的摄影记者个人长远的职业规划或兴趣驱动，还是更多地依赖媒体平台的外部性力量来加以保障呢？

杜江：我想还是要有一个平台去推动这个事情，比如纪实摄影基金的支撑。因为要做这样的题材，至少要满足三个条件：第一个是有选题存在，第二个是记者的能力，第三个是外部力量的投入。如果说体制内缺乏这样的力量，那么体制外的力量，比如基金会的存在和支撑就非常必要。

张&刘：什么样的体制内平台比较可能来支持摄影记者持续不断地做这样的纪实题材呢？

杜江：我觉得，大学应该参与进来，弥补体制内机构的局限性，来做这样的事。大学的视野会更广阔一些，它的学术性也会更强，会从更广泛的意义去评价这个事情的价值所在。

这个事情，本来应该由媒体去做，因为媒体是唯一有权进行采访的，但媒体因为政治受限和自身商业成本的压力，比较难持续地支持记者做这样的事情。而职业协会本身也是依附于这个体制的，它也缺乏足够的独立性，也缺乏充分的资金来源。民间的机构，则首先需要对这个事情有所了解，现在民间机构对纪实摄影的认知还很不够，更谈不上实际支持了。

张&刘：应该用什么样的方式去推动公众对纪实摄影重要性的认知？在这个过程中，你对自己的期待和规划是怎样的？

杜江：现在，我的想法还不成型，在寻找契机吧。我现在刚换了一个角色，从报社走向大学，我想的是首先要适应这个角色，适应之后，再延续自己的目标，朝着那个方向去走。因为人的发展还是有一些延续性的价值追求的，从记者到老师，转换了职业身份，但基本的价值理念是不会有变化的。

张&刘：概括地来说，你如何理解摄影记者这个职业？

杜江：可以概括为三个词，时间、机会、命运。

其实，摄影是把对象高度压缩和把自我归零的过程。摄影记者身上会带有一点悲剧性色彩，不把生与死的关系弄清楚就无法弄清楚摄影记者这个职业。摄影记者要比一般的记者更加清晰地理解死亡和命运，应该从更宽泛的视角出发去打量这个职业，才能找到工作的目标和价值点。这个职业有很大的中间地带。

不可预知也是很好的生命体验，摄影记者工作空间的转换远远高于其他职业；摄影记者要靠双腿行走，他对世界除了观看，还对声音、温度、气味有全面的感知，所以他对社会的接触和把握是更加深刻而多面的，而且对这个社会的危险点的判断也比其他人更加准确。

张&刘：可能这种体验生命丰富性的快乐，现在很少人能够真正在意或者拥有。

杜江：但是总有一部分人会接受，会去思考自己活着的意义，在温饱之外有更高的追求。我要先说服我自己，然后至少要让我的学生理解这个职业，再去判断是否适合自己，至少让他们知道世界上有一些人是这样活着的。

第三篇

记录的意义

理解生活的质地，才能还原生活

——专访《财经》杂志记者、《Lens》杂志主笔袁凌

袁凌

1973年生于陕西，现任《财经》杂志记者、《Lens》杂志主笔。曾任《新京报》社会新闻副主编、新浪网新闻中心副总监兼主编、《财经》杂志上海站记者、《凤凰周刊》主笔等。主要报道有《北京SARS后骨坏死患者不完全调查》《血煤上的青苔》《守夜人高华》等。发表小说、散文、学术随笔若干，著有《石头凭什么呼吸》《我的九十九次死亡》《从出生地开始》。

访谈实录

语言要把材料的逻辑和人性的逻辑轧到一块

张志安、刘虹岑（以下简称张&刘）：你曾说，想让自己的文字离新闻远一点，离热闹远一点。潜台词的意思貌似是，你觉得一般的新闻太热闹、表面或浮躁吗？

袁凌：我做了这么多年的记者，我看到的新闻圈，一方面有很多有追求的人，追求真实；另一方面也有很多名利，尤其是微博兴起之后，好像写作本身的效果不如传播重要了。你可以通过发表意见，成为一个意见领袖，但我并不适合去做一个传播者，我宁愿远离这些动态的新闻，少发表意见。而且做深度报道，要真正理解一种现象、理解一个人、

理解一个制度，是需要离热闹远一点的。

为什么我要到《财经》来？我是要真正做一个写作者，我的兴趣已经从追求一时的新闻效应转到我想把这个事情作为我的一个追求，我想要去探索一些领域，这些领域更多的是历史和人性深层的一些东西，包括对特稿文体的探索。我想要做一个真正的深度记者，而不是做表面的深度新闻。而且，我的经历、我的年纪和我的想法都已经到了一个要沉下来的状态，所以我想要去做一些不是那么热闹，但是要更用心、更往纵深方向走一走的事情。

张&刘：你到《财经》之后，文字风格上出现了一些转变。比如《守夜人高华》[①]，你用了很多富有穿透力的句子，像是“人们向黑暗索要矿石的同时，黑暗也在索要它的代价”。在你看来，这样的表达与白描相比，能起到什么样的作用？

袁凌：我的语言是有一个路子的。在《新京报》的时候，我的稿子非常严谨，是没有任何个人色彩的，都是干巴巴的材料，文风也很单调。那时候，我把新闻和特稿区分得很清楚，甚至对特稿有所怀疑，而且我也不写手记，就是害怕当中出现一些混淆。

后来到了《财经》之后，我发现它有一种逻辑的判断，很有力量。但这也不让我感到满足。我意识到一个稿子包含了两层逻辑，一个是材料的逻辑，另一个是人性的逻辑，这两者缺一不可，只有这样你才能理解一个现象或者事件。应该说我是到了《财经》才开始“被迫”写特稿的。

语言应该要包含这两层逻辑压轧到一块，不能是这两者简单的叠加。你得理解了这个事件，它包含的所有材料，理解了这个人你才能做得到，你写出来的东西才会有力量。这种语言会带着某种特性，就是可以把十句话压缩成一句话来说，一定有一种人性的力度在里面。表面上读起来好像就是这么一句话，但这背后有许多的材料，在理解了这些材料的情况下才能够碾轧成这样一句话。它并不是一种形容，它背后有很多的事实。

也可能是长期写作的缘故，我比较习惯这样去写作：不习惯一分的事实却用十句话去表达，我习惯用一句话去表达十分的事实。可能我没有把这个事实点透，但你能读出来这背后的复杂。这样的语言是攥紧了它的拳头，是有力量的，我写的时候是很费力的。

---

① 载于《财经》杂志2012年第18期（7月16日）。

张&刘：这样一种语言是一种文学化的语言吗？你如何看待在新闻作品中进行文学化的描写？

袁凌：不能说是一种文学化的语言。虽然我自己也写诗、写小说，但是我自己是非常排斥追求文学化的语言的，因为文学化意味着修辞。修辞是一种增加式的、多余的东西，它要在事实之上增加一些形容和象征，但是我是要缩减事实的。这种语言是一种人文性的语言，有对人性的关怀。我写的所有东西都是以真实为前提的，不论是写报道、写小说还是写诗，都是如此。

特稿的写作有两种方式，一种是白描的方式，面对一个复杂的现象的时候，我们一时无从去把握它、参透它，这个情况下选择白描是一种非常好的方法。《中国青年报》很多报道就是采用白描的方法，把事情的局部用白描的方式呈现出来，在细节上进行直觉的选择，有一种心有灵犀的情感体验，这样的稿子很感人，甚至能揭示人性中最微妙而真实的东西，很多报道都是应该这样写的。

但我这个人吧，不太满足于白描，而且我写的人，比如高华，他们也都不太适合白描。我喜欢一直走到他思想和人性的边界，理解他，把握他，然后回过头来寻找他生命中不寻常的细节。我写高华的时候，一直在寻找他人生的界限，他在什么时候遇到了人性和思想最大的困难。后来的稿子里写道，高华写的《红太阳是怎样升起》这本书，“它是战胜恐惧、虚无和日常生活平庸感的成果”。这句话是我对高华这个人的理解，也有自身写监狱史的经验在其中。而你提到的那句：“人们向黑暗索要矿石的同时，黑暗也在索要它的代价。”这些话是需要很多痛切的人生经验才能汇集起来的，这种话有一种穿透力，可以透过外观和表象，去直接接触到内核的真实。也因为我年纪的关系吧，在白描和这种语言之间，我选择这种语言。

真正有价值的特稿也要有调查性

张&刘：在你看来，如何定义非虚构写作，它与新闻报道的界限在哪里？

袁凌：简单说，这个定义就是文学性不等于虚构，它可以使文学性解放出来，跟其他东西结合。以往我们谈到新闻中的文学性，总是羞羞答答，因为文学即虚构，把虚构和新闻搞在一起是不合适的。但有了非虚构写作这个概念，我们会发现新闻中的文学性跟虚构没有关系，它也是一种真实，是对人性的一种理解。

一个事实永远是既包括材料又包括人性的，这也是特稿存在的前提，它让我对特稿这个题材没有压力了，以前我是很排斥的。

另外，结合我自己对生活的理解，我始终认为生活的真实是至高无上的，任何东西都不能和它相比，这方面我也吃过很多苦头。我知道有非虚构写作的时候就感觉它非常亲切，因为它终于让文学性摆脱了成功的小说家们整天宣称的故事教条，它开始面对生活，这也是文学的唯一出路。

张&刘：能结合《我亲历的死亡》这个系列的文章或者你别的作品，总结一下非虚构写作的门道吗？

袁凌：非虚构写作其实是一种精神。说到我自己写的非虚构作品，主要是新闻报道里面的特稿和调查性报道，还有一些平时的随笔写作，除此之外还有监狱史和右派史的写作。

在写作的过程当中，首先一定要忠实于历史和真实，不能把自己简单地定位为记者，因为每一个新闻背后都是有纵深的，它反映的是一个长期发展的真实。我这个年纪的记者，应该把目光从新闻消息转移到对历史的关注、对人性的关注上来。

其次，我更注重去访谈一些亲历历史的人，并不是为某个题材，而是在日常中长期地坚持，从在《新京报》任职起我就非常注重这种访谈的积累。如果对历史有了一定基础的时候，遇到具体题材的时候就会容易些。现在有些人愿意去写民国史，因为民国史离现代史比较远，很难找到亲历的人，所以按照书上记载的材料去研究就好，但是我并不满足于这样的历史。我是一定想找到方死方生的历史，一方面它已经干枯了，像一个木乃伊一样；另一方面它又还有活气儿，还能找到目击人，像枯叶上的湿润经脉。我喜欢这样的历史。

有时候，我会去写一些边缘人群或者底层人群，这类稿子跟历史类的又不一样，需要真实地感受、接触他们生活的质地，不能够就仅仅去采访一下，从上往下看，从外往里看就行，也不能是白描式地感受一下，而是要走进去经历他们生活的状态和限制。

我们理解一个事物或者人，最重要不是去凸显他的显赫、他的光辉，而是要去理解他的限制，他受到的制约，然后去理解他生活的质地，才能还原他们的生活。

张&刘：为什么要致力于写监狱史和右派史？

袁凌： 关注这些人既有主观的原因，也有客观的原因。这跟我个人经历有关，我从小到大接触到一些有历史问题的老师，小时候在乡下也有地主被人打死。

客观上来说，我实际上是关心现在被压在底层、不能够充分表述自己的那部分历史，是对我们教科书历史的一种反叛。当我在大三的时候，发现我基本上都是受骗了的时候，我就开始寻找真正的历史。这个历史由于客观上来说，地主都被镇压了，他们的后代一般没有机会翻身，很少有机会去表达自己。中国有很多很多受难的群体，有的没有代言人，有的既在受害，也在施害，对于这样的人我就没有什么同情感。在这样的情况下，我自然是对右派的兴趣比较大。他们当中活下来的人遭受了很大的苦难同时也做出了很多贡献，还能有机会说出一些东西。

张&刘：你如何评价当代中国非虚构写作的现状？

袁凌： 现在非虚构写作是一个潮流。非虚构写作有几个类别。一个是以典型面目出现的非虚构写作，比如《江城》《梁庄》；第二个是口述历史；另外还有一个板块，写出来的东西出不来，要么去香港出书，要么自己找个印刷厂印了，然后送给别人，我没有讲述历史的权利，但是我有权利写自己的历史。还有一些地下刊物，受到打压但也占一部分。

无论是新闻、历史还是文学，都从非虚构写作中得到很大的益处，它既可以取代某些腐朽的文学，也可以取代某些官方腐朽的历史。

张&刘：你的一些写矿难的报道会用特稿的笔法，比如《血煤上的青苔》[1]。矿难这种重大公共事件，用特稿的形式去表达时需要保持审慎吗？

袁凌： 任何一个重大的事件都有很多题材可以去做，可以是动态报道，也可以是追问它的来源或者由它产生的影响，也有可能看起来不是“第一落点”而是“第二落点”的题材。

我写的这篇《血煤上的青苔》其实是远离矿难现场，追寻遭遇矿难后的人他们生活的稿子。2004年我还在《新京报》的时候就报题了，因为2003年的时候在山西发生了重大的繁峙矿难，改变了中国的矿难处理和赔付政策，我在想能不能在一周年的时候去回访这个矿难村，但当时同事们觉得这个不重要。

① 原载于《Lens》杂志2012年5月。

过了十年，我写了这个题材。去反映在矿难面前，人是多么不重要，面对突如其来的灾难，人性是会如何被摧毁、变得渺小。在慢慢离开灾难之后，人性又会慢慢地恢复成它自己。写这个报道是想还原这些遭遇矿难的人，在被拉长了而又静止了的时间里面是如何生存的。这个时候，其实用一般的新闻报道形式去写作反而会缺乏表现力，并且不够真实。

所以，重大题材不是不能写特稿，而是要看在什么时候写、写到哪一个层面。

张&刘：业内有种看法，调查性报道的题材不适合用特稿来表现。因为特稿注重人性故事，喜欢文学化表达，而调查性报道重视被遮蔽事实的揭露，强调冷静、理性的表达。你怎么看？

袁凌：早期我也持有类似的看法，并且也非常怀疑特稿存在的价值。但是随着我对新闻的理解加深和非虚构概念的诞生，我对这个问题的看法发生了变化。我现在认为，真正有价值的特稿也是要有调查性的。

我更喜欢具有调查品格的特稿，它最后表现出来的留白是有内容的，是读者能够感受的。你写了一个人的生活现场，但你不仅仅是看到了这个现场，还看到了它人性的根系和制度性成因。

我们往往认为，特稿和调查性报道的区别在于有没有揭示制度，往往认为特稿揭示人性，调查性报道揭示制度。但在我看来，好的特稿背后是揭示制度的，只是它没有用直白的话去表述。它能让你体会到这个人的人性是在什么样的社会历史背景和制度下形成的，这是我真正欣赏的特稿。

如果一个特稿没有调查的品格，可能也会有短期的轰动或者灵性，但是它无助于我们真实地理解这个世界和我们的历史，因为对真实生活的理解是要折磨这种灵性，只有通过这样一种折磨后的灵性才是最终对生活的理解。我欣赏李安的一句话，就是他每次的思想负担弄到自己连身体上都受不了了才去拍电影。

所以说，调查性报道与特稿之间并不存在真正的矛盾，而是说我们怎么理解特稿这个东西。特稿是一种追求真实而同时又容纳文学性的写作形式。

我的诗和我的新闻作品有一个共同点就是追求真实

张&刘：写诗或者进行文学创作，是你记者角色的延伸，还是仅仅是一种爱好？

袁凌：这两种角色之间有一个统一性。我其实在写诗的时候在避免有隐晦的东西，也在半有意半无意地抵制现代诗的写法。我的诗和我的新闻作品有一个共同点就是追求真实，你从中看到的都是我生活的真实经验，我在写诗的时候也没有虚构我的人生经验。

但是我的诗更强调的是我内心的经验，尤其是我对乡土的关切，以及我对生老病死的态度和理解。而在新闻作品中，受到的限制更多，来自题材、时间的限制等等，但是这种限制也给它一种力量，让你不那么随意，在有限的时间里筑砌合适的材料，更凝练。

写诗不是我记者角色的延伸。写诗的时候我就是一个写诗的人，写新闻报道的时候我就是一个记者。共同之处就是我对这两个角色的态度是一样的，就是追求真实。

张&刘：你更多地把自己定位成一个记者还是一个写作者，你如何划分二者的界限？

袁凌：肯定是一个写作者。但是一个人到这个世界上来，除了理想之外，还需要一个职业身份。

写作，是我的理想，是给我自我认同的东西。理想必须靠职业来生根落地。以往我们的共产党为了一个理想创造出一个巨大的乌托邦，所以顾准会提出来说，从理想走向经验，从理想主义走向经验主义。我觉得，顾准说的是不够的。什么是经验主义呢，难道说我们什么都不信，又把我们以往的价值体系通通打碎，完全从原初的经验做起吗？

实际上是我们要从自己的职业中获得自己生存在这个世界上的定位，或说限制，它可能让你觉得很不舒服，但是它让你明白，你消耗了这个社会的资源，所以你需要在这个社会服务，你是一个服务的角色。

比如，作为一个作家，你不要跟我讲你作家的理想，你对这个社会讲的应该是你一个作家的职业伦理。作为一个记者，你也不要跟我讲新闻理想，因为理想是不能讲的，讲了就不值钱，它是一个永恒的、终极性的东西，只能是你对你自己负责的一个东西，你不要去跟社会讲，社会要的是负责。

所以，在职业上，我必须履行一个记者的职业伦理，我不能去收钱，也不能写不负责任的报道。理想和职业不能混同，你不能该说职业伦理的时候却把它打扮成你的理想，该在内心持守理想的时候，你又把它降低成可以改行的职业。你需要去区分这个界限，但是它们之间也有联系。

张&刘：中国有不少调查记者多少怀着“铁肩担道义”的抱负，有时候比较容易给弱势一方赋予更多合法性。你怎么看这个问题？

袁凌：调查记者对弱者怀有一种同情不是不对，但也不能因为他们是弱者，就认为他们的人性就更高尚、更合法。对于一个弱者而言，他们的生存状态更真实，他们不是有更大的合法性，而是他们的人性更加真实，不易掩蔽。

任何人在新闻面前都是平等的，没有什么强者弱者之分。但是，记者对弱者的理解确实应该要更多一些。

如果有记者说他要“铁肩担道义”，我觉得他一定是一个伪君子。根本就没有道义可担，记者只需要遵守职业道德，所谓的“道义”能不能阻止他不收红包，能不能阻止他不要拿别人的稿子当自己的，能不能促使他去调查真相？我从来就不相信“铁肩担道义”这样的说法，历史上媒体界号称要担起道义的人最终不都不那么高尚吗？包括邵飘萍或斯诺。

张&刘：记者这个群体中，大多有“成名的想象”，尤其是调查记者。你会有这样的期待吗？

袁凌：对于成名的期待，我想大家都是有的。我更多地是想在文学上成名而不是在新闻界。但是经过这么多年，我已经把成名的欲望克服了，我能接受不成名。而且，我觉得出名了并不肯定是一个好事，因为把名声变现不是我想做的，变现之后会失去写作能力，在这二者之间，我更恐惧的是后者。

如果只是揭黑，那我就被黑暗所吞噬了

张&刘：叶匡政在为你的诗集《石头凭什么呼吸》写序的时候提到：你会经常离开新闻一阵子，去山间行走。你一般选择去哪里，为什么选择这样一种方式？

袁凌：那是2005年，我当时有一种紧迫感，我感觉到中国的城镇化正在大规模地消灭农村，所以我回到了我的老家陕西，想要去记录农村死亡的过程。但是我回去了之后发现，乡村已经没有能力供养我了。

这个过程中我两次中断工作，但都失败了，因为乡村的资源不够，甚至是供养一个希望回去记录它死亡的人。我希望能早点实现自由作家的状态，因为我对我人生真正的想法是，把我所生的乡土和我所在的城市连在一起，

而不是断裂的状态。

张&刘：你做过很多的揭黑报道，这些报道其实是社会阴暗面的集中投射，这些东西你不仅要直面它，而且要消化它，会不会对你造成心理上的负担，你会如何去卸下这种负担？

袁凌：之所以很多调查记者显得很悲情，其实跟接触了太多社会阴暗面有关。

这些阴暗的东西都是有能量的，它会损耗你的心力。怎么说呢？它就像一个很深很深的矿，漆黑的，没有灯，你得先摸索着下去，然后还得出来，这个过程需要很大的心理承受力。好多记者克制不住自己，在稿子里抒情，但是一抒情就反映不出来那个黑暗的质地了。那个黑暗的质地如果你拿颜色去涂它，拿一个小灯泡去照它，你就把它诗意化了，这样是不行的。

我记得，当时我坐在办公室用电话采访一个受访的女性，聊了三个小时。我的一个女同事，听了五分钟就走了，她后来跟我说，觉得我问的问题太可怕了。其实我也不是麻木的，我也能感觉到这种可怕，我的心理能量并没有比普通人更强，但是这是我的职业，我需要这么做。这样的稿子写多了，可能就积压了太多情绪，变得容易悲情了，这个时候记者其实已经没有办法做要忍心的报道了。

我调整自己的方法就是不要仅仅是工作，要寻找一些别的爱好。像我这个人的天性是比较爱幻想的，可以驱逐一些黑暗的东西，我跟朋友们聚会的时候也是一个很放得开的人。平时我喜欢读诗、听音乐、喜欢中国的古典文学，我觉得中国的古典语言可以安放生命。我们是可以避免卡夫卡的悖谬，也可以避免海明威的困境，因为中国古典语言本身可以给我一种安慰。

我不能只是一个揭黑记者，如果只是揭黑，那我就被黑暗吞噬了，一定要在心里放点别的东西，这样这种黑暗才能被承担和保存下来。

张&刘：我想，一个好记者，方法论之外，还要价值观。你的认知思维和价值系统是如何建立起来的？

袁凌：我作为一个记者的观念形成，一方面是受我童年的生活经验影响，跟师长的言传身教和从传统中接触的人文思想有关，使我信任一个开放包容、允许人去丰富感受的社会。另一方面来自切身经验。我大学毕业之后分到乡下，离过一次婚，经历过很多人生的艰难，让我体会到人生是多么不容易，让我更克制自己的个性，去理解别人真实的处境，同时注重物质世界的保存，注意人世的限界。

张&刘：如果用三个关键词形容调查记者，你会用什么？

袁凌：我可能会强调“真实”“焦虑”和“限制”。这个行当，事儿很真实，压力很大，年岁有限，作用有限，也需要遵守这个行业自身的界限，让报道更扎实。如果记者能意识到这种界限的存在，他就不会去做出一些出格的事情，譬如最近很多的记者被抓，自身有短板。

所以，比起情怀来说，我更愿意强调限制。

写稿子应该是有观照的手艺活

——专访中国青年报社编委、《冰点周刊》主编徐百柯

徐百柯

四川成都人。毕业于北京大学，获比较文学硕士学位。目前任中国青年报社编委、《冰点周刊》主编。2011年被评为中国青年报年度最佳编辑，2013年被评为报社首席编辑，编辑作品曾获得南方周末年度特稿致敬。曾主笔《冰点周刊》“钩沉”专栏，著有《民国那些人》及增订本《民国风度》。

访谈实录

“冰点”这套相对恒定的价值观一直都在

张志安、刘虹岑（以下简称张&刘）： 你过去在《冰点周刊》当记者和编辑，现在做《冰点周刊》的主编。当记者、编辑和主编于你而言，有什么不同的体验?

徐百柯：因为《冰点周刊》是逢周出刊，一周一周地反复，其实没有过多地想过这其中的区别。我有一个大概的感觉，记者主要想的是一篇一篇的报道，而编辑需要主导一个一个的版面。而作为主编来讲，因为《冰点周刊》有四个版，需要考量的问题更多一些。记者谋篇，编辑谋版，主编谋刊。

过去也有人问过我这三个角色之间的区别。我认为这三个角色之间的重要性很难区别，不能说记者和编辑、编辑

和主编相比谁更重要。因为一篇报道本身应该是自足的，对于一个新闻人来说，这篇报道就具有全部的价值。专业的新闻人，建立起这种判断框架是很重要的。

当然，主编对整个部门负责，除了日常性专业判断和采写判断之外，更多时候还需要涉及其他综合性的判断，比如一些方向性的判断和媒体自我节制的考虑。

张&刘：目前，《冰点周刊》挑选“新人”时，最看重的是什么？

徐百柯：《冰点周刊》选记者比较看重综合素质。尤其是对于互联网时代的传统纸媒而言，我认为越来越重要的是记者各方面的综合素质，而非像过去一样更注重所谓的科班出身，即在新闻学院接受过系统的新闻专业教育。

就以往的经验来看，我们最看重的恰恰不是一般的文通字顺，不是那种接受了新闻专业写作训练的、能够把一则消息写得周正、平稳的学生。我们反而更看重的是那些乍一看文章比较粗糙、比较毛躁，但是写作能够给你亮点和惊喜的人，能够从词汇到语句再到整体结构用文字来表达思想的人，你能够感觉到这个人的文章有一种独特的才华在里面。如果是这两种类型的新人放在我面前，我更青睐于后者，虽然他的写作不那么平滑、周正，但他的文字里会冒出火花，这样的写作会更吸引人。

张&刘：《冰点周刊》的特稿有自己的传统、标准和特点。作为编辑，你会如何去训练新人，让他们理解这种文本的理念和技巧？

徐百柯：第一个层面是建立标准。建立标准的方式一般是给记者推荐“冰点”1995年创刊以来的经典范文、国内其他媒体优秀的报道，尤其是纸媒的报道以及普利策特稿奖的获奖文章。

第二个层面是熏陶价值观。浅层次的价值观建立就是让记者意识到特稿这种文体，对于新闻共同体而言是有它的价值的。深层次的价值观建立，就是构成记者个人生命底色和构成社会底线的一些价值观。

当时冰点特稿出书的时候，我写过一篇序，里面我写过这么一句话：“从关注人的命运出发，‘冰点’一直着力维护一些最基本的价值，比如悲悯，比如同情，比如宽恕，比如正义，比如自由。不是说‘冰点’的每一篇报道都会触及这些东西，但是十多年以来‘冰点’的人员可能有变动，但是这套相对恒定的价值观一直都在。”新人进到《冰点周刊》这个团队需要逐渐融入这种价值观。

第三个层面，也就是最具体的一点，就是编辑给记者改稿。说了那么多标准和价值观，最后还是要一对一地、一篇一篇的稿子来打磨。包括我自己当年的第一篇稿子也在《冰点周刊》前主编杜涌涛的手里打磨过三四遍。可以坦率地说，《冰点周刊》从最早的那一批到我们现在这一茬的编辑，都有重写记者稿子的经历。在我看来，这样的训练比什么都管用。

读者仍有读长篇非虚构写作和新闻报道的需求和心理冲动

张&刘：在文本之外，《冰点周刊》对于记者的报道立场有什么要求？

徐百柯： 我去高校讲座时经常会跟同学们强调的一点是，“不要俯视”这一点对于很多媒体的记者而言是比较容易做到的，因为现在已经不是过去那个年代了，大家都有这个警惕，不再认为所谓新闻工作者的头上有一道耀眼的光环。现在大家都觉得新闻不过就是普通的职业。尤其对于比较优秀的记者而言，俯视采访对象这样的情况越来越少。

恰恰要警惕的是记者不要仰视采访对象。这就是说，既不要匍匐于强势、权力、财富等，也不要匍匐于弱势——这个恰恰比较容易被忽视。所谓“底层”“弱势”并不天然具备某种合法性或者更高的价值，不注意这点，新闻写作容易陷入悲情化的陷阱，甚至陷入民粹的陷阱。

《冰点周刊》追求的是平视。平视是什么？平视就是记者与受访者互为主体，而且能够通过新闻文本建立一种张力，这种张力是能够建立主体间性的。记者无论是采访公众人物、科学家，还是采访在日常生活中很卑微的流浪汉，都需要建立一种主体间性，即两个平等的主体之间的张力。

张&刘：《冰点周刊》一直以来都在关注弱势群体的命运，但正如你所说，很多时候媒体容易沦为“悲剧复印机”。那么，“冰点”是以怎样的心态来看待现实的悲剧和报道中的悲剧？

徐百柯： 其实是会有无力感的。“悲剧复印机”是我给《冰点周刊》“事件观”栏目写的一篇评论的标题。当时之所以会写这篇评论，是因为我们以前报道过由于老师疏忽、幼儿园校车上孩子被活活闷死的新闻，但后来又发生了同样的悲剧。这些悲剧在不断地上演。第一次发生这样的悲剧，一个新闻人去报道，去评论，第二次你还去报道，第三次你仍然关注，这或许就是在抵抗无力感。因为，也许这种态度就会起到作用——我相信，在《冰点周刊》上看到了这篇评论的人他会多想一想，也许在他的心里就有了一个种子，在他所在的岗位上可能就会有所作为，那么这些作为也许会改变一些事情，让这个社会变得更好。在“社会会好吗”这个问题上，我们是可以乐观的。一个人心里有这种难受，愿意做一些事情去改变，我觉得未来是会变好的。

并不是说这个社会是“悲剧复印机”，记者就应该陷入虚无，就会觉得写报道是没有价值的，我觉得倒也未必。

张&刘：这几年，《冰点周刊》的阅读率在线下和线上分别呈现出什么样的趋势，受互联网的冲击大吗？

徐百柯：因为《冰点周刊》不是一份独立的刊物，所以并没有这方面的调查数据。如果把《冰点周刊》的线下阅读率放到整个传统报纸式微、互联网崛起的大背景中去，应该是呈下降趋势的。

《冰点周刊》的文章也会在互联网上呈现。我的感触是，大家都在说不愿意在网上读长篇文章，但是真正好的报道，七八千字的文章还是有很多人读的。总体来说，可能长文章的阅读率越来越低，但是这个需求永远都在，不管是互联网1.0还是2.0时代，哪怕到5.0时代，读者仍有读长篇非虚构写作和新闻报道的需求和心理冲动。主要的问题其实还是在于，作为记者能不能提供这样的文本。

我相信有这部分需求的读者并不是少数。举一个例子，最近两年“冰点”影响力比较大的两篇报道，一篇是2011年“7·23”动车事故后的《永不抵达的列车》，还有一篇是2012年“9·15”西安反日游行后的《拐点》，我并不清楚专业媒体的调查，就我个人的感受而言，这两篇文章的传播度是相当大的。发表之后，我突然就接到很多朋友和亲戚的电话，这些人有投资银行的，有自己做生意的，有在政府工作的，我相信这些人平时一定不会大量阅读报纸，但是这两篇报道他们都看了，他们有的还和我有过深入的讨论。

所以，长篇特稿并不是为小部分喜欢特稿的人而写的。你会发现，在重大的新闻背景下，就算不是目标受众的人群也会读到这些报道。

写作历史人物的任务有两点：对抗遗忘、对抗遮蔽

张&刘：2004年开创“冰点人物”版面，民国历史人物的写作，如何满

足当下读者对贴近性的要求？

徐百柯：我倒觉得，历史阅读从来就可以提供一种很强的贴近性。我个人认为这是一种人类的普遍经验，尤其在中国这样一种历史性的国度里，更加重了历史阅读所能够提供的贴近性。

在新闻版面上呈现历史性的内容，在本质上是没有问题的，关键主要是如何让历史进入新闻。从宏观层面来说，这可以说是一种历史感或者情怀的问题。从中观层面来说，这可以是对史料的爬梳或者是对历史的一种理解。从微观层面来说，让历史进入新闻肯定要对应相应的新闻技术。

“冰点”与一般市场化媒体不同的是，他们更多的是一种流水线的作业，但我们更愿意把“冰点”理解为一个新闻的手工作坊，这里面可能像师傅带徒弟那样的传承。我们认为新闻写作像一种非常精细的手艺活，既然是手艺活，那技术掌握到哪一步，就能做出什么样的东西。要让历史进入新闻，我们可以用今天的事件去切入历史，用今天的人物去对应历史，如果选择得当，历史是可以进入新闻的。

我觉得需要找到的是历史与今天的对应性，这样的历史写作才适合进入新闻媒体。

张&刘：历史人物的新闻性是在于“新”，即找到历史人物不为人知的一面或澄清他被人误读的一面，还是在于什么别的因素呢？

徐百柯：其实我没有从“新”这个角度来理解历史人物的新闻性。历史人物的新闻性，你或许可以说它是一种“稀缺”。比如，为什么我特别关注民国知识分子的尊严呢？那当然是因为我觉得当下能让我们感知到这种尊严的人和地方实在是太少了，我觉得这是它根本的新闻性。

至于发掘不为人知的故事和澄清遮蔽的面貌，那是具体的写作问题。因为新闻性的内在要素一定是有当代性的，当我们看到当代的稀缺性时，回望历史就有它的价值。

张&刘：具体来说，你在写作“钩沉”这些历史人物的时候，是以一种什么样的立场和态度去选择的？

徐百柯：从具体操作上来说，因为我主笔这个栏目有两年的时间，一开始并没有拉一个长长的名单说我就要写这些人。我的阅读、寻找和研究是一个同步的过程，有的时候正好有一个偶然的事件，从微观层面有了激活历史的由头，我觉得他适合写进来，可能就写了。

整体上来说，选这些人物是贯穿了我对某一些历史人物的兴趣。我会特别在意那种能够表现出知识分子尊严的、能够表现出在历史的变革面前展现出人的命运之戏剧性的人物，他们更能打动我。有无数的民国人物可以写，我选的是能够触动我内心的人物。《民国那些人》再版时我写了一个后记，里面提到和那个时代的人物有一种心灵的感应，不敢妄言“神交”，但带着一种敬意和同情之想象。虽然这种东西或许说出来感觉比较空，但确实内心会有这样一个体验。

张&刘：写历史人物很容易陷入传记式的窠臼。你在处理文本的时候会有意识地提醒自己只写历史人物的一个侧面，用新闻写作的方式去处理吗？

徐百柯：每一篇文章只有一千五六百字，很短，不可能全面地描绘，我也没有试图去全面地描绘一个人。

“钩沉”的文体意识是基于整个“冰点”的特稿写作，写人物就是写这个人身上最特殊或者最华彩的一点。我“钩沉”的这些人每个人都可以进行专题研究，都是分量极重的。但我当时给自己的写作拟定的任务无非是两点：一是向没有听过他们名字的读者提出这些名字，提出来是为了对抗遗忘；二是针对知道他们的名字但是对他们存有固定偏见的读者呈现他们更多元的面貌，以对抗遮蔽。

我刚刚提到的全面，其实是说一篇文章里面不仅要写这个人物如何光彩照人，对于他公认的缺陷和不受欢迎的地方，我还是要告知读者。

我采访时会用历史人物与今天的知识分子发生碰撞

张&刘：在采访这些后人的时候，你会不会有过这样的顾虑：去让对方回忆一些苦痛的历史，会不会造成一些伤害？

徐百柯：总的来说，这一类的采访我秉持的原则就是完全遵从对方讲述的愿望，因为这一类采访不像需要呈现完整真相的调查类采访。我会很清楚地告诉他，我为了写你的老师或者父亲，做了哪些工作，我希望他能够告诉我有关这个人的故事，包括与他自身的交集。至于对方讲多少，我完全尊重他的意愿。当时联系王芝琛先生采访不难，因为他自己退休之后就是一直在研究《大公报》，所以他非常愿意接受我的采访。

我并不认同这是一种剥夺，而恰恰从我自己的经验来看，我的采访对象并不会有这样的困扰。他们讲述的是他们愿意与公众分享的故事，包括痛苦的回忆，我甚至觉得这样一种讲述会让他们更好受一些。我做的采访与前段时间《冰点周刊》做的《迟到的忏悔》那篇文章的采访还有些不一样，因为这涉及受访者是否愿意公开自己的忏悔。那么我这些采访毕竟是说一些与受访者亲近的人的故事，比如他们的长辈、师长，而且这些故事本身不是具有巨大破坏力的故事，大部分故事是有冲击力的，但是并不属于具有破坏力和有解构力量的故事。对于有破坏力的故事，双方都是需要考虑的。

张&刘：你在写这些历史人物的过程中，如何去减少你与历史人物及其所处时代之间的隔膜？

徐百柯：我觉得我和历史人物之间的隔膜并不深。这是新闻写作，新闻写作本身就是浅层次的，这不像历史研究，需要去处理作者和被书写者的关系，去找出性格里的相容和相斥。对于“钩沉”这个专栏而言，还不需要走到这一步，没有那么大的对立需要去解决。而且，我选择写这样的历史人物本身就因为我对他们感兴趣，我觉得他们身上的东西能吸引我，我和他们之间的心理距离本来就很近。

而现实生活中的日常化的采访是可感受彼此内心的那样一种交流。我一般会和受访者面对面地采访，即“冰点”一直以来强调“贴近”采访。比如我去采访一个长沙的下岗工人，我真的就会跟他在屋里每天聊几个小时，然后我会跟他一块儿回到他下岗的厂区去，和他一起喝茶，看那些下岗工人怎么样去买廉价的肉……有了这些大量共同相处的精力和时间，心理距离自然会被拉近。但是和历史人物，是不可能有这样的机会的。

写“钩沉”这些人物对于采访今天的某一部分人是有关联的，比如我采访今天的学者、广义的知识分子、大学里的校长或者主管教育的官员，是能够构成一种呼应关系的，甚至我会直接拿我写过的历史人物与他们发生碰撞。

张&刘：你认为历史题材写作对于今天的新闻来说有什么样的价值？

徐百柯：我觉得用历史的眼光去打量今天这个社会是一个更重要的命题。不论是良好的政策还是良好的发展路径都是需要意识的，对于政治而言，有没有良好的历史感、历史逻辑能直接决定政治的高下。如果具体到新闻这个领域，也同样非常重要。

之前我想要写一篇论文，题目就叫《作为历史文本的新闻写作》，我认为这个话题是很值得探讨的。诺曼·梅勒写过《夜幕下的大军》，他分上下两卷，两卷的题目就很有意思。上卷的副标题是《作为历史的小说》，下卷的副标题是《作为小说的历史》。

实际上，非虚构写作和深度新闻写作与历史是有很紧密的关联的。如果从公共阅读和公共议题的设置上来看历史类的新闻写作，那么我今天选择在新闻上呈现哪些历史事实和历史人物、如何建构历史逻辑都是在反映这个媒体的价值取向。哪怕是构建历史逻辑的方式不同，出来的报道也是完全不一样的。

历史题材写作可以算是新闻写作的一部分，而且尤其是深度新闻报道的一部分。它没有一个统一的处理标准，不同的报道需要建构的历史背景是不同的。通过这样一种历史背景、历史脉络和历史谱系的梳理，对文章深度的拓展也很有意义。

张&刘：你在《民国风度》一书中专门有一章是“前辈已逝，不可追”，写的是民国时期的记者、编辑以及出版人。纵观这些人物，结合他们所在的时代，你会如何评价民国时期的新闻传统？

徐百柯：我个人认为其实无须过度诠释民国时期的新闻传统。因为民国时期的新闻不是很专业的，报纸本身不够专业，而且当时的中国远没有形成一个传媒社会。

我非常欣赏民国时期的《大公报》，所以我也写了三位新记《大公报》的创始人，他们确实挺有人格魅力，而且他们产生了在今天的新闻人看来是不可企及的影响力和高度，但是他们体现的是不是一种新闻专业主义传统，还值得探讨。我更愿意把民国报人身上的风骨和家国情怀归于知识分子传统、文人论政传统，这样会更有意思一些。

但是《大公报》可能是一个例外，因为在当时这份报纸确实算相当专业，一些学者研究的结果也认为《大公报》是一份在当时可以真正做到超越党派，站在民间立场上发表社论的报纸，甚至可以把它放到世界范围内去类比。但是我个人认为，专业主义还不是它最重要的特点和价值。

我一直在警惕美化民国时期，因为美化的本质是简单化

张&刘：你提到，“钩沉”专栏所选的人物大致都拥有知识分子的尊严，能让人生发出敬畏之心。那在写作过程中，你会怎样拿捏尺度，不因为

内心的敬仰而显得仰视对方呢？

徐百柯：也许会仰视。但我可以保证的是我自己内心一直在警惕这一点。

我不愿意把民国人物或整个民国时代做一个过于完美的想象，一直到今天我都在提醒自己，不去过于美化民国时代和民国时代的人物。因为这种美化的实质是一种简单化，是你用今天去投射民国之后，会让它变得简单，然后你选取了其中很小一部分来进行观察、阐释和解读。实质上民国的人物和事件有它的丰富性和复杂性。

其实很多时候，很难说是不是有仰视。比如我在写李济的时候提到了他在台湾被视作“学阀”，我的理性告诉我，虽然文章篇幅很短，但也要尽可能提供给读者真实的、全面的评价。但是我自己写完之后又会通过其他材料来为“学阀”这个词做一个“辩解”，我会告诉读者实际上是他这个人自身的耿介之气。可能多多少少会有仰视吧，但我一直在警惕自己犯这样的错误。

张&刘：对抗遮蔽，其实是将历史人物去标签化的过程。这个过程中，会不会有一些精英化的视角在里面呢？

徐百柯：我还没想到你会提这个问题，但是你现在这么一说，我认为“钩沉”这个栏目的写作对象确实是精英化的。因为它关照的历史是精英化的历史，虽然现在的历史研究除了英雄人物和杰出人物的历史之外，也开始更多地关注日常民众的生活史，这其实是一种历史研究的突破。但是，我觉得那是整体的历史研究。但从“钩沉”这个栏目来说，它提供的就是那个时代我们这个民族的杰出人物的事迹。

张&刘：传媒无疑是建构历史的重要载体，这也是“钩沉”的意义所在。就你的观察而言，今天新闻媒体建构历史所面临的障碍主要有哪些？

徐百柯：想要通过新闻的方式去呈现历史，面临的最直接的障碍就是写作者有没有这个能力。因为写作历史题材肯定是需要这方面的研究能力的，尤其对于媒体记者而言，如何在专业能力和大众写作之间找到平衡，这是一个不小的挑战。

我在写这些历史人物的时候，一方面需要阅读与他们有关的专业文献和回忆录，另一方面又要捕捉生动的细节、历史人物的表情，因为我写作的对象是大众，这是与历史研究不同的地方。或许这个细节对于大的历史研究而言，并非一个重要的节点，但是对我写的这个人来说是非常关键的，是构成对他面目判断的根基。

当然，我们不能回避的一点是管制的问题。但我个人更愿意强调的是前者，即媒体新闻工作者构成的专业共同体，我们自己的准备如何。当你有机会去在新闻媒体上进行历史建构时，你搜集史料的能力、鉴别力、理解力、表达技术和手段究竟有没有到位，这是我更愿意去强调的。

我们会听到很多的抱怨，好像是外界的因素导致我们做不到自己想做的事情。坦率地说，我个人有时也会有这样的抱怨，但我认为，更重要的是去思考我们能做什么，去思考当有机会去做的时候，能做到多漂亮，能做到多准确而有效。

很多历史学者在对于新闻媒体建构历史这个问题上存在偏见，对于他们的忧虑我是很能理解的。他们所说的问题确实存在，比如媒体人在写作的时候总是简化他们的想法，总是把原本很周全的论述给剪断、拼接起来。

张&刘：如何对历史进行选择、记忆和解释，实质上也隐含着现实的权力结构。因此如果有读者将“钩沉”的文章称之为“安全的回忆”，你会怎么回应呢？

徐百柯：我自己不划分所谓安全和不安全的回忆。实际上，我们谈回忆，从哲学意义上说，其实任何回忆都是冒险，它可靠吗，全面吗，甚至更本质性的问题是过去是能够通过回忆而被理解的吗？我觉得这些都是问题。同时，回忆的价值很重要的一点又是指向安全的，这种安全可以是指个人的心灵更加宁静，也可以是指这个社会更加警醒。

我更愿意把“钩沉”的文章视为合适在报纸上发表的回忆，我希望这些文字在读者中间产生回应，由此产生价值。

“冰点”基于命运感的、充满人性和人情的理念一脉相承

张&刘：《冰点周刊》创刊的时候，关注普通人的报道视角在整个新闻界并不主流，如今却已经成为人物报道尤其特稿报道的基本理念。那么，在新的环境下，《冰点周刊》如何继续在人物报道中建立自己的辨识度？

徐百柯：现在我们回过头去看20世纪90年代后期的《冰点周刊》，实际上当时它的影响力之所以大是有两个支撑点的，可能今天更多地强调第一个，即对新闻的理解。在那个年代，当大多数媒体还陷于“高、大、全”的

偶像式报道的时候，“冰点”开始进入细节化的、回归新闻本位的书写，这当然是它在当时最大的突破；但是，还有第二个支撑点，即那一批老记者制作新闻的品质和质感，这也是很重要的。我相信，仅有前面的认识，没有几篇读者认同的文本还不够。

说回今天，虽然大家都认为应该回归细节、应该摈弃宣传腔调，但坦白地说，并非所有媒体和所有编辑记者都能做到这一点。他们并不一定能够付出足够多的努力来做到这样的细节。在“冰点”内部，写稿就像做手艺活一样，要有观照，做得精细，愿不愿意做，有没有能力做，是不一样的。

张&刘：有时候，传统会不会成为发展的束缚呢？作为主编，你会不会主动地寻求改变呢？

徐百柯：对于我们这一拨儿编辑记者来说，“冰点”的传统是一个很现实的问题。无论是题材还是写作的样态，因为过去老一茬的编辑记者做得太好，所以你要是说“萧规曹随”，也挺好的。但是有时候我们会忍不住去想，怎么样才能有新的突破。

从我自身来说，我并不觉得太焦虑。当我按这么一条传统的路子走的时候，在这条路远远没有走到极致和尽头的时候，我发现还有很多空间可以去操作新闻，所以从根本上来说，我并没有太焦虑。

当然，有时候也会有一些新的尝试。比如人物版，有时候我们会想，都写的是人，我们能不能写一些拟人化的东西呢？所以我们也写过米老鼠，写过虚构的人物，写过只有身份证号码但是不知道这个人究竟是何许人也的尝试。前段时间，我们用“冰点”四个版的主打报道来做跟足球有关的话题，在四个版不同的属性上都来做中国足球这个题材。这些都属于一些题材、样态和表现思路的拓宽。

其实这种改变本身我们并没有刻意为之，但也没有停止过尝试。

张&刘：在《冰点周刊》的传统框架内，还有哪些空间没有被完全释放，还可以去拓宽？

徐百柯：我自己总结《冰点周刊》一直关注的是我们的同胞，我们身边的一些充满了命运感的故事。这种充满命运感的故事，是持续在发生的，关键是你能不能找到这样的故事，去采访到这个故事里的人，去把这个故事呈现出来，给读者力量、给读者以启发。按这个思路去找线索、写稿子，这条路是远远没有走到尽头的，作为一个周刊来说，是可以持续写下去的。

放到我们今天的媒体环境中来看，这样的报道其实并不多，说明“冰点”还是能做出不一样的报道来。关注命运感是一类，还有一类是“冰点”也一直在关注的，就是带有启蒙性质的、有思想穿透力的不同样态的新闻。这样的内容也是我们可以源源不断地去发掘和呈现的。

其实“冰点”一路走来，基于命运感的、充满人性和人情的理念是一脉相承的。我们这儿有一位老记者，她参与了“冰点”从创刊到现在的全部历程。她的一段话很打动我：“纸媒完蛋了吗？原来去敦煌采访，一个在那儿工作了48年的老艺人领我逐个洞子地参观壁画，从他的解说中我悟出无论社会怎样变幻，岁月如何更替，有一种东西是不变的，千百年来一直存活的，那就是我们从先人身上遗传下来的人性和人情。现时代，生活方式、传播方式总在变，但人性和人情还是没有被改变的吧。我又想起‘冰点’在创办之初受到读者喜欢的理由，那就是打动人，在普通人不普通的命运中展示出一种价值——善良、勇敢、坚忍、抗争、同情心、爱、创新——这些人类共同遵从的优良品质，它们仍在默默生长着，它们在打动读者。”

我记得《永不抵达的列车》这篇报道出来之后，北京大学新传学院的徐泓教授提到的一点我印象很深，她说，灾难报道中，人性和人情是最真实、最动人的。从1995年的《北京最后的粪桶》《五叔五婶》一直到今天，人们对“冰点”最深的印象没有改变，还是人性和人情，是充满命运感的人的故事。

张&刘：*无论互联网时代，碎片化的阅读有多么流行，这种对人性和人情最本真的需求是不会随着媒介介质的改变而改变的。*

徐百柯：对，我完全同意这个判断。甚至你可以说，越是碎片化的时代，这样的报道越具有它独特的价值，越值得我们往那个方向努力。现在还有多少报纸是靠提供信息为主的呢，除非是有公信力的媒体所提供的准确、可信的信息才有竞争力。还有一种情况是，报纸提供能让读者在这个碎片化阅读时代短暂抽离出来的报道，提供能够真正打动人心的报道。我觉得“冰点”应该选择后者，坚持自身的传统价值，一直走下去。

记录小人物就是记录时代本身

——专访《中国青年报·冰点周刊》记者赵涵漠

赵涵漠

女，《中国青年报·冰点周刊》记者。本科毕业于武汉大学，2009年硕士毕业于香港中文大学文化及宗教研究系，后加入《中国青年报》。她擅长时政、社会、文化领域报道，以人文的态度理解这个时代，以多维度的视角审视这个时代。她记录时代的方式不是通过鸿篇叙事而是通过一个个小人物的故事。她的记录客观而有力量，充满质感、细节饱满，最终试图指向的还是事实真相；她忠于事实，笔触优美、富有感染力，最终追寻的是道义的力量、真善美的回归。代表作有《永不抵达的列车》等。

访谈实录

个体的悲伤比具体的数字更让人敏感

张志安、刘虹岑（以下简称张&刘）：温州动车事故以后，有多家主流媒体深挖动车事故背后的原因、报道灾难场面下一个个生命的奇迹。你的《永不抵达的列车》引起了很大反响，是一篇被广泛认可的报道。为什么你却选择了用讲故事的方式去刻画两个大学生命运的“相撞”呢？

赵涵漠：这个题目不是我找的，是当时“冰点”的主编、现在中青报副总编朱永康老师找的。

我也觉得这个题目适合“冰点”来做，遇到大的灾难时，包括汶川地震等，“冰点”都会找到一个小的故事去还原它，因为人们更容易记住一些小的悲伤，胜于记住那些具体的数字，我们希望将个体故事中的情感传递给大家。

出事的时候，我正好也在另一辆动车上，是去沈阳采访，坐沈阳到北京的动车回来。我坐在动车上刷微博的时候，看到了动车事故的消息，我也是抱着我可能就是下一个遇难乘客的心态去做的这个选题。

张&刘：拿到一个选题，不同人有不同的处理方式。你当时写这篇稿子的时候已经是事故发生的几天后了，那个时候已经有很多媒体发了报道，各种信息开始铺天盖地。面对这么多信息，你是如何选择和使用的？

赵涵漠：第一个是因为当时选这两个孩子的人并不太多，第二是因为这个灾难太突然了，当时有很多问题需要调查，大家都是从自己最擅长、最专业、平时积累得最多的角度去切入报道。由于我之前看过关于这两个孩子的一些东西，但是并没有特别深入的了解，也没有想过把这两个孩子放在一起来做。

事情发生的第二天，我就开始联系与这两个孩子相关的人。可能现在我们想来当时的信息是铺天盖地，但事实上在动车事故发生后的第二天手里能掌握的信息并不多，真正的时间线索、时间点的确定基本上没有一个确切的答案。当时只有少量的媒体能够给出确切的信息，其他信息都是碎片化的。

张&刘：你自己怎么看通过讲故事的方式来报道一场灾难的呢？

赵涵漠：从大灾难里讲一个小故事，这种方式能够使人更敏感。这些东西你看上去好像是我在写他们，但确实是记录了当时在发生什么。你也看到《永不抵达的列车》里面把能用的信息都串了起来，全景式地铺一铺，不是鸿篇巨制的那种。

张&刘：如果换一个事件，同样是灾难，能同样用这样一种讲普通人的故事的方式去还原灾难现场吗？

赵涵漠：汶川地震的时候，“冰点”有一篇稿子叫《回家》。当时，记者林天宏在震区，震区有各种各样的故事。他走在废墟路上，突然对面来了一个中年男人，背上背了一个孩子，记者所在的部队有不少人迎上去问那个中年男人是否需要帮助。那个男人说：“孩子已经死了。我要把他背回家去安葬。”林天宏就是通过这样一个故事去还原了汶川地震。

这也是从大灾难里找一个小故事。还是像我说的，这样的方式，更能引起人的共鸣。同时，你看上去好像我在写一个人的故事，它可能不是最具有普遍意义的，但你确实能通过找到这样一个故事让大家看到当时在发生什么。

张&刘：用讲一个普通人的故事的方式去记录一个灾难，具体操作中，对记者有怎样的要求？

赵涵漠：其实，我觉得一个很重要的是——比方说像动车这样的事故对于那趟车上的乘客其实是无妄之灾——我们可以想一想假如自己也是那趟车上的人，当时我们没有做任何准备，也来不及和这个世界说再见，就这样突然之间消失了。假如大家都有这样的感觉的话，就会去问谁造成了这些，我们怎么去改变，以后就不会有这样的事故出现。那么，记者在讲故事的时候想的就是怎样去把这个故事还原给大家，让大家觉得灾难离我们并不远，特别近。

按照记者的工作要求，我们就是要去问

张&刘：你在写作《永不抵达的列车》时，主要采访的是朱平和陆海天这两位大学生的同学，你当时是怎么联系上他们的呢？

赵涵漠：主要是通过人人网。陆海天同学是通过人人网的站内信息了解到的。当时我的一个同事帮我在人人网上发了一条状态，看陆海天和朱平的同学能不能跟我们联系一下。然后，有一个叫小陈的人就出现了，他认识我的同事。但是他们有一些顾虑，我就花了一段时间去和他们沟通，让他们逐渐信任我。我跟小陈聊了之后，他告诉我黄一宁更适合和我来聊这个事情。

张&刘：除了人人网，还有通过其他渠道了解当时的情况吗？

赵涵漠：有，通过新华社的消息，确认一些基本的时间点、事态的背景。但是，我发稿的时候，事故都还没有从混乱中缓过来。当时的信息确实很杂乱，大家无法确定。但我主要是讲这两个孩子的故事，主要的信息是从两个大学生的同学的口中得知的，包括朱平和陆海天的遗体是怎么找到的，都是从他们在场的同学口中得知的。陆海天的家属我并不知道在哪儿，朱平的家属已经年龄很大了，他们的同学不希望我去打扰朱平的家人。我也觉得没有打扰他们家人的必要，因为我采访了很多他的同学，消息应该是准确的。

张&刘：《永不抵达的列车》中一些细节细微得让人吃惊，比如凉鞋的

带子、北京南锣鼓巷买的项链。你是怎么挖掘到这些细节的？

赵涵漠：首先，我会先告诉他们：采访中，我会询问很多细节，可能你们会觉得烦，但这些细节对我的报道很重要，这些细节也是特稿写作所必需的。其次，就是需要不厌其烦地追问下去。当时，我觉得黄一宁是一个声音很温柔的男孩，我就觉得他应该是很细心的，于是我就去问黄一宁说："你觉得朱平什么时候最漂亮？"他说："穿一条裙子、一双高跟鞋，就很漂亮。"然后，我就问他："什么样的裙子和高跟鞋呢？"他就会开始回忆鞋子和裙子的细节。这些细节会让你感觉到朱平其实是一个很爱美的姑娘，她对于美的认识和感受其实是这个样子的，这样一来人物形象和性格就丰满起来了。但问题是被访者可能会觉得你问这些细节毫无意义，但按照记者的工作要求，我们就是要去问。

张&刘：《永不抵达的列车》中，提到黄一宁对朱平有特殊的情感，比如黄一宁心里想：说不定哪一天我爱上了她。这些内在情感的东西，你是如何获得的？

赵涵漠：我们都读过大学，都懂得大学生之间的感情，所以，我有往那方面想。我就问黄一宁说，他和朱平是不是男女朋友。他说不是。然后有一天，我凌晨一点在写稿，他也没睡，他就找我又聊了一下，他告诉我说他写了一篇日记，我就问他可不可以发给我，他就给我了。当时，我并没有加"说不定哪一天我爱上了她"这一句话，因为我觉得他还是要生活下去的。但后来编辑让我去问问黄一宁，可不可以加，他说可以我才加的。

你对他人真诚，他人才能回报你以真诚

张&刘：面对经历过灾难和痛苦的人，你是怎样让他们打开心扉的呢？

赵涵漠：我觉得，这并不是一个技巧的问题，打开心扉不是方法问题，是心态、态度问题。如果当时抱着很功利的心态，不是很真诚地去了解他们的感受和痛苦，就无法和他们站在同一条线上对话，他们不能够把你看作可以相信的人。

不要总想着一定要采访到某个人不可，要懂得体谅别人，在对方悲伤的情况下实在不同意采访就算了。但是，我会告诉他们，如果你们把这个故事告诉我，"冰点"这个媒体很适合讲普通人的故事。我会把我以前写的稿子

给他们看，并保证不会打扰受害者的家人。其实，刚刚经历过灾难的人也会非常脆弱，他们会希望能找一个对的人聊一聊，希望找到一个愿意安安心心地听一听他们心里话的人，他们觉得你能读懂他们的痛苦时是可以跟你聊的。

张&刘：我知道，你还有很多其他采访逝者家属时的经历，这方面有什么感触和经验可以分享吗？

赵涵漠：我觉得一定要真诚，这不是一句故意拔高的话。我在写动车事故之前做过的一个选题是湖北京山的22岁男孩马上就要当上护士了，但突然车祸去世了。他爸妈都没什么文化，他妈妈小学没上完，爸爸初中没上完，家里很贫困，他爸爸是个搬煤气罐的，他妈妈没有工作。但他们决定把孩子的肾脏、肝脏、眼角膜和一大块皮肤都捐献出来。当时，我听说有当地记者去采访时，闪光灯一亮就被他们的亲戚打出来了。我很能理解，小镇里的人不像大城市里的人能接受遗体捐献这样的事情。

我去了以后，最开始，他们也是不接受我的采访。后来，我就说我只是想聊一聊，就去了他们家，他们的贫困超出我的想象。我经常去农村采访，农村的很多家庭都比他们的条件好，他们就像城市贫民，最底层的人。我只聊了一个小时，他们就聊不下去了，让我自己回去。后来，也不接受采访，我也真的没有办法，但我觉得他们特别地让人觉得心酸、感动。

我后来就发了一条短信，让他们好好照顾自己，因为家里唯一的儿子走了，他们的工作也朝不保夕的，如果有任何困难就可以找我，我会帮他们想办法。过了一会儿，那个叔叔就给我打了电话，说："我们来找你吧，再和你聊最后一次。"当时，央视也有人去，他们也不接受央视的采访，我后来成了第一个采访到他们的人。

张&刘：发那条短消息，既是真诚的关切，也是想再努力一把、争取下采访机会？

赵涵漠：当时，我觉得采访不到算了就算了，因为记者其实能给别人的东西真的特别少，别人凭什么要对你敞开心扉，凭什么要告诉你这么多的秘密。你必须对人真诚，别人才能回报你以真诚。直到现在，叔叔、阿姨还会偶尔发来信息关心我什么时候结婚，最近累不累，他们说"会像爱孩子一样的爱我"，虽然语句不通，但让人感动。记者如果只是抱着一个功利心，想着这个题材好我就去做，完全不考虑会给别人造成什么伤害的时候，我觉得记者就算被拒绝也是有道理的。

告别内心的情绪，客观真实地记录

张&刘：动车上一些场景的描写，比如车厢里的油焖大虾和冰镇喜力，你是怎么得知的？

赵涵漠：其实是在那之前我们冰点的一个记者张伟跟我说，有的时候，特别是突发新闻，文字是具有欺骗性的，但图片比文字的真实度要高。当时，我看到某个杂志上拍了一组图片，是动车事故发生后还正常的车厢，我是拿这个图片去还原当时的场景的。当时网上的信息也很多，但我更倾向于相信图片新闻的真实性。

张&刘：文中处处充满了对命运的无助之感，传达着要是他们没有上那辆车，生命或将一如既往灿烂如花。这样写，是否有一种所谓的宿命感？

赵涵漠：首先这是事实。人生本来就有很多偶然性和不确定性，不仅仅是让人感到惋惜，而是让大家感觉到，不仅仅是他们会经历这些。我自己可能上了一辆很安全的列车，但也可能上了一辆永远回不来的列车。他们的故事就是让我们感觉到命运很难把握。但我们其实能把握的是做到每一辆动车都很安全，我的设计系统没有问题，那么我坐上哪一辆车都是一样的。但现在就发生了这样的区别，不光是他们，我们也会遇到这样的问题。其实悲剧是可以避免的。

张&刘：你是想让读者感觉到，有一些悲剧本来是可以避免的？

赵涵漠：对。我们感觉这个故事很有宿命感，但实际上是必然的，因为在这样的情况下，总有一辆动车会走上这样一个结局。可能是他们，可能是我们自己。

张&刘：写这篇报道时，有没有自己的情绪在里头？你通常是如何克制个人情绪的呢？

赵涵漠：我写特稿会离这些采访对象非常近，必须走进被访者的内心深处，在我走进去之后可能他有很多东西会打动我。但是，你必须在写作的时候要保持距离，不能把自己想象成当事人。你只有让自己成为一个旁观者和记录者，写出来的东西才会真实。

其实，特稿和滥情文章只有一线之差。不能将自己带入，为了保护这些采访对象，为了这篇报道发挥它真正的作用。写的时候真的要写下来，告别自己内心的情绪。我当时也在另一辆动车上，是可以感同身受的，感觉很后怕，也很难不去有自己的情绪。但真的要让自己抽离一点，远离那种很狂躁的情绪，好好地去看这场灾难本身。因为我真的希望自己这篇稿子能对得起那些我讲述的主体。

张&刘：这篇报道出来之后，很多网友在读过之后称“泪洒互联网”，但也有人认为这篇稿子不够客观，比如结尾处“有点过于煽情”。你如何看这些反馈和评价？特稿的客观性应该怎么把握呢？

赵涵漠：特稿记者会经常面对这些质疑。但是，我可以保证我的每一个细节都有出处。我个人比较注重文章的美感，我觉得消息源屡次出现会破坏我文章的美感。其实，这方面《南方都市报》的一篇深度报道的做法值得借鉴。他们先是在报纸上发了成稿，隐藏了一些消息源的出处，但网络版上有一些注释说明消息源都来自哪里。

我觉得，大家起码要对特稿记者有一些信任。记得李海鹏在一个讲座上说他写《举重冠军之死》如果只是凭想象的话，那他不叫记者，只能叫一个蹩脚的虚构者。有时候想来，我又不能指望所有的读者相信我的职业道德，所以我觉得更好的办法是以更多的方式来呈现，但我个人还是希望稿子有更多美感的。

张&刘：如果现在你再去重写那篇报道，还会有什么地方想修改吗？

赵涵漠：那篇报道我可做的空间不多了，能采访的人也就那么多，能用到的素材也就那么多。从写作的角度讲，我觉得字数可以更少一些，将节奏变快一些。

调查和讲述同样重要

张&刘：比起对建筑质量的问责、对灾难场面的描写，你认为用人情、人性、命运的无常，更能激起人们对灾难发生原因的反思吗？

赵涵漠：这是不一样的。不同的媒体有不一样的角色。调查性报道不是我们的专业，我们的专业是在讲故事。“冰点”经常是从大背景里写小人物。最近，我们有一篇稿子叫《拐点》，关于整个9月15日反日活动，我们就只写了李昭这样一个人。“冰点”常用的手法，就是找一个尽量小的点，但背后会有很多丰富的东西。

但是，我们不能忽视其他专业性的调查性报道，《21世纪经济报道》

《新世纪周刊》《财经》的调查性报道也很有社会效应，很了不起。特稿主要通过讲故事，具有更强的代入感，更能引发读者的共鸣。但从社会效应来讲，特稿和调查性报道这两种报道类型都很重要，各有各的作用。各个媒体的角色是不一样的。

张&刘：2003年，央视的《新闻调查》栏目做过一期节目叫“死亡名单”，讲的是2002年12月初，山西省临汾市尧都区阳泉沟煤矿发生一起伤亡多人的瓦斯爆炸事故。事故发生后，记者赶赴陕西临汾，对这起原因并不复杂的矿难进行调查的时候，得到一份遇难矿工的死亡名单。而为了证明这份名单，记者进行了行程三个省、历时半个月的调查追踪。没有个体的故事，只有一串长长的死者姓名。个体故事的深挖和这种宏观的展现各有什么优势呢？

赵涵漠：我记得，北京暴雨之后央视也把死亡名单公布了出来，大家觉得官方媒体做这样的事情很好。对于记者而言，肯定有记者会去整理死者的名单，但是读者知道了他们的名字之后，也希望看到一个一个的故事，这样可以帮你更了解事实。

我做《永不抵达的列车》时，那两个大学生真的是很普通、很普通的人，但是如果我们不去做些什么的话，这些普通故事的主角下一个就可能是你或者是我，我是希望有这样的感觉的。

以央视的特殊位置来讲，死亡名单可能就是对死者的一个尊重，而“冰点”是在讲述一个个普通人的故事。其实，我也好几次在灾难中看见这些人的名字，仅仅是看到那些名字，我也会想到他的父母在取这个名字时对死者有什么样的期望，或者如果他才三十几岁，我会想可能他是一个孩子的父亲，如果他才几岁，可能刚刚才上学等等。我可以看到很多很复杂的内容，这些东西都很能打动人了。

张&刘：你曾经在接受采访时说道：“现在我们审视温州动车追尾事件，有一点足以让人看到希望，那就是中国的年轻人对国内公共事件的态度发生了根本转变。大家与政府一起寻求解决问题的方式。”那么，在这样一个催人泪下的故事被讲述后，更多的人会理性地寻求解决之道吗？

赵涵漠：我觉得是的。因为你在那种情况下，你会痛心，两个鲜活的生命，都是花季90后，刚刚才上大学，人生还没有开始。但是仅仅是抱怨、难过是不够的。你必须去监督这个政府，让这些动车往更安全的方向行驶。

读者的感受也会对政府形成一种压力。但对公共政策的讨论更需要更理性，比你一而再再而三地指责和谩骂更有建设性。这就是为什么我如此尊敬财新《新世纪周刊》和《21世纪经济报道》那些同行做的工作，他们有切实地在帮助这列车往更安全的方向行驶，这很重要。

张&刘：通常大家认为，特稿主要用普通人的生命故事去打动人，而调查性报道会用更多真相去监督政府。你怎么看？

赵涵漠：特稿最重要的还是记录，记录这个社会真正在发生什么。因为有时候我们面对的事故并非都如此重大，遇到的人的故事并非每一个都如此打动人心。但我们就是在记录这个时代，我们这个时代就是由小人物组成的，他们是一个个具体的人。像原来我们会感觉到这个国家的历史是建构在一个一个的名人和伟人上面，他们的决定影响了这个中国；但你会发现小人物的故事同样很重要。特稿就是在记录这个社会。

将有标本意义的事件视作个案，那是记录者偷懒的表现

张&刘：你有没有期待通过特稿这种记录的方式去影响我们的社会？

赵涵漠：其实没有。可能在“冰点”，大家对这个问题都没有统一的答案。就我而言，我觉得特稿最重要的就是记录。我不会觉得写作特稿就是为了去影响，我的责任就是记录。记录那些平常你不会注意的人和事，为你看这个世界提供多一个角度。

张&刘：你提到特稿就是通过记录小人物的故事让我们了解到当时发生了什么。但也有人说，特稿这样相对碎片化记录、过于强调人物的内心感受的写法比较片面，甚至是过于放大的。你怎么看？

赵涵漠：我绝不认为特稿是“强调人物的内心感受”。比如，我曾经写过一个失去妻子的农民工，我没有问：“你痛苦吗？”我只是让他讲讲和妻子的故事。他一直是个寡言的人，但当这个中年男人说起自己和妻子刚刚结婚、对未来生活的种种规划时，他突然沉默了，低下头，咬紧牙，脸上的肌肉一直在抖，眼圈也红了。最后，他用破旧的西装袖子擦了擦眼角。

这个细节我后来写到了稿子里，我只是像拍纪录片一样呈现新闻画面，他痛苦还是不痛苦，读者可以自行判断。任何稿子，如果流于对感受的述说，都可能是危险的。所以，我认为，特稿的细节更应该体现在“这个人怎

么做”，而不是“这个人怎么想”。

张&刘：在特稿记者中，有想要在作品中通过分析人物背景与他当下的行动之间的必然性，从而进行制度性归因的记者，也有在作品中单纯记录人物和事件本身而不去归因于社会的某一方面的缺陷的记者。你认为，这两种方式各有什么利弊？

赵涵漠：可以写成新闻的线索多种多样。有的非常个案，与个人的情感、障碍或困境更相关；有的更具有标本意义，你写这个人，也是写这个时代许许多多相似的人。面对不同的线索，应该有不同的处理方法。但我认为将两者分清很重要，我不大认同给个案强行附加某种普遍意义，尽管那样可能更有视觉冲击力；我也不认同将有标本意义的事件视作个案，那是记录者偷懒的表现。

张&刘：你作品中流露的人性和人情经常让人感动。对于人性，你不会做非黑即白的判断，对于事件，你总是先关照其中的人。除了大学，这样的一种报道立场和态度与你的生活经历有什么关联吗？

赵涵漠：我想了想，没发觉和过去的生活经历有什么关系，过去的绝大部分时间我都在上学，在家长的指引下过着非常平淡、普通的生活。但或许是因为人生经历的单薄，让我不敢轻易去下判断，因为我觉得我没那样的能力，我愿意去听、去了解，然后再代入他们的生活。

即使在新媒体时代，我仍怀有一份“写作者的责任”

——专访《财经》法治记者、法经刊副主编徐潜川

徐潜川

安徽庐江人，毕业于人民大学法学院。曾为《财经》杂志法治记者、法经刊副主编。主要报道有《娄烦矿渣山不能承受之重》《器官“黑市”》《维稳机器》《王立军“遗产”》《重庆红潮》《刘汉朋友圈》等。其作品《器官黑市》获腾讯网2012年度调查报道奖以及南方周末年度致敬。

访谈实录

既想文本不枯燥，又想确保准确性，唯一能做的就是扩大采访量

张志安、刘虹岑（以下简称张&刘）：《王立军“遗产”》五篇系列报道，主线是重庆打黑的经济账。选择“经济账”作为王立军“遗产”的报道重点是基于《财经》的定位，还是整个题材本身的特点？

徐潜川：两个方面的原因都有。

我们开始关注王立军，也是从法治角度。重庆真正成为大众传媒的焦点，王立军真正成为大众媒体上的常客，是从

李庄案发开始的。李庄案使得原本重庆打黑这样一个局限一隅的政治举措，一跃而成为左右中国法治路线未来走向的标志运动。从李庄案一路关注下来，我们积累了法治圈的许多材料和资源。

但因为《财经》是双周刊，周期比较长，所以在我们打算出刊之前已经有很多媒体，比如《南都周刊》的《起底王立军》的报道，从法治角度和人物角度穷尽了国内允许空间内的空间。

因此经过团队讨论，《财经》法治组重新选定了一个角度，从“经济账”的视角入手去准备这组报道。

从经济角度入手，有三个考虑：一是符合《财经》杂志的定位，毕竟我们是一本主打经济内容的刊物；二是经济视角的门槛相对比较高，其他媒体还没有深入挖掘过这一类题材；三是就新闻空间的尺度而言，经济类要大于时政法治类，这个角度更容易获得刊发空间，更利于刊物自我保护。

在《王立军遗产》之前，我们对打黑中的经济处置状况做过调查，应该是国内最早的，在2010年12月就刊发过《重庆“涉黑资产”灰账》[①]，算是有了一部分积累。

在选定了“经济账”这个框架之后，我们最主要的目标就是要厘清重庆方面收支的情况。收入，包括两类：一类，是账面收入，从政府的预算报告和预算外收入统计口径中有迹可循、有账可查的；另外一类，是账面外收入，也就是非法或者灰色收入，包括打黑资产的挪用、企业的“追捐”、区县的“上供”，乃至保安集团这样的直接经营活动。

收入，讲的是钱的来源。支出，就要讲钱的流向。钱从哪几个渠道、往哪些个项目上去了？比如大情报系统、全市监控体统、刑事技术中心项目，乃至豪华的重庆市局食堂等等。

此外，还有一类基金会，很难说是来源还是支出，这里面操作空间比较大，我们单独写了一篇。

无论写什么，都是找一个视角来切入。任何一个公共事件和公共人物，都可以从政治、经济、人性等各个角度理解，只是在《财经》这样一个定位的杂志里，经济学作为一种分析工具是较常被用到的。

对《财经》来说，分析公共事件背后的制度资源更为重要。我们不仅仅

① 原文载《财经》杂志，2010-12-07，年度期号25，总期号278。

想写王立军这个人这个事，还想通过写王立军来折射整个中国的政治生态。很多人觉得王立军很特别，事实上，只是他的个人符号和风格特别明显，他在整个大环境下是典型但绝非个案，他做的事情反映了整个中国政治生态的问题。我们在构思角度和写作的时候也有想把这样一种普遍性通过王立军这个独特事件反映出来。

张&刘：在确定选题走向之后，编辑部后方与你在前方的调查和采访之间是如何协作配合的？

徐潜川：这组《王立军“遗产”》的报道方案是大家一起定的，我们一起开过很多次会，在突破和采访的过程中我和我的同事会经常交换意见和信息。虽然当时做这个题材的时候是我一个人在重庆，但是这个报道是在很多前期调查的基础上做的，我的同事都多次去过重庆，在后期成文的时候大家会交叉修改一下稿件。来回改了两遍，最后才定下了大致的稿件安排。

张&刘：具体的调查思路是怎样的？

徐潜川：当时调查的思路跟我们的选题思路是一致的，当时大多数媒体还是在关注重庆打黑的平反问题以及重庆公安局变动的情况，也有从经济角度去切入的，他们的视角主要落在企业身上，比如有很多媒体调查黎强的企业。

我们的调查展开的思路有别于当时的所有媒体，我们关注的是整个重庆公安局收支的情况。我的稿子就是在描述一张重庆公安局的收支平衡表，在这张表里我可以提到公安局各个项目以及相关企业的情况，但我提这些企业的目的不是挖掘这个企业本身的遭遇，而是在整个重庆公安局的收支平衡表里面它扮演的是一个什么样的角色，调查的切入点是较为宏观的。

最终稿子出来的时候，几乎所有在文章里提到的人、重庆公安局的部门和公司都有采访到。一开始我分析了手里已有的资源，这些资源不都是核心的，都是外围的，但随着采访的深入，慢慢地通过这些外围的信源接近到了事件的核心信源。当然，这跟我调查的时间比较充裕也有关，在《财经》的工作节奏中，我有足够多的时间去慢慢接近最核心的人物和事件。

张&刘：当时你在重庆采访了三位在“打黑”大环境下受到不公正待遇的人。对于受害者的陈述，你会不会做一些有意识地特别甄别一下？

徐潜川：实际采访的人数远远超过三个。有时候一天可能见十几拨“受害人”。其实，无论是“受害人”，还是“加害人”，他们讲的话，我很少引用当事人的口头陈述。原则上，我们在稿件中用作陈述事实的来源都是材料性，比如某个权威材料的记载，或者经过好几方确证的记录。

对于当事人的陈述，我会记下来，但只是作为进一步调查的线索，我们还会多方求证，或者拿到核心材料进行核实。

如果我没有能力去核实这个人说的话，我就不会使用这个线索，尤其当这个人所说的不是“软信息”（情绪性或者场景性的内容）而是“硬信息”（对事件要素的描绘）的时候，没有第三方材料是不能用的。引用的当事人陈述，都是经过交叉比对核实过的。

张&刘：大量的材料性陈述可能会削弱文本的可读性。

徐潜川：对。《财经》的文风很大程度上因为对信息的硬度要求偏高所以导致可读性受到了影响。这个事情我自己也在想如何平衡。如果我们既想文本不枯燥，又想确保准确性，唯一能做的就是扩大采访量，要有第三方对当事人所说的话进行印证，这样一来我在文本叙述的时候就可以更灵活一些，否则的话，文本出来会很生硬，因为我们被材料所限制了。

此外，我自己做记者时，也深受文本“无情”之苦。就个人而言，我比较喜欢写记者手记，因为在我看来，当事人的叙述其实很有价值，让我深受触动，我感到一种责任，我应该把他们的陈述记录下来。但这就不是以媒体报道的方式，而是以我个人手记的文本来呈现。

我在写手记的时候更多地运用的是比较“软”的信息，比较灵活。我想，一个职业的记者在他的报道里表达的更多的是职业的要求，包括所在媒体格局和立场的限制，尽量削减个人态度，尽管这很难完全做到。

“市场化媒体”与监管者之间，已形成了互探底线的“潜规则”

张&刘：写《红潮》[①]这篇报道的时候，你是在狱中采访重庆广电集团原总裁李晓枫的，你当时去见他的时候想要了解到哪些方面的信息，怎么获得采访机会的？

徐潜川：是他的家属带着我进去的，以亲友的身份，前后去了好几次。

见他之前，我已经采访过许多重庆广电的前职工，李晓枫的家人和律师，重庆市宣传部门的几个头头。当时我对这个事件逻辑的初步判断是，一

---

① 原文载于《财经》杂志，2013-11-11，年度期号32，总期号374。

个商业化运作卫视的经理人和一个想要更加听话、更加合作的意识形态宣传机器的新“老板”之间产生了不可避免的冲突，一个主张要“收视率”，一个主张要更好的“政治效果”。

但我只是听到了许多细节，能模模糊糊感受到这个故事的只言片语，但就像摸象的盲人，看不到全貌。我想如果我能够比较完整地还原它，它就能直接地让读者感受到某些更为本质的东西，所以我带着这些问题采访了李晓枫。当然了，如果我能采访到薄熙来本人就更为理想。

李晓枫当时是在重庆走马九龙监狱，重庆市副处级以上干部如果犯了罪，大多数在这里服刑。相较其他监狱而言，这里的条件算很好。举个例子，我们并非走的普通探访窗口，而是所谓亲属帮扶教育的通道，我们在一张普通的桌子前见的面，没有铁窗隔开，交谈的时候还可以抽烟，我带着纸和笔做记录，也没有被阻挡。后来，我拿着这些细节出来，再去找到他提到的每个冲突事件的见证人，如果有第三者或者文件记载能够证实，我才会把这些细节留下来。

张&刘：当时你见到他问他的第一个问题是什么？

徐潜川：一开始是问他的狱中的生活，有没有适应，是不是缺烟少酒。他自己开玩笑说，狱中生活反而过得更加健康，因为不用再无休无止地应酬了。刚见面时，我不会一上去就单刀直入地采访，我觉得人和人的互信要先建立起来。然后慢慢聊着聊着就很自然地转入了我要问的问题。比如我会问他，某某人有没有来看过他，而那个人就是我之前采访过的人，然后他就会很自然地告诉我谁去看过他，谁没去，彼此会聊些什么，就这样话题就可以顺利展开了。

张&刘：对于一些比较尖锐的问题，你是如何不让对方感觉到难堪的？

徐潜川：在采访的过程中要察言观色。同样一个问题，有些人可能觉得尖锐，另一些人可能觉得并不算什么，关键要看你对面坐的人他的接受程度是什么样的。无论是怎样的采访对象，即便在传媒上的形象十恶不赦，我都希望自己能以人的尊重对待。

一般来讲，我会把一个尖锐的问题分解成很多个问题，一个一个问题地去累加，不断地试探，从不同的角度多次提问，然后观察对方是否放得开。如果他能放得开，我就再累加一个比较敏感尖锐的问题，慢慢地就问出了我想要的东西。有的时候，我问完了对方还觉得不过瘾呢；但也有的时候，我稍微逼得紧一点对方就不高兴了，在交流的过程中要有意识地去感受对方的情绪，我觉得这个度是可以把握的。

当然，冲突有时是在所难免的。这个时候，就直截了当地提出诉求。被拒绝，在采访上也不是毫无意义的。

张&刘：除了采访李晓枫之外，你还从哪些方面获得了当时重庆唱红时下发的文件？

徐潜川：当时我在采访李晓枫之前已经采访了重庆的很多人，通过他们我找到了一些我需要的材料。

一般来说，如果需要找公开文件，我会先到网上用搜索引擎搜，然后不停地往后翻，到很后面几页的时候，很有可能找得到。有的文件是涉密的或者不公开的，这个时候你需要判断大概哪些人会有这个文件，然后从你已有的资源，你的朋友、你的采访对象，让他们帮你一起找。有的采访对象是很积极的，他们非常愿意帮你找材料。比如，这个事件中，我从重庆卫视的老员工手中获得了大量的材料。

我从来没有尝试过通过公开途径向政府部门申请信息公开，理论上是可以，但他们一般会拖延时间，而且他们能提供并且愿意提供的信息是非常有限的。这种方式既费时，又会让选题暴露。

张&刘：最后《红潮》这篇报道在刊发时所做的删减主要基于什么样的考虑，在这个过程中记者、编辑和监管部门之间的博弈过程是怎样的？

徐潜川：主要是为了规避政治上的风险，我们刊发这篇文章的过程就是一个很好的例子。

我成稿后，经过编辑修改润色，往“上面”报。“上面”一开始禁止发表，随后我们与之研究解决问题的方法，并在标题和内容上做了修改。最后，“上面”修改了原标题，增加了一些政治话语，并且删除了部分可能引起争议的段落后，批示可以发。尽管“上面”如此谨慎，这篇稿子刊发后，还是遭到了监管部门的批评。

这个过程中，最需要的是媒体人的才华、敏锐和韧性，而我当时的主管罗昌平便是如此。如有报道所言，他最擅长的便是蹲守在越位线上，不断探寻合适的路径，但他知道禁忌在哪里。在他的坚持和努力下，《财经》最终刊发了删改后的这篇新闻稿件。

张&刘：你认为删减的底线在哪里，当记者和编辑的意见出现矛盾的时候，你会多大程度上坚持自己的意见？

徐潜川：就拿这篇文章来说吧，当时“上面”删改的版本因为删改太多，所以文章看起来就比较乱，有些前后不一致的地方，后来经过和他们交涉，我才把这个文章从头到尾调整了一下，不然读上去非常混乱。

除了删减之外，“上面”还增加了一些内容，后来这部分内容有的被我删掉了，在我看来，这些内容不符合《财经》气质。

删减最大的目的是确保安全。安全的保障主要是两方面的，其中一方面是记者所写的东西不能够有失实的成分，另外一方面就是政治风险，符合事实的东西如果踩到底线也不行。

在我看来，不应该因为一篇稿件导致一本杂志遭到覆灭的危险。在安全的前提下，新闻的价值是尽可能多地提供稀缺的真相。

新闻作品本身不是投枪匕首

张&刘：做舆论监督报道，有打“死老虎”“半死老虎”“活老虎”等区别，你觉得自己的报道是“打死老虎”吗？记者在报道这类人物时应该怀有什么样的态度？

徐潜川：其实舆论监督报道听上去是蕴含着一种对现实有着强烈地想要改变的欲望的，它的目的是“打老虎”，好像它是一把枪，是一个武器，它能够战胜“坏人”，保护“好人”。我觉得这个问题隐含了这样的前提，即把新闻赋予了一种改变社会，乃至裁决、执行的功能。

在这个问题上，我自己也一直很矛盾。就个人而言，在某些新闻事件中，如果是一种双方对峙的情景下，应不应该挺身而出去保护弱势群体？我个人觉得是要的，但我的职业伦理会把我往回拉。就职业伦理而言，我要做的就是写好一篇稿子，尽量把一个事件还原清楚，不带个人的感情色彩。

我可以去帮助弱势的人，但是这一定要与我的稿件分开，新闻作品本身不是投枪匕首，行善本身不能和职务行为混淆。

至于打老虎这件事，我很少去考虑我的稿件在打什么“老虎”，我考虑的是我的稿件符不符合事实，有没有新闻价值。

张&刘：对政治人物的报道背后，涉及记者的政治观。记者对重庆模式的个人看法，一定会多少影响报道的价值维度和评判立场。这个问题，如何解决？

徐潜川：无论何种文本，完全抛开作者是不可能的。

以我在《财经》的职务作品为例，首先是，文本经过了一系列新闻技术的处理，交叉印证、核心材料的记载等等，尽可能确保让事实说话。

但问题是，事实本身，是需要经过作者筛选的，光是事实本身，还不能说是作品，只能说是一堆原料，需要经过作者加工成为文本。这个加工的过程，取决于两个层面的东西：一则，是报刊本身的立场，报刊的核心价值观，因为这个是职务作品；二则，是作者本人的世界观价值观，作者本人对于事件的理解。

比如我在写《红潮》这篇稿子的时候，根据我了解到的事实，我可以写两个故事。一个故事是，地方广电总局的老总被指控，他在十年经营的过程中，收受财物，利用卫星频道资源与商人合谋寻租。在这个故事里，有广电体制的漏洞，也有司法的漏洞如大量的程序瑕疵，刑讯逼供，家属被非法拘禁乃至威胁。另一个故事是，作为一个商业化运作地方卫视的经理人和一个想要更加合作的意识形态宣传机器的新“老板”之间的冲突，一个主张要“收视率”，一个主张要更好的“政治效果”。第一个故事，我的同事谭翊飞曾在李晓枫案发时，即写过报道①。经过和编辑丁补之的讨论，我完全舍弃了这个故事，几乎一个字也没有提。

两个故事，都由足够多的事实材料来支撑。我之所以呈现第二个故事的事实材料，而不是第一个故事的事实材料，背后是有一套价值观体系和对世界认识体系的筛选。这是一种智识的判断，也是体现了新闻机构的社会功能：筛选出公共事件的公共价值。

但这不意味着，第一个故事没有价值；恰恰相反，在一个“事实的自由市场”中，其他同业完全可以以第一个故事再写篇报道。当“事实的自由市场”不存在时，对于写作者挑选主题的要求更高，因为没有竞争的情况下，他的选择将完全塑造这个公共事件在公共舆论中的形状。

张&刘：你的这一套政治观背后的意识形态的来源是什么？

徐潜川：如果追根究底，这取决于我对于这份工作的理解、对于社会和国家的理解、对于人生的理解。我的信仰、我的价值观、知识结构、分析框

---

① 见《重庆广电改革“虫洞”》，原文载《财经》杂志，2011-08-29，年度期号20，总期号299。

架。它们来自我的生活经验和阅读体验，也被我这个人在这个社会结构中的地位所影响。但我们在《财经》的职务作品都是团队完成的，各个流程上的编辑对于文本最终形成都起了很大作用，这里面体现的就是机构的立场和价值观。

记者的独立调查使新闻报道独立于官方，而不是沦为递声筒

张&刘：《器官旅游移植链》[1]这篇报道呈现了一条卷入了医生、中介人士和军队医院的卖肾链条，当时你们的突破口是什么？

徐潜川：这个选题的由来是一则电视新闻，后来被网络舆论简化为“少年卖肾买iPhone”。我有一个新华社的记者朋友，他对这个新闻很感兴趣，他就去采访了这件事，当时整个社会舆论的判断是这个事件是消费主义对青少年的腐蚀，但是我这位朋友在去采访了这件事情之后发现这个卖肾少年是在当地的一个军医医院做的手术。

在这则被舆论简化为“卖肾买iPhone”的这个网络段子背后，其实是涉及医疗系统和地方军队的一起刑事案件，背后有一条完整的卖肾链条。他没有能发表这篇报道，于是找到我。

张&刘：你当时是怎样从地方军队、医疗系统、中介等各方突破，还原这个链条的？

徐潜川：卖肾链条上每一个环节的事实需要找多方确认。就军队医院这方面来说，我是直接找的医院的医生、护士和医务办主任，他们对于手术在军队医院实施的这个事实都是不予否认的。

因为我之前已经了解了事实梗概，所以我只需要沿着线索顺藤摸瓜，找到相关人士确认事实就好了，而整个故事的链条是后期从线索中重新梳理出来，以卖肾少年为叙述的主线，因为他的故事比较完整。

张&刘：《器官旅游移植链》这篇报道已经较为完整地还原了卖肾链条，后来你因为什么又开始关注整个器官“黑市”的？

徐潜川：一个知情人给我写了一封信，信中提到了关于器官买卖的诸多线索，我根据他提供的信息确定了进一步调查的方向。我采访了警局，采访

① 原文载于《财经》杂志，2012-02-13年度期号4，总期号313。

了医院，找出了全套的材料进行研究，甚至去了以前他们用作器官移植手术的现场，多方面地核实了深喉提供的信息。

张&刘：针对军方的报道，向来是中国新闻领域最敏感的禁区。卖肾链条牵扯到军队医院，你在操作中是如何规避风险的？

徐潜川：在《器官“黑市”》这篇稿子中我们并没有点出那家医院的名字，而且其中涉及的军队医院的医生就只有那一个参与到器官贩卖过程中的医生。但是我并没有找到这个医生本人进行采访，我当时犹豫了很久，甚至已经挂了他的号打算去见他，那是特需门诊，比专家门诊还高一级。但后来我决定还是不去，因为实在是太不确定了，如果我贸然前往可能会招致很大的风险。

张&刘：这篇稿子所涉及的案件的官方材料你是如何获得的？面对庞杂的案卷和警方的所有询问笔录，你是如何从中获取你需要的细节和调查方向的？

徐潜川：在朋友的帮助下，我看到了全套的材料。我和我的实习生将其中核心的信息和细节都摘录出来，然后梳理出一个大概的逻辑。在这些信息的基础上，对其中关键细节进行核实，拟定了采访核实的方式和线索。

在一个档案材料不透明不公开的环境中，随着读者对于信息质量的要求越来越高，这确实是一个可能的方向。但对于记者来说，更重要的是对这些档案材料的核实工作。因为这些材料本身未必一定是事实，官方也有失误或者是存在有意误导的情况。而通过记者自身的调查去核实这些信息，才能使新闻报道独立于官方，而不是沦为官方材料的递声筒。这需要大量的努力和时间，但这是必需的。

张&刘：除了司法案卷，还有哪些关键证据能够证实器官“黑市”的存在？

徐潜川：当时卫生部器官移植委员会在青岛开了一个闭门会议，我当时混了进去，获得了很多关键信息。那个时候卫生部和公安部正在联合打击相关犯罪，这个会议上通报了整个打击的情况，与我手里掌握的事实和证据是相吻合的，不仅给我的调查提供了权威的证实而且是完全独家的，截止到《财经》发稿前都没有公开披露的会议信息。

媒体的天职是提供“事实的自由市场”

张&刘：在你看来，中国的媒体审判现象多吗？

徐潜川：“媒体审判”这个词汇非常可疑。首先，中国真正可谓公共媒体的刊物，我迄今没有见过。其次，有着专业主义尝试的媒体机构，我很少见到被认为是媒体审判的参与者。最后，在一个受到高度管制的市场，说媒体审判是不现实的。

张&刘：李天一案在案件审判之前，媒体的报道已经铺天盖地。在你看来，像李天一这样的案件，是否受到了来自媒体审判的干扰？

徐潜川：是的，表面上看，这个案件受到了大众媒体的巨大影响。

但有几点需要注意：一是，引爆李天一案的，是微博，这个不能说是“媒体审判”，可以换个说法是“舆论审判”。二是，我们从来没有一个自由的舆论市场。舆论的走向，在某些事件中，是经过权力和特定利益集团的控制的。三是，大众传媒的跟进，固然有影响，但最终决定司法判决结果的，还是法院本身。法官因何判决李天一有罪、有期徒刑十年，背后的原因我们迄今都不得而知；就此臆测是受到了大众舆论的干预，是草率和不负责任的。

比如我作为一个记者，如果我看到前期的报道都在讲一个方面的事实，或者事实不准确，我就会出于职业本能去挖掘不一样的事实，寻求第二落点也好，找到颠覆性事实也好，这都是我的记者职业本能。

媒体要做各种各样的报道，呈现事实的多面，避免一边倒的报道，提供“事实的自由市场”。恰恰是因为媒体的报道不够多元，才会导致大众审判的普遍存在。另外，媒体的自由报道会提供一个“舆论的平衡场”，这是有利于司法公正的。

张&刘：法治报道中很难兼顾的是事实和文本，好看的文本往往需要丰富的细节，但试图还原当时的场景本身是危险的，因为细节本身很难核实。你会如何平衡这二者的关系？

徐潜川：事实永远要摆在文本前面，在尊重事实的前提下可以多引用一些可靠的细节来推进叙事，增加文本的可读性。比如我在《红潮》这篇文章中就引用了一些李晓枫说的话，而报道中的对白不仅仅是李晓枫一个人提供的，还是通过了两个以上的在场的人，也就是第三方的证实。

其实《财经》的定位决定了刊发在它上面的文章都是比较严肃的硬信息，而不会太在意细节的渲染和文本的引人入胜。

因为新闻报道可能给当事人带来巨大的影响，我希望自己能够尽量接近真相，尽量不写错，这是我作为一个写作者的责任，对于我的读者负有责任，对于我的采访对象、报道对象也同样负有这样的责任。

然而，新媒体时代有可能瓦解这样的传统媒体责任。我很难说这是好事还是坏事。虽然我相信，一个足够自由的新媒体环境，是能够有自我纠正的能力的。

不管时代怎样，都会加重我们每个写作者的责任，从而要求我们在采写时对自己更加严苛。

第四篇

调查的逻辑

报道做到最后，都是在拼人品

——专访《南都周刊》主笔季天琴

季天琴

江苏靖江人，1982年生。南京师范大学历史系本科，复旦大学新闻学院硕士。2008年进入《新民周刊》，2010年12月入职《南都周刊》。代表作品有《李庄案后的律师暗战》《起底王立军》《BBS往事》《悍匪末路》等。入选2011年、2012年《南方传媒研究》年度记者。《起底王立军》获得2012年南都周刊年度新闻报道大奖年度大奖、南都全媒体特别大奖年度大奖，《悍匪末路》获得2012年腾讯突发新闻奖。

访谈实录

打黑初期，对王立军的报道“既多又少”

张志安、刘虹岑（以下简称张&刘）：能不能简单勾勒一下，你对重庆以及“重庆事件”的认识是如何逐渐深化的？

季天琴： 2008年8月，我正式入职《新民周刊》。2009年七、八月的时候，重庆打黑开始。我没有什么法学背景，报道重庆可以说是躬逢其盛。当时，无论是重庆打黑还是主政者个人的政治地位，社会关注度都很高，这也是我接手的第一个法制报道。

我在报道中逐渐认识到，重庆警方对信息有一些控制，存在“定向发稿”的问题，即只向几个固定的媒体发布信息，主要是重庆本地的媒体和某家中央报纸。通常的方法是“未审先判”，在法庭宣判还没有开始之前，他们就会发布通稿，把侦查观点渲染成为既定事实。2009年年中，重庆打黑的系列审判还没有开始，但在重庆警方发布的新闻通稿中，就已经提到他们抓住了所谓“黑社会老大”的污名化报道。

对重庆的报道，一方面是重庆警方信息控制的结果，另一方面也是部分媒体人不专业、不甄别、不负责任的结果。

张&刘：最开始，大部分媒体都把重庆打黑中王立军当成英雄进行报道？

季天琴：2009年年初，媒体对王立军的报道主要分成两个方面：一是对王立军本人的报道，二是对重庆打黑事件的报道。

对王立军本人的报道，媒体呈现出“既少又多”的态势，所谓“多”指的是媒体连篇累牍地报道，充斥着江湖上的道听途说，基本上是一厢情愿地对王进行包装和解读，延续过去他在铁岭时的报道风格——那个时候，他已经被推上神坛了，媒体渲染他身负多处枪伤、被黑社会追杀这些传奇情节。

“既多又少”的“少”，指的是很少有人窥见王立军本人的真实面目和内心世界，以及他在辽宁和重庆进行权力斗争的故事。王立军其实是很懂媒体控制，欲擒故纵，他经常强调“沉潜”，只有沉得下来才能浮上去，很少在媒体面前露面。

对重庆打黑的报道，很多媒体都延续了重庆公安的口径，基本上就是“未审先判”，在法庭审判之前对犯罪嫌疑人的犯罪行为大肆渲染。因为信息控制的存在，媒体记者们虽然云集重庆，但大家都得不到关键信息，很多时候都只是转述了重庆公安发布的定向报道，客观上听其指挥，为其粉饰。

张&刘：当打黑进入司法程序之后，记者在旁听过程中就慢慢发现打黑背后有问题。这个时候，你们的报道跟上了吗？

季天琴：从黎强案开始，媒体的报道就跟上了。黎强案的时候，还有宣传口径的存在，所谓的口径就是当时普遍都认为打黑的大方向是对的，只是中间出现了小问题，大部分媒体都强调的是民营企业家是有原罪的，但在报道中也提及了黎强背后的整个公交生态系统，也隐晦地提到罢运是致其落马的导火索。

张&刘：当媒体了解了一些案件处理中的程序不正义之后，接下来对重庆打黑问题的全面认识和理性报道又是如何推进的？

季天琴：再下一步就是李庄案。李庄案与黎强案是息息相关的。李庄案初期，重庆警方在宣传中声称他们完全是按照法律程序来侦查办案的，而且为了保证在打黑中的程序正义，每个重案组都聘请了法律顾问。

在他们聘请的法律顾问中有一个刘辉律师，在李庄案庭审现场，他旁听到一半过来跟我和我的同事搭话。当时，我就感觉他有话要对我们说。之后联系他，他很谨慎地告诉我们，其实是黎强案引发了李庄案。

刘辉告诉我们，黎强案中，媒体和公众开始对重庆打黑有所质疑，同时由于媒体对律师的报道比较正面，因此重庆警方开始认识到律师的重要性，即律师在法庭中的独立性，因此他们想要"杀鸡吓猴"。这个时候，李庄出现了，于是他一脚踏进了滔天巨浪之中。

对于人性的弱点，记者要多包容

张&刘：从黎强案到李庄案，媒体开始意识到重庆打黑并不是正义包含中的非正义，而是充满着非正义了。如果说这是记者对重庆打黑认识的第三阶段的话，你们是如何把打黑事件与整个重庆的政治社会生态背景联系在一起呢？

季天琴：当时，为了规避风险，我们是把王立军跟薄熙来做了切割。但是薄和王是同构的。从李庄案开始，我就认识到打黑是一个畸形政治生态下的产物。

张&刘：在这个认识深化的过程中，谁对你的影响最大？

季天琴：陈有西。我是非法律专业出身的，他的那三篇文章《论律师》《论打黑》《论智库》[1]帮我完成了程序正义方面的知识启蒙。这三篇文章，我读了不止一遍，至少有三四遍吧。

张&刘：你曾经提到过，认真阅读他的文章，对你说服他接受采访大有帮助。不过，你读这三篇文章的时候，就已经决定了要采访陈有西吗？

季天琴：我读这三篇文章的时候，陈有西还不是李庄的律师。当时读他的文章，纯粹是因为认为这三篇文章有价值。作为法制记者，我缺乏法学背景，不够专业，所以我应该好好读一下这三篇文章来弥补自己知识上的不

① 《论律师》《论打黑》《论智库》写于2009年12月，三篇文章均由律师陈有西撰写评述李庄案。李庄案随后迅速成为外界关注重庆事件的焦点。

足。但当时，我没有想到后来会去采访陈有西。

张&刘：具体说说，他为什么会接受你的采访？

季天琴：当时各家媒体都围着他，但是能在秩序格局中跟他走得更近一点，这三篇文章对我的帮助很大。

在做律师之前，陈有西在体制内待过很长时间。他曾任浙江省委原常委袁芳烈的秘书，他以其对体制的洞察和文笔的老辣著称，但也不免沾染了体制内的特征，说他圆滑的人也不在少数。但我更看重他文章和观点的价值。对人性，很多时候，记者要有一点包容之心。

张&刘：所以，你抛弃了对陈有西可能的偏见。

季天琴：当时律师和媒体圈，说陈有西想出风头的不少。但我觉得，出这个风头，无可厚非，形势需要有人站在台前冲浪造势，况且，对当时的重庆而言，这个风头不是好出的，陈有西也是要承担风险的。

张&刘：记者难免私下里或内心中会对一个人有所判断或偏见，问题是应该如何在采访的时候，隐藏或者忘掉这些偏见。

季天琴：我觉得无所谓要隐藏起来或者说忘掉。每个人都不完美，人人都情有可原，只要这个人总体上价值观和政治判断是正确的，就可以了。对人性的弱点，记者还是要多包容。

张&刘：的确，记者需要用这种宽容的心态去看待受访者。最近有许多报道，无论是对袁厉害的报道，还是对复旦投毒案犯罪嫌疑人的报道，都牵扯到我们用怎样的心态去看待复杂的人性。为什么一些记者在审视被访者的时候，会用比较完美或苛求的眼光去评价一个人呢？

季天琴：大概是有两方面的原因吧。一方面是媒体面对着激烈的市场化竞争，遇到同题操作，大家都想要呈现出跟竞争对手不一样的东西，所以一旦接触到一些负面信息就较容易兴奋，放大或者强化报道。

另一方面，跟记者本人和把关人员有一定的关系。我个人认为，稿件是作者本人个性的延伸，有时记者的性格、职业虚荣心会影响他对人和稿件的判断。

张&刘：的确，媒体之间的竞争关系对于报道的角度甚至立场会带来直接影响。面对一个共有的热点题材时，媒体都有对独家报道的追求，而追求独家报道，要么是时间上抢占先机，要么是深度上加以挖掘，有时候用力过猛就会出现偏颇。

季天琴：确实，所以我认识的不少业界人士，都挺警惕把新闻过度功利化。

张&刘：说到新闻把关，相比对事实的把关，更难的是对逻辑的把关。很多时候，因为发表周期的原因，抢不到先机的时候，媒体就只能在报道角度上花功夫。

季天琴：对。特稿写作较多依靠采访的细致和对文本的钻研，我算是文本方面比较欠缺的人，这方面还有待学习，但也有不少特稿缺少调查报道要求的严密逻辑。上次见到写马三家女子劳教的记者袁凌，他是诗人，以前做调查记者，现在《Lens》写特稿，他说他特别警惕语言的花哨，虽说是写特稿，但也要做到向调查报道那样证据扎实。我很同意这点。

律师职业共同体的行动力比记者强

张&刘：做《围观重庆》的专题，如何策划的，为什么考虑这几个点？

季天琴：考虑这几个点是因为首先文强案是当时的热点事件，而刚好2011年薄熙来说要把重庆卫视办成红色卫视，所谓的公共电视台。酉阳监控风云，正好是当时爆出了酉阳发GPS手机监控官员行踪一事。

而《红岩下的西南政法大学》是我们一直想要做的稿子，这个与王立军的学历问题有关。我们最早对王立军的关注就是他的学历问题。西政是中国法学界的黄埔军校，更是当时重庆打黑的大舞台。

张&刘：这组报道之后呢？

季天琴：这组报道之后，就是关于李庄案中的律师暗战的报道①。我记得这篇稿子是6月11号刊出的。李庄出狱的那一天，正好是我们的出版日期，在传播时机很有利。

张&刘：为什么想到做这个角度，主要是出于对风险的规避还是出于认为律师群体在司法正义中的作用实在是太重要了？

季天琴：两种考虑都有。李庄案其实是重庆自己打开的一个窗口，自李庄案起，“黑打”的议论已经无法阻挡，它起到了一个社会动员的作用，法律人同仇敌忾，他们关注的不仅是一个李庄，更是中国的法治前途。这个案

① 2011年4月李庄案上演第二季，沈亚川策划了一期封面报道，题为《大牌律师转型》，意即从李庄案等开始，一批大牌商业律师快开始试水公共参与。其中最核心的一篇即为《李庄案背后的律师暗战》。

子，能在法治史上留下一笔。从我们的角度来说，做李庄案中的律师风险虽然不高，但是那个时候只要是碰重庆选题都是有风险的。

从李庄案本身而言，案情比较复杂琐碎，做出来文本未必好看。我们选择律师暗战这个角度，稿子不难看，角度也讨巧。

张&刘：报道出来之后的反馈怎样？

季天琴：当时《南方周末》傅剑锋的评价是大概是“除了标题老套俗气之外，整个稿子看下来荡气回肠，如观钱塘江大潮”云云。我和老沈没想到外界评价这么高，传播效果超过了我们的预料。这个稿子是我们连夜赶出来的，大家都疲惫不堪。

张&刘：记者与律师一样都面临着公权力的侵蚀。在你看来，记者的职业共同体和律师的职业共同体有什么差异？

季天琴：目前尚无严格意义上的新闻人共同体存在。同样在走法律人职业共同体的律师行业，情况虽然同样不容乐观，但远没媒体行业内这般复杂与分裂。如律师业内虽有圈子和层级划分，但在触及行业核心利益的命题上，却能发出指向相对一致的声音，如李庄案中，刑辩律师就曾呼吁“护法运动”。在职业共同体的构建轨迹上，记者行业与律师行业都尚在起步中，但前者的发育程度远不及后者。

如果记者有劣迹，是比较容易被打击的

张&刘：不管是出于传播真相还是职业荣誉，报道出来之后，记者一般都比较希望报道获得充分传播。为什么你听到别人对自己报道的表扬，会以一种比较自嘲的方式来回应呢？是因为看得淡一点吗？

季天琴：我个人觉得，对于很多记者来说，职业虚荣心是支撑他们走下去的动力。因为在这个行业很容易触摸到天花板，干到了一定年纪，经济收入、社会地位方面跟其他行业相比会有心理落差。但目前，我的投入和我的回报比例还算均衡，所以还不是很焦虑。

张&刘：你不太在乎职业荣誉，这跟你个人的性格有关吗？

季天琴：自得感来源于缺乏远见。我一直警惕这点，少年薄名，容易自恋或者自大，太容易迷失自己。与其说是不在乎，还不如说，我经常提醒自己要藏拙吧。

张&刘：其实，我们都能理解，在当前的媒介生态环境下，职业荣誉感或虚荣心的复杂性，尤其对男性来讲。对于女性来讲，如果这方面的感觉没有特别强，依靠什么动力能够在记者这条路上一直走下去呢？

季天琴：其实我也不知道。我现在才从业五年。对我而言，目前还没穷尽自己对这个大时代的好奇心。从当记者来说，让我做下去也未尝不可。其实记者这个职业没有某些人说得那么苦逼，还是挺自由的。我对未来的人生不做设置，薪水不是我唯一考虑的问题。

张&刘：让我们回到报道重庆的话题。《围观重庆》之后，你还做了什么报道？

季天琴：一组有关监控和公民隐私权的报道。2011年10月，重庆全市安装摄像头，布置“天网”，既有公共安全的考量，也是王立军试图打造治安乌托邦的狂妄想象。但这个选题是被“赶鸭子上架”的，我自己对这个选题并没有太大兴趣。

张&刘：这些报道都是为后来的《起底王立军》做铺垫吗？

季天琴：当时，我们也没想到重庆大戏会以王立军出走美领馆那么戏剧化的情节收场。做《红岩下的西南政法大学》时，我们关注的还仅仅是王立军的学历这个维度。过去几年，重庆都是新闻富矿，从新闻价值上来考虑的话，重庆的一系列新闻事件都是很值得媒体关注并挖掘的。当然，由于新闻管制、媒体自身的风险承担能力和价值判断，像《南都周刊》那样大幅报道重庆的媒体很少见。

张&刘：你在联系王立军本人的过程中，当你意识到自己的电话可能被监控之后，会采取什么样的措施？

季天琴：没有采取什么措施。一般来说，电话如果被监控了，基本上是天罗地网，跑也跑不掉，与其恐惧，那还不如自己正常地生活呢。

张&刘：有一次，我问沈亚川说：“监控对一个记者而言意味着什么？”他的回答是：“你必须做一个好人。”

季天琴：当初沈亚川之所以找我去《南都周刊》，据他说，就是看中我“干净”。我经手的不少报道风险都不小，干净是很重要的力量。

张&刘：记者也是一个活生生的人，要做一个完全干净的人，得欲望比较低。

季天琴：可能吧。沈亚川自己有句话：“从人性上讲，女性远比男性高贵。”

张&刘：你当时不那么害怕，主要是因为什么呢？

季天琴：我是个没有政治敏感的人，算是无知者无畏。如果有关部门真的要找我的麻烦，也得要有个由头。而且，每个人对风险的判断不一样，人性对危险的感受程度的不一样。如果没有什么劣迹，那么一个记者的恐惧可能就来源于他对庞大体制的害怕。

张&刘：你的胆大与你从小的家庭环境或者成长经历有关系吗？

季天琴：我从小就是被放养的，像男孩子一样。我觉得，这倒也没有多大关系，而且我在进入《南都周刊》之前也没经历过什么大事啊。

判断决定报道方向，拿料决定报道结构

张&刘：就拿料来讲，有什么值得总结的策略？

季天琴：判断决定报道方向，拿料决定报道结构，文本影响传播效果。

用好新媒体是拿料的关键。我在做《起底王立军》时，获得突破跟微博有密切的关系。微博在寻找核心信息源、判断采访对象所在的空间位置、掌握被访者的生活习惯和洞见人性等四个方面都起到了很大的作用。

采访刚开始进行的时候，我找不到任何核心信息源，只能在微博上搜索，每天都会在微博搜索栏中搜关于重庆的一切消息，看谁真正了解这个事情，握有实质性的信息。忽然有一天，我发现3月2日，某 ID发帖称，重庆将就王立军事件召开小范围的通气会。我约发帖人见面。谈资依然很边缘化，围绕着王立军的些许轶事。道别前，对方给了我一个联系方式。他说，如果这个人愿意为我背书，一切问题就能迎刃而解，就这样我通过中间人联系到了那个为我背书的核心消息源。

除了搜索信息源，我会通过微博显示的客户端判断一个人所在的地点。如果对方是用手机发的微博，说明可能他在开会或者在行走过程中，如果用网页版发的，那他可能在有台式机的室内环境。再加上时间的辅助，可以判断他是在家还是在办公室，这也帮助我找到了我要找的关键人士。

其实，通过一个人的微博还能帮助我们探析他的生活习惯甚至性情。比如我会通过看采访对象的微博判断他有晚睡的习惯，这也帮助我在采访过程中获得采访对象的首肯。再比如我会看一个人的微博内容判断他最近干了什么，他

和他的家人之间的关系之类的。基本上，只要我需要接近某个采访对象，我都会把他在微博上发的东西从头读到尾，依据这些信息来判断此人是否靠谱。

张&刘：新媒体运用的策略之外呢？

季天琴：策略之外，我觉得价值观一定要稳定，不能以立场换信息。其实，之所以那个核心信息源愿意帮我们背书，很大程度上是因为《南都周刊》以前的报道。

张&刘：我们如何让对方感受到我们的价值观是对的，同时激发他内心的正义感让他肯帮忙？

季天琴：说实话，体制内人员对媒体的了解，远超媒体人对体制的了解，他们在体制内看得更深更透。我们2011年对重庆的报道还算是媒体报道中的亮色，这让对方对我们的媒体产生了认同。

张&刘：认同是取得信任的前提，接下来记者如何让对方开口并提供帮助呢？

季天琴：我认识我的核心信息源是通过中间人介绍的。其实这个中间人在体制内也有一定声望。所以他来为我背书，把我介绍给核心信息源，客观上对我取得对方的信任提供了保证。

张&刘：你是如何让对方完全信任你的呢，你把《起底王立军》的整个策划都告诉他了吗？

季天琴：告不告诉不重要，但是有一句话，所有的报道做到最后，都是在拼人品。

记者应该更注重专业化，而非会做人

张&刘：你认为这组报道有瑕疵吗，无论是写作或者传播的过程？

季天琴：缺陷和瑕疵肯定是有的，但主要是缺陷。缺陷方面，第一，主要是我们对王立军的经济问题涉及不够，因为没有这方面的材料支撑。第二，我们对过去几年重庆打黑的资本流向问题的调查也不太够。[①]

① 沈亚川在《转型社会中的警媒关系——以〈起底王立军〉为例》一文中指出：“因种种原因《起底王立军》并非完美无缺，仍然有相当多的缺陷，我以为主要体现在以下几个方面：1.没能涉及王立军案的辩诉交易内幕，特别是没能交代清楚王薄关系。2.没能涉及王立军本身的贪贿问题，这点其实已由纪委和法庭坐实部分。3.打黑资金流向问题没能涉及。4.王的作风问题。此点已为纪委通报证实，但恰恰是这个最为八卦的部分，我们也没有涉及。”

张&刘：还有一点，这组稿子的网络传播过程中，最开始是抛出了一篇综述性的导读，其他几篇主稿没有及时地跟进，这在传播上容易造成了一定的误解。你觉得这是一个问题吗？

季天琴：一是因为这个稿子的体量太大，综述稿是述评，提供了一个导读的作用；后期官方微博没有跟进，既有管制的原因，也是报社为了发行考虑，还是希望大家去买杂志。[①]

张&刘：《起底王立军》这篇稿子给你、沈亚川和《南都周刊》都赢得了巨大的声誉。南都年度大奖颁奖那天，你和沈亚川都盛装出席，那个时候有没有一点兴奋感和仪式感呢？

季天琴：无所谓仪式感。当时我收到邀请函的时候，上面写着一定要"正装出席"，我是第一次参加南都年会，没有想到大家衣着都很随便。当然，说没有职业虚荣心，那就显得矫情了，稿子传播度很广，也对采访对象有了一个交代。但对我而言，这种兴奋感延续时间不会太长。

张&刘：《起底王立军》这组报道对你和《南都周刊》有什么实质的影响吗？

季天琴：对于《南都周刊》来说，订阅和广告都有提升。对我自己而言，无非就是获得了职业虚荣心的快感，但这种快感很快就消失了。

张&刘：无论是在发布会还是别的公共场合，你看起来都不那么爱凑热闹。

季天琴：据朋友反映，我是那种不太有亲和力的人。除非气场特别接近，我不会第一次跟一个人见面，就拉着别人的手表现得很熟络，这个我确实是做不到。

如果我敬畏一个人，我也不会跟他说"我很敬畏你，你是我的偶像"，我会觉得那是对他的亵渎。当然，记者这个职业可能更需要的是热切地和他人搭讪，表现得熟络一点。

张&刘：这样的性格对你成为一个好记者会有怎样的影响呢？

季天琴：其实不太有影响。群访的时候，我肯定会显得比较边缘化。但如果有单独交往的机会，我会把功课做好，尽量表现得专业化一点。

---

① 沈亚川认为，技术上的传播困境，包括网络传播与纸质传播、部分传播与整体传播、传播与发行、管制之间的矛盾。这种传播困境造成的一个后果是，相当数量的评论者仅仅看到八篇报道里的一两篇稿子，造成了一定误解。

张&刘：你如何解读专业化的核心，它的实质内涵是什么呢？

季天琴：当你表现出你对这份工作有充分的投入，在涉及风险报道时，为采访对象考虑周到。记者这份职业，很多时候是仰仗陌生人的慈悲，我也会尽量让对方会感受到我们的真诚。

张&刘：本质上，让对方相信你低调、敬业，不是靠你故意做出来的，而是在那种场合下的一种比较职业的反应吧。

季天琴：对。当然可能跟我的面相也有关系吧，我看上去不像是一个面恶的人。

张&刘：这样的方法在每一次访谈中可能无法套用。

季天琴：是，无法套用。但我还是觉得，真诚很重要。在《起底王立军》快收尾的时候，我去找一位关键人士，之前很多人都找过他，都被拒绝了。我就明确地告诉他，我手头已有什么材料，也可以让他过目，只要他为我们保密，现在还缺些材料，临门一脚，希望他能帮忙。

张&刘：你的方法与有些调查记者的常规方法有些不同。有的记者其实手里没有料，但是他会说自己已经掌握了大部分资料了，如果你不接受采访，最后稿子也能出来，这样对你更加不利。

季天琴：其实，我觉得有的时候不用那么装。我这个人就是有什么说什么。我去找我的中间人的时候，我都会直接告诉对方，我现在知道的东西只有一些边角料，我心里很烦很焦虑，这些话我都会直说。我的原则就是不装，有什么说什么。

张&刘：所以可能也是你自己更加透明、坦白了，对方也才愿意相信你是真诚可靠的，才愿意跟你谈。

季天琴：对。对方也是阅历丰富的人，双方走近的时候，我在观察他的同时，他也在观察我，所以很多东西是藏不住的。

我对“理想”这个词有敬畏之心

张&刘：在取得被访者信任的这个过程中，你觉得跟你自己的性别有关系吗？

季天琴：我觉得没什么关系。我写《起底王立军》的时候，核心信息源后来告诉我说，其实当时也有其他媒体找过他，但是他都没有接受采访。他为什么帮我呢，是因为我看上去不那么功利。

张&刘：功利是指什么？

季天琴：就是急切地想要从别人那里获得什么东西。我这个人可能相对来讲比较木讷，不太会跟人家示好或者表现得很熟络那样。

张&刘：可是每一个采访对象接触记者都知道记者最起码有一个功利的想法就是想要从他那里拿到资料。

季天琴：这个当然是共同的 。每个记者都是为了拿材料，这是我们的工作。但是采访对象作为个体，他对眼前人自有判断。

张&刘：很多男记者在与采访对象打交道的时候，会用一些斗争性比较强的方式，去和对方较量。但是你的做法显得更私人化，更回到人和人在日常交往中所需要的东西。

季天琴：我个人感觉，可能记者与被访者之间的确存在那种紧张的对立关系，但是当我们两个单独的个体坐下来交谈的时候，私人化的交流和体验还是很重要的，让对方感受到你的真诚其实是最重要的

张&刘：你对自己的定位是怎样的？为什么你在接受一些采访的时候说不太喜欢别人给你贴上“调查记者”的标签呢？

季天琴：其实，沈亚川招我进《南都周刊》的时候给我的定位就是要做时政和法制报道，他觉得我是能够胜任这个职位的。我也没有想到，我一个整天宅在家里的人会跟转型中国的大时代中的那么多政治事件扯上关系。

我之所以不喜欢调查记者这个说法，是因为不少调查记者给人的感觉就是苦逼兮兮的。但是我自己做了那么多报道下来，觉得不致如此。

张&刘：所以你是不喜欢外界给调查记者贴上的道德化、悲情化的标签，而不是对这个职业本身有反感。

季天琴：对。我特别警惕这种自我悲情化、崇高化的倾向。

张&刘：作为女性，可能你天生的直觉比男性更加灵敏。这种直觉是可以被训练的吗？

季天琴：我的直觉在某些方面的确挺准的，尤其是猜八卦的时候。我觉得更多是天性吧。

张&刘：你也入职五年了，一年20万元左右的收入不算高。为什么能够相对知足呢？

季天琴：因为跟我一起毕业的同学他们都差不多这个收入水平，我同学

在外企，他们的收入也不高啊，还经常加班。而且我对生活的要求也没有那么高。即使我挤破了头往上走，又能怎样呢？我很不想为了还房贷拼命地给自己加压，不要成为生活的奴隶嘛。

张&刘：你说自己是个很淡定的人，但是你在2011年被《南都周刊》推为南方报业年度记者时写下的手记是《边奔跑，边喊救命》，看标题，这跟你淡定的心态不太符合啊。

季天琴：淡定是我面对风浪时不害怕，“边奔跑，边喊救命”是想抱怨自己的工作量太大了。因为淡定的人都有一个特点就是比较懒散，工作量一大，脑子里的弦一紧，就觉得自己七零八落了。

张&刘：你在手记中也提到了自己不喜欢用“新闻理想”这个词，为什么呢？

季天琴：我对“理想”这个词语是有敬畏之心的。我个人观察，很多人频频拉扯出这样的词汇，只是为了给自己撑腰。我挺怕自己像这样去倒人胃口，而且我胸无大志，确实是一个没有什么新闻理想的人。

媒体的职责就是这个社会的瞭望者

——专访财新传媒首席调查记者王和岩

王和岩

财新传媒首席调查记者，曾任《财经》杂志记者。代表作品《李庄案大转折》、《调查刘志军》、《西藏农行窝案》、谷俊山系列报道。2010年“三鹿奶粉大审判”报道，获得首届中国金融与财经媒体论坛“学院奖”优秀财经新闻作品奖，2011年最佳环境报道评选中，凭借《舟曲警报》获得最佳深度报道奖。2013年获年度风云记者称号。 2014年作品《检验“免费午餐”》入围第二届“中国公益新闻报道奖——益人奖”。

访谈实录

军队一旦有腐败事件暴露出来，它所引发的震荡可能是更大的

张志安、刘虹岑（以下简称张&刘）：谷俊山案从案发到报道出炉，经历了两年的时间。现在看来，对谷俊山案的报道可以分为几个阶段？每个阶段你的判断有什么变化？

王和岩：对谷俊山案的报道大概可以分为三个阶段。

第一个阶段是观望、关注阶段，从2012年的2月一直到2012年的11月中旬以前。我是2012年2月的时候得到同事陈宝成的消息，说谷俊山从国防部的网站上消失了。我立刻登陆

国防部网站，在总后勤部副部长一栏中，谷俊山的名字已经被拿下来了。我立刻写了条消息“总后勤部人事变动　副部长谷俊山已不在列”，当天下午刊发在财新网上，很快有不少媒体转载。从那以后我一直都在关注着他的动向，时不时地上网检索一下他的消息，哪怕就是一些只言片语或者论坛留言，也会向人去打听有没有关于谷案的说法或者传言。这个阶段大概就是这样。

第二个阶段是调查、采访阶段，从2012年的11月到2013年的3月。11月下旬的时候，编辑部派我去河南濮阳，谷俊山的老家。在濮阳的第一次采访主要集中在谷俊山的“家族企业”和他的亲朋好友、兄弟姐妹涉嫌贪污受贿、敛取暴利以及在当地为非作歹的情况。当时对这个选题，我觉得至少可以写谷俊山三弟谷献军的故事。当时军队的人我一个都还不认识，军队内部的管理运作模式我不了解，对谷俊山早年当兵的经历更是一无所知。

回到北京后，我通过各种渠道搜寻了相关资料和报道，梳理谷俊山任职于总后勤部期间，军队后勤建设的各种举措，发现了一些知情人士。之后，我又去了一趟浙江，对谷俊山早年从军经历进行了采访。从浙江回来之后，正好赶上谷俊山被“抄家”调查。这时已经过了2013年元旦，我跟编辑汇报后，又去了一趟濮阳，采访还原了“抄家”的场景，同时对之前的采访进行了补充。

我当时的判断是，谷氏家族被抄，意味着有关部门对谷俊山的调查进入一个新的阶段，前景趋于明朗，已经是不可逆转的了。调查行动有最高检察院和中纪委参与进来，军队纪委和检察院的人也有参与，谷俊山这个案子已经扩展到地方了。但是由于还没有走司法程序，形势还是不是特别乐观。

有关谷俊山贪腐的具体情况，这时我依然了解很少。于是我又在北京做了一些补充采访，包括对谷俊山的资料梳理和材料占有、研究、分析。2013年2月底的时候，调查和采访基本完毕。

3月下旬，初稿完成，上篇标题是“调查谷俊山”，下篇是“谷三的王国”，还有一篇配合性文章“重塑红色血统”，全文总共约2.5万字。后来刊发的时候对文章进行了精编。

第三个阶段就是长达11个月的等待。当时编辑跟我说，这个稿子先放一放。我以为顶多也就延迟一两个月刊发，没想到差不多等了一年。在这一年的时间里，我继续密切关注谷案的最新进展。当时我的心态比较纠结，一方面，我特别希望新华社能够发一个消息，哪怕仅仅是证实“他被调查了”这种消息；另一方面，也担心在漫长的等待中，说不定哪个媒体抢先报道了。

张&刘：你在做谷案这个选题的时候，如何协调长线报道和常规报道之间的关系？

王和岩：长期关注谷俊山这个人的动向，并不会影响到我的常规报道的采写。也就是心里要惦记着这个事情，一个星期、半个月抽空集中整理一下相关的消息。

在财新，记者都是几个选题一起进行的。因为有时候，像谷俊山这样的选题，持续时间比较长，要找人，到现场，搜索有关他的蛛丝马迹，很有可能在很长一段时间里都是没有收获的。如果天天都在等待，我更会感到焦虑。

张&刘：是什么让你对这个人产生了如此大的兴趣，在接下来的两年时间里都一直关注他的动向？

王和岩：谷案是涉及军队的调查性报道，在此之前，我还没有看到这一篇有关军队贪腐问题的调查性报道。我自己大概是在20世纪90年代初的时候，就对军队很感兴趣了。我那时候觉得军队是个很神秘的地方。

因为军队环境毕竟不像社会环境，除了法律、法规的监督和限制，还有军纪的限制。军队一旦有腐败事件暴露出来，它所引发的震荡可能是更大的，后果也是极其严重的。

像拼图一样把调查的线索拼成一个具有完整逻辑链的东西

张&刘：军队是高度封闭的领域，你是如何在这个领域一步一步展开采访突破的？

王和岩：主要还是在于对这个选题的执着吧。我非常想要把这个选题做出来，所以我会非常地坚持，会不断地去找人。有时候跟别人吃饭或者跟别人初次相识，如果对方提到军队，我马上会很感兴趣，问他在军队有没有关系，看能不能帮到我。有的时候明知对方不是军队的人，也会问问他的亲友有没有认识军队的人。反正我会利用一切关系去找人，不放弃任何一个可能的机会，就像大海捞针一样，一点一点地发掘，像拼图一样把调查的线索拼成一个具有完整逻辑链的东西。

在谷俊山贪腐问题上采访获得突破，就是来自于一次吃饭的时候认识的一位“忘年交朋友”。那是我跟那个人第一次见面，我听说他是从部队下来的。后来我在采访中给他打了一个电话，问他在部队有没有战友。我想，以他的年纪，他的战友在部队级别比较高，他们的消息渠道要比我们灵敏，消息的准确度也要高。后来，他帮我去问了两个人，之后我就得到了一点线索，我顺着这些线索去调查，结果在贪腐那块就有了一些突破。

记者做调查采访最难的就是突破，而突破的关键就是找到知情人，搜集到相关信息和情况。找知情人是一件很难的事情，但是有时候，当你不断地去努力挖掘的时候，机会也会出现在你面前。但是“运气”的成分有多少，还是要看你尽了多大的努力去找人。

张&刘：2013年1月初，你在网上找到了谷俊山的战友。当时只有一个人跟你联系，你是如何说服他信任你，并帮助你调查的？

王和岩：当时我在网上看到他对谷俊山有一个评论，我觉得他可能对谷俊山这个人比较了解，对他的案子也有一些看法，所以我就联系了他。但是他并不是那个最终对我的调查帮助最大的人，只是他具有朴素的正义感，比较愿意跟我谈这个事情。后来他把他的另一个战友介绍给我，是他的上级，对谷俊山的事情非常了解。后来我让他给他的上级，就是那个战友打了一个电话，我通过网络开始跟这个人聊谷案。

一开始对方也不愿意谈，但是我一直在努力说服他，他也没有把话说得很死，那么只要对方不直接把我拉黑就是有希望的。我就一直跟他在聊，后来他说了一句话：“你就这样在网上采访吗？”我说，如果你愿意见我，那我肯定是很高兴的。他回复说，那就等见了面再说吧。我得到这个信息之后，立刻打电话给编辑，第二天一早我就飞了过去，坐大巴赶到他所在的小镇，住进宾馆，给他电话说，我已经到了。他还挺吃惊的。

当天下午他就到酒店来了，一开始还是不愿意聊，我就一直说服他。他对部队是有情感的，也不愿意部队被一帮腐败分子弄得乌烟瘴气，他也有朴素的正义感在里面。后来我们慢慢聊过去他在部队的日子，聊那时的谷俊山。

张&刘：你第二天就到了采访对象所在的城市，对于他而言也是一种施压。

王和岩：是这样的。采访这种事情是瞬息万变的，采访对象一会儿一个主意，完全有可能变卦。所以有机会与采访对象见面时，绝不要拖拉，要以最快的速度出现在他身边，让他来不及反悔。

而且，你在他的面前和你通过电话跟他交谈是不一样的感觉。中国人总是讲情面的，我去到他的城市，他也不好不见我一面。我一直有一个观点，就是报道要有“现场感”。我去找一个采访对象，如果能见面，绝不会电话采访。尤其是比较重要的采访对象，当我知道他的住所或联系方式，我会直接去他住所或单位找他，一次不行两次，两次不行三次。能见到采访对象就是成功的一半，突破的可能性就比较大了，而如果不见面，是比较难突破的。

见面之后，双方有信息的交流之后，比较容易建立起信任感。随着交谈的时间长了，彼此了解得更多了之后，信任感会更加的宽泛和强烈，这是通电话或者网络交流所不能提供的。将心比心，一个陌生人给我们打电话或者在网络上聊天，问一些比较敏感的事情，我们也有芥蒂，心同此理，大家都是一样的心情。

张&刘：假如我是他，我可能会信任你这个人，但是我会有顾虑：你们的报道最后到底能不能出来？我帮的忙会不会白帮了？

王和岩：他当时是表达了这样的想法。我也没有向他保证我一定能刊发这个报道，我只是说我们会尽最大的努力去做这个调查。我也给他看了我过去写的一些东西，让他知道我一直在做这类型的报道，对我有更多的信心。

张&刘：“深喉”往往是一篇调查性报道的关键所在。你是如何保护“深喉”的？

王和岩：从事调查记者工作以来，到目前为止还没有一个“深喉”因为我的疏漏给他带来麻烦的。

我作为记者来说，非常注意保护我的线人。因为我做完采访之后，我就离开了那个地方，但是我的线人会一直生活在那个地方，如果我不是特别地注意保护他们，将他们的信息泄露出去的话，我就相当于把他们置于了一个非常危险的境地。如果我给我的采访对象带来这样的伤害，我肯定是不能原谅自己的。保护线人，不仅是记者的底线问题、职业道德问题，也是一个技术问题。

首先，当我到一个地方去采访的时候，我不会告诉别人我去了那里，也不会告诉一个采访对象我还采访了其他什么人，哪怕他们之间认识。对于线人来说，多一个人知道就多一分风险。其次，涉及一些难度较大的采访时，我不会在电话里称呼对方的姓名，也不会介绍自己。

调查性报道是一个媒体立身之本

张&刘：关于谷俊山贪腐的这组调查报道，早在一年前已写就，但因种种原因一直无法发表。该系列调查报道发稿前，发稿编辑还提醒你说：此次也无法保证一定可以发表。你当时怎么调整自己的心态的？

王和岩：实际上在2013年，财新编辑张进跟我说这个稿子先放一下的时候，我以为就最多放一个月，但是我没想到会放11个月那么久。

当时我们做了两个版本，一个版本是在一两个小时内，把五篇稿子都发出去；还有一个版本是分两三天发完。后来我们采取了第二个办法。

张&刘：你有没有想过，如果这组报道出不来，用什么别的方式来呈现报道？

王和岩：我想在短时间内不会。因为这首先是我的一个职务行为，我要对我所在的媒体机构负责，我所有的采访成本都是由单位来承担的，所以我的稿子应该首发在这里。

张&刘：现在看来，你认为谷俊山的这组报道有瑕疵吗，无论是写作或者传播的过程？

王和岩：好多事情都是预先不可控的，尤其是传播这一块。现在的呈现形式是把我以前的三篇文章的结构变成了五篇特稿的形式，几乎是把原来文章的两三个小标题合成了一篇文章。其实大的架构上没有太多的调整，还是按照原来我的写作思路来的。

张&刘：你采写的这组谷俊山的系列特稿在财新网发表之后，遭到十数家媒体在网上非法转载侵权。作为记者，你想过为自己维权吗？

王和岩：维权的投入如果从经济上说根本就划不来，因为投入的时间、精力和最终得到的回报根本就不对等，所以面对侵权我更多的是一种无奈。就算打官司打赢了，我们获得的补偿也是远远不能抵消各种成本的。

再说了，做调查记者本身压力就比较大，也容易焦虑，如果要把精力分出去做这些事情，我就没有休息和生活的时间了。

张&刘：在你看来，深度报道屡遭侵权原因何在？

王和岩：原因很多。首先，调查报道会引起更大的社会关注和反响，尤其是互联网媒体非常看重点击率。一般来说，调查性报道这种高度瞩目的题材是比较受欢迎的。

另外，知识产权方面的法治约束相对滞后。无论是剽窃还是抄袭，这些作为的成本都非常低，受到的惩罚又是微不足道的，这种违法可以说几乎是“零成本”，直接复制、粘贴、转发，几十分钟就能完成，带来的点击率和流量、广告投放则源源不断地上升。总体而言，我们国家对于知识产权的保护力度是远远不够的。

张&刘：在这样的媒体生态环境下，越来越少的媒体愿意投入大量的资源做调查性报道了。

王和岩：我认为调查性报道是一个媒体立身之本。一个记者就应该提供高质量的、说真话的、客观中立报道事实的新闻。媒体的职责就是这个社会的瞭望者，媒体人应该永远站在这艘航船的前面，瞭望大海，发现前方什么地方有暗礁，发出及时的预警。媒体对公权力的监督和对公民权利的捍卫，都是媒体不能放弃的职责所在。

不能说由于做调查性报道的成本高，我们就不做调查性报道，都去做别的，那肯定未来是死路一条。因为你的媒体没有公信力了，没有公信力就没有人去看你的报道。

调查记者要做到现场的零距离

张&刘：财新传媒总编辑胡舒立认为，好的记者必须有三种能力：突破能力、分析研究能力和写作能力。在你看来，这三种能力中最重要的是哪一个？

王和岩：可能一开始做调查记者的时候，突破能力是最重要的，需要一些人脉资源去帮你打开一个领域。但是随着做调查记者的时间长了，当你的经验积累到一定程度，分析研究能力就越来越重要，甚至超越了突破能力。因为它为我的突破和采访提供了路径和方向，也会让我迅速地对一个选题做出正确的判断。

我做一个大型的调查报道，会尽量占有相关材料，通过大量阅读，以求得到较为清晰的认识框架和价值判断，包括逻辑推理。然后按照这个方向努力，往往会取得比较好的结果。这样做，比你对这个事情没有判断，通过“试错”“四面出击”去突破要更有效率。

做调查记者12年，我感觉人脉的积累远远不如在一个领域经验、知识的积累来得重要，因为你不可能在全国任何一个地方都有人脉。很多时候，做一个选题我需要到一个完全陌生的城市去展开调查。现在我到一个地方去找人的时候，不会再像年轻时候那样，找不到人的时候很焦虑、没有底，我现在有这样一种认识：只要你去现场，只要你走出宾馆的房间出去采访，去找相关的人和事，或多或少都会有收获，只是收获的大与小的问题。调查记者要做到现场的“零距离”，尽可能地实地采访，找最接近事发地的人。

张&刘：要培养记者的突破能力，应该从哪些方面着手？

王和岩：突破能力的提升就是靠笨办法，就是不断地找人。找人的方法也有很多，在线上这块，我没有特别先进的搜索方式，就是用百度的和谷歌的高级搜索找，不断变换搜索词去找，我自己有时会为找一个人翻100多个网页。当你翻到100页的时候，你还没有找到人，你就再翻到101页，没准就找到对你有用的东西。

在线下，我也没有什么特别的方法，就是到了一个陌生的地方会去求助当地的同行。他们对当地的情况和事件会比我更了解，至少他们会给你提供一些采访的路径和方向，这会缩短采访时间，减少采访成本。除此之外，我也会给我的同事、朋友、家人打电话，问他们在那个地方有没有关系，也就是这样了。

像谷俊山这种题材，这两年来我会时不时问别人军队里有没有朋友，有没有认识跟军队相关的人。另外，我也会通过梳理谷俊山的履历，帮助我寻找采访对象。通过梳理履历，你就能了解到他在哪些地方做过什么事情，可能有哪些人了解他的情况，从而更好地锁定采访目标。

张&刘：在什么情况下你会和同行协同作战，共同完成一篇报道的采写？在你看来，协同合作的“度”或者说“边界”在哪里？

王和岩：一般来说选择合作的情况并不多。记者尤其是调查记者，更多的都是单打独斗的状态，不会跟别人说自己最近在做什么题目，往往是我的报道都出来了，别人还不知道我去了哪里采访。

张&刘：新媒体时代，很多时候通过网络就能完成采访。对于深度调查报道而言，实地采访与网络采访相比，有哪些方面的优势？

王和岩：实地采访能够帮助记者建立起感性的认识，网上说一千道一万，不如你亲眼见一下来得更真实。

张&刘：之前你就职的《财经》和你现在所在的财新都是以专业性著称的。在写作方面，你是否有平衡可读性和专业性的困惑？

王和岩：从《财经》一直到财新传媒，我们的文本在业界一直是有争议的，我们自己也不是很满意，也试图能够寻找一个既能表现专业性、又有可读性的表现文本，但现在好像还是没有取得比较好的效果。我自己首先考虑的是专业，其次考虑的是可读性、故事性。

我做的领域更多是政经和民生，是比较贴近老百姓的那一块题材，所以专业性方面的要求是相对较低的。有一些选题涉及错综复杂的事件和一些专业材料的解读，这部分内容故事化的难度会很高，受众的反应也并不强烈。这个时候我就会想，我写这篇稿子是为了告诉读者什么，把这个新闻最吸引人的地方用一句话概括、提炼出来，放在开头，吸引读者来看，再通过文章的谋篇布局和叙事吸引读者往下读。

产经和金融方面的写作力求讲好一个故事，将比较专业 、比较枯燥的数据和材料，以更为通俗易懂的方式解读，为受众所喜欢、所接受。实际上，产业、金融这一块内容也有它们自己特定的读者，这些读者也是具有一定专业知识背景的。

职业疲惫感不是来自于年龄或身体，而是重复做同样的东西

张&刘：在新媒体时代，你观察到的不同国家的调查性报道的形态和定位发生了怎样的改变？

王和岩：国外的调查性报道，例如法国和德国的调查性报道，并没有中国的调查性报道那么丰富多彩的选题，也不像我们那样惊心动魄。

中国当下正处于社会转型的时期，每天的热点新闻层出不穷，但一些发达国家社会形态比较成熟，监督机制比较完善。比如，法国的同行的调查报道已经经历过了爆炸式的粗放的形态，进入精耕细作阶段。再比如，在德国要建一个火车站或者要拆一个火车站，这个选题可能让当地的媒体做30年。

选题的相对匮乏给他们也造成了一定的难度，他们会有很多策划性的、思辨性的选题。可能在我们看来，那种选题可能我们都不会做，因为在中国是新闻事件在找记者，是新闻事件在撞击记者的眼球。

张&刘：除了在选题上，在调查性报道的操作上国外的媒体与国内的媒体相比有何不同？

王和岩：他们会与读者有比较多的互动，会让读者更多地参与调查性报

道的生产过程。比如，法国的一家媒体想要调查一个地方的水价在30年的时间跨度里是如何变化的，是否与经济发展水平、居民收入增加吻合。他们会在网上做一个地图，尽可能让当地的每一户居民为他们提供自来水的价格，还扫描自来水的价格收据给他们。这个报道就相当于是当地的居民帮他们完成的，读者从内容的观赏者变成了新闻生产者。

这样的读者参与新闻生产的方式目前在中国还很少见。原因之一是在中国绝大多数时候调查性报道的题材还是新闻事件的爆发，而非这种策划性的选题，我们更多的是借助于读者寻找目击者、知情者，但最后形成报道还是要靠记者独立完成。

张&刘：你曾表示，国外的记者与中国的记者相比多了一份淡定从容。在你看来，背后的原因是什么？

王和岩：国外的同行跟我们相比，没有那么焦虑。我在法国参观了两家媒体，网络媒体的从业者年龄显得轻一些，但是也没有轻得像中国这样。像我们去世界邮报，绝大部分记者编辑是在40岁以上的年龄。所以你跟他们交流的时候，我感觉他们跟我们相比更多了一份淡定。

一方面，他们处于相对来说福利保障制度更健全、言论更开放的社会。在中国，记者更多的是在吃青春饭，不像国外的记者，能干到40岁、50岁，因为年轻记者会为未来焦虑，会觉得未来是没有保障的。

另一方面，我觉得他们还是更看重新闻理想，我们原来说，你挣的钱更多了，生活就更好了，但是他们好像还是更在意新闻的理想主义。我感觉他们不像中国记者，我们不知道明天在哪里；但法国是比较成熟的社会，他们至少不为明天焦虑，而我们为明天焦虑。

张&刘：为什么不少记者到三十多岁的时候，都容易感到倦怠甚至厌烦，但在你同事的眼中，你还是保持着非常积极的状态。你是如何克服职业疲惫感的？

王和岩：职业的疲惫感不是来自于年龄本身，也不是来自于身体本身，而是我不能做我自己想做的一些选题，这会带给我职业的倦怠感，因为我只能重复做一些东西，这让我很失望。处于这样一种环境，记者本身只能忍耐，盼望，坚持。

记者更多地需要克服职业的无力感，要对这个社会有所认知，对人性有所认知。套用一句话就是："没有人能随随便便成功。"

张&刘：有观点认为，在中国的媒体生态环境下，记者拿“红包”可以被谅解。你如何看待这样的观点？你平时遇到这种情况的时候如何应对？

王和岩：拿“红包”肯定是不对的，因为记者是去工作的。从《财经》到财新，我所在的单位一直有规定，记者是不能拿“红包”的。但是在中国，记者拿“红包”的行为还是比较普遍的，虽然不是什么大恶，但是总归是不好的。

或许有人对单位禁止记者拿“红包”的行为规定不以为然，但我认为，拒绝“红包”会让别人更尊重媒体人。我有一次去参加一个律师、媒体圈的聚会，我以单位有规定为由婉拒了“车马费”，当时主办者投过来的惊讶一瞥里充满了敬意。

另外，收“红包”也不利于记者的专业判断，有的活动新闻价值并不突出，但是因为记者收了钱，就应该为别人写稿，但是这个新闻产品实际上是达不到质量要求的。

焦虑是调查记者的常态，遗憾是新闻作品的特质

张&刘：你曾说，你觉得自己在做新闻的时候是“一根筋”。“一根筋”对于你调查记者的职业生涯而言有何影响？

王和岩：就是更加执着吧，因为我对这个事情感兴趣，我就要刨根问底。对于自己认定的题材，只要不受到不可控的限制，就一直会跟下去，不断地寻求突破。

张&刘：“一根筋”的执着会加重你的焦虑感吗，尤其是在调查过程中一无所获或者稿件无法刊发的时候？

王和岩：焦虑是调查记者的常态，只能是自我调节，其实做选题做多了就不急了。年轻的时候做调查记者，在一直突破不了的时候会有一些挫败感，但是现在不会了。因为记者这个工作不可能永远一帆风顺，永远满载而归。新闻是充满遗憾的产品，任何一个选题都是一样的，这是新闻的一个特质。只能通过后续的追踪报道去告诉读者你对这个事件的认识。

张&刘：女性调查记者与男性调查记者相比，有哪些优势和劣势？

王和岩：我认为女性记者的主要劣势在于体力不及男性记者，特别是在一些突发事件的报道上。但是女性的优势也有很多。第一，女性具有天生的

亲和力，不容易给别人产生一种威慑力，对方会对你的警惕心态和敌意心态比较小；第二，女性的动机更加纯粹，比较感性，没那么功利，所以也就更愿意做一些自己感兴趣的事情，做自己喜欢的事情更容易投入，更容易降低对回报的期望，因而也会做得更加从容，愿意为一个选题付出很长的时间去做。

张&刘：调查记者，尤其是女性调查记者，如何在比较危险的调查环境中搜集证据、完成调查？

王和岩：遇到危险的调查环境，心理上多多少少会有一些紧张吧。我的处理方式就是避免与采访对象发生冲突，不要硬碰硬，不要激怒对方，要机智应对，化解紧张。同时，多站在对方的立场上考虑，理解基于他的立场下他所做出的反应。另外，还要淡化与采访对象个人的对抗意识，而认识到双方代表的是不同的机构能够有效地减少冲突。

我曾经有一次采访水污染的企业，结果被企业发现了，企业和环保局的官员就不让我们报道。一开始我们双方剑拔弩张，有点敌对情绪，双方都比较紧张，后来吃饭的时候，对方的警惕就降低了，向我们倒了很多苦水，也对我们认识这个事件有帮助。

一般遭遇冲突时我会跟对方说明情况，我会告诉他们："我回去之后会跟编辑部汇报的。"这就是一种策略，不要刺激对方、加深对方对你的敌意。而且通过这样，也可以淡化与采访对象个人的对抗意识，而认识到双方代表的是不同的机构。

张&刘：在新媒体时代，调查记者的生存空间在不断被压缩。调查记者这一行最大的魅力是什么？

王和岩：做调查记者最大的魅力就是这份工作会让你的生活充满了激情。你会对未知的世界永远感兴趣，永远有探索和发现的欲望。我当年选择做调查记者就是因为我自己很喜欢这份工作，所以我想把做记者的职业生涯尽可能地拉长。做调查报道，它需要的更多的是你踏实、认真，不断地去做一个又一个的调查。

张&刘：你有想过转行吗？

王和岩：到目前为止，我还没有想过要转行。没有任何一个职业像记者这个职业一样，能够让我保持持续的新鲜感和激动感。

张&刘：在当前的媒介生态环境下，职业荣誉感或虚荣心对于年轻记者而言有一定自我激励的作用。对于资深记者而言，如果没有特别多这方面的感觉，会依靠什么动力在记者这条路上一直走下去呢？

王和岩：我们这一代人身上可能还是有一些理想主义情怀在里面，尤其是我自己，我是有比较重的理想主义情怀。

我年轻时以为记者就应该像《焦点访谈》里面的记者一样，眼神特别锐利，语言也非常犀利，反应特别快，说话都是咄咄逼人的。在我做了那么多年的调查之后，我回过头来看，发现记者其实不是这样的，真正的调查记者不应该仅仅是那个样子的。

真正的调查记者是应该脚踏实地的，持之以恒的，有着一种理想情怀；既不悲情，也不张扬，不对未来有特别具体的期许，不会对报道的效果有所预期。

在我看来，仅仅是做调查的过程，就已经让我充满激情，何况还有稿子刊发时短短的愉悦。还有什么能比做自己喜欢的调查更快乐的？

物证高于人证　谣言难逼真相

——专访知名网络爆料人周筱赟

周筱赟

广州媒体人、知名网友、资深网络爆料人。近年来，通过以微博、博客、论坛为主的自媒体平台独家揭露或主要参与揭露的中石化天价酒事件、卢美美父女“中非希望工程”事件、铁道部12306订票网站亿元合同等公共事件。曾先后获颁天涯社区2011年度爆料人、腾讯网2011年度深度记者奖、《每日经济新闻》2011年度致敬人物、奥一网2011网络十大公民、2012网易年度影响力博客、央视新闻周刊2012年度人物之一、腾讯·大粤网2012广东影响力年度人物等荣誉。

访谈实录

爆料动机不重要，证据确凿才重要

张志安 刘虹岑（以下简称张&刘）：一般而言，你判断自己是否要进行网络爆料的标准是什么？

周筱赟：我判断是否要介入的最重要的标准是公共利益，也即公共性。我们可以在理论上说个人利益是公共利益的基础，但是具体到现实中，一个事件的公共性有大有小，如果仅仅涉及一两个人的个人利益而不涉及更广泛的公众利益，这样的事件我一般不进行爆料。比如我经常接到劳资纠纷的爆料请求，如果只是孤立事件而非大面积现象，我就会建议他到劳动执法部门去投诉解决，或者找劳工NGO。

第二个原则就是要有确凿证据。我每天都接到大量举报，但最后真正进行爆料的只是其中很小一部分，其中最主要的原因，不是没有涉及公共利益，而是因为证据不够确凿。比如最近，某记者因为写了稿子发不出来，也让我爆料，是关于食品安全的，涉及公共利益。但我跟那个记者说，我的爆料是很谨慎的，拿到一个材料要经过各方核实、证实材料真伪后才会爆料。

张&刘：具体来说，你如何判断要爆料的证据是否确凿？

周筱赟：我从来不采信人证（包括口述材料的书面记录），只采信书证和物证。对于传统媒体来说，依照新闻专业主义的标准，如果有三个以上不同信源，人证也是可以采信写入稿子的。但我作为网络爆料人，要用更严格的"法律专业主义"标准要求自己。人证在法庭上的法律效力是非常差的，因为人证太容易被误导、被诱导、被胁迫，如果双方各执一词，就完全成了罗生门了。所以我就干脆不采信任何人证，哪怕是当事人的口述。

我所谓的确凿证据，也就是书证和物证，包括但不仅仅包括视频、照片、录音、发票、合同、法律文书、政府文件、银行票据等等。视频、照片等是最直观的证据。最近的一系列官员艳照门、表哥表叔表嫂门，都是被网友发现了视频或照片，完全无法抵赖；发票、法律文书、政府文件、银行票据等都是有编号的，几乎无法伪造，或者说伪造的后果非常严重。比如伪造增值税发票属于严重的刑事犯罪，最高可判处死刑。但上述证据还需要多方验证，比如我发布八问铁道部公开信，要求铁道部公开12306订票网站招标详情[①]，就有一位神秘的线人给我两份铁道部和太极股份的合同，数额高达2亿元。我当时很怀疑合同可能是伪造的，担心被人"钓鱼"。而我和线人根本无法联系，他的天涯ID、邮箱都是临时申请的，只登陆过发给我合同的那一次。

我去查询太极股份的年报，并没有相关信息。但后来发现，两份合同都有招标编号，根据相关法律规定，超过300万元的项目都必须公开招标，而这两个招标编号在多家招标网站都有，且合同名称和内容完全符合，这证明这两个招标项目存在；所有的招标项目都有中标公告，我也查到了这两个项

① 此次爆出的两份合同显示，早在12306网站3.2亿元投入之前，铁道部就已先期投入2亿元向太极集团购买网络设备，据此计算12306网站投入实际已超过了5亿元。

目的中标公告，就是太极股份中的标。这两份合同的基本要素都是真的，因此，我就大体可以做出判断。

张&刘：常规的新闻报道，辨别爆料者的动机也是判断消息源可信度的参考依据之一，相对来说，没有直接利益动机的消息源比有利益动机的更可信。你丝毫不会考虑线人的爆料动机吗？

周筱赟：对于我来说，爆料者的动机不是那么重要，重要的是他爆料的内容是否真实，以及是否涉及公共利益。动机可以作为判断爆料真实性的参考，但没那么重要。我一般不会去主动追问动机，对方愿意主动透露除外。有时候，我会从对方的身份来做判断，比如卢俊卿父女“世界杰出华商协会”和中非希望工程事件[1]，爆料人是卢俊卿公司业务员，还是被卢俊卿忽悠的企业主。

有人问我：你这样会不会被人利用啊？我觉得，不会。为什么是我被他利用来打击他的对手，而不是我利用他来维护公共利益呢？比如在中石化天价酒事件中，我明确知道，其中是有内部博弈的成分。但是，中石化公司动用数百万元购买天价酒用于个人消费，这些钱全部计入了油价，这就严重侵害了公共利益。再比如国内著名的两家乳品企业，一直在互相揭露，这种行为对公众当然是有好处的——如果不是他们互相揭露，公众可能不会意识到中国的乳业存在这么多问题。

线人、律师、公知和媒体人是网络爆料的重要资源

张&刘：你在网络爆料过程中，进行广泛传播和社会动员的重要资源有哪些？

周筱赟：首先，拥有大量的线人资源是最重要的。积累线人，主要靠此前几乎“一旦出手从不失手”的爆料，以及从来没有任何线人在我手上暴露，由此建立起自己在“网络江湖”的地位。这会让线人对我有充分的信任感。其次是律师。在我的网络爆料中，律师作用非常大，主要有两方面作用：律师有调查取证权，可以提供线索；律师也可以作为法律顾问，重大的爆料内容，我写好后基本上都会请律师审定，在法律上要无懈可击，规避可

① 2011年周筱赟获得内线提供该公司内部文件多达数百件，公开揭露卢俊卿借会敛财，涉嫌传销和诈骗。

能的法律风险。我的爆料一般是陈述一个有书面证据证明的事实，尽量不下结论，如果要下结论，要听听律师的专业建议，比如我说“涉嫌违法”而不会直接说“违法”，因为是否违法不是我说了算。所以我揭黑爆料至今，还没有被人告上法庭。卢俊卿虽然扬言我诽谤了他，却反而被我告上了法庭。

至于社会动员，我的主要方法是发动大批活跃在网络上的公共知识分子和意见领袖参与转发。这些人主要体现为微博大V用户。我和他们中的大多数关系不错，有一些是此前见过面，有一些是没见过但互相知道名字。他们中不少人经常主动转发我的爆料微博，如果是重要的爆料，我会到关注名单中去逐个发私信，发出四五百条私信。虽然不是所有收到私信的都会转，但只要有几个大V用户转就会有影响力。我的爆料微博，一般都能被转发数千次，上万次的也不少，最高的一条转发四万多次。其实，看看我的粉丝和关注对象，就可以勾勒出我的网络社交圈。粉丝数100万以上和我互粉的就有李开复、韩寒、薛蛮子、李承鹏、陈志武、宁财神、欧阳奋强、于建嵘、胡海泉、钱钢等。

张&刘：你会用怎样的方式去和这些大V用户保持信任关系，如何去经营和扩大你的社会资本呢?

周筱赟：有一句话说得好：“打铁还需自身硬。”如果你有拿得出手的文章，有说出来大家都知道的公共事件，这些名人大V自然会尊敬你、信任你。我并不经常参与名人饭局，主要还是靠文章和媒体报道的影响力。有一次，我去参加一个饭局，自我介绍是周筱赟，席间一位名人马上主动来和我交流，让我受宠若惊。

当然，和这些名人交往，最重要的是真诚，不要刻意做作，不要阿谀奉承，不卑不亢、平等交流，这样对方反而会更尊重你。因为我在媒体工作的原因，国内主流人文社科知识分子我基本都认识，经常会主动沟通，交流看法。我发现我每爆一个猛料后，就会有一些大V用户主动关注我。对有些没关注我的大V用户，我会主动向他们“求关注”。

张&刘：专业媒体人也是你的资源类型吧?

周筱赟：对，专业媒体人也是。我刚才说发四五百条私信求转发，一部分是网络大V，还有一部分则是专业媒体人。看他们微博的人可能是记者，他们转发后，我的爆料信息就能在媒体记者圈内传播，可能就会有记者跟进报道。我发了微博之后，还会到媒体记者的QQ群去发消息，比如蓝衣群、东八区、第九世界通讯社、传媒江湖群、凤凰博报群、天涯爆料、凯迪原创官方联谊群等QQ群。很多媒体人我都是通过QQ群认识的，认识之后下次有什么料要爆，就会通过QQ来沟通。

张&刘：你接到爆料线索之后，既会对证据材料进行甄别，也会进行互联网调查和核实，能否系统总结下这方面的经验？

周筱赟：首先，要有正常人的逻辑和常识；其次，要求对方提供确凿的书面证据。如果事件本身关乎公共利益，我就决定爆料，要对这些证据材料进行核实，判断其真实性。核实的方法具体如下：

视频——假设获得某官员的性爱视频，要通过官方网站或媒体报道找到他的照片，跟视频进行比照，判断是否他本人。不能轻易下结论，除非有明显特征（如重庆雷政富事件）。此前网络上已流传多个张冠李戴的所谓官员性爱照片或视频事件。

录音——不能轻易采信，因为很难确认录音中的说话者就是当事人指控的人。

发票——普通餐饮发票不要轻信，此前有人贴出抬头为红十字会的餐饮发票，消费高达一万元，后被证明系恶作剧。因为谁都可以自称是红十字会而要求饭店开发票。但增值税发票一般不会伪造，因为伪造增值税发票是刑事犯罪。

合同——核实是否是真的合同，数额超过300万元的必须公开招标，可在网上查到相关信息；如果不是巨额的政府项目合同，只有靠申请政府信息公开的途径来确认其真伪。

政府文件——可根据文件编号到政府官网核实，如无该编号，可通过其他证据来判断真伪。如江苏阜宁县61名刑满官员重新入编事件①，政府官网查不到该文件。线人向我提供了61名官员的名单，我又查阅到此前当地媒体的报道，于是确认该文件真实性。

法律文书——包括法院起诉书、判决书、公安笔录、报警回执、验尸报告、验伤报告等。如来自律师，通常比较可信。因为律师作为法律工作者，知道伪造的后果。

网络搜索——设置关键词要有技巧，比如“人名+地名”，然后逐个翻

① 2012年7月30日，周筱赟爆料编号为“阜政办发〔2009〕152号”的政府文件要求对江苏省盐城市阜宁县61名刑满官员进行安置，且部分官员存在吃“空饷”的现象。

阅，耐心查看。

图片——谷歌和百度都有一个功能，可以上传一张图片，将类似图片全部找出来，就可以找到图片的原始来源。

数据库——充分利用百度“文库”，会有很多意想不到的发现。例如卢俊卿公司某些内部文件，我就是在百度文库发现的。

要用更严格的法律专业主义标准来要求自己

张&刘：在你看来，网络爆料遵循的新闻专业主义，与传统媒体相比有什么异同吗？

周筱赟：网络爆料也需要新闻专业主义，而且由于现在网络爆料鱼龙混杂、谣诼不断，更加考验网络爆料人的新闻专业主义精神和规范。

我在中山大学传播与设计学院做“财新传媒卓越驻校记者”时，给学生讲课时曾提出个概念——“单一指向性的因果关系”，即证据和结论之间逻辑关系的要求。比如网上曾流传一张图片，说已落马的茂名市委书记罗荫国有情妇多名，且有收藏女性内裤的癖好，图片是地上有一堆女性内衣裤，边上是一名警察。所谓“有图有真相”。但这是真相吗？不是。因为这不是“单一指向性的因果关系”。一名警察站在一堆女性内衣裤边，和罗荫国是否有收藏女性内裤的癖好之间并不是单一指向性的。这不是这张照片的唯一解释。果然经过检索，我发现这张照片是江西南昌警方抓获一名恋物癖男子盗窃女性内衣裤的新闻配图，和罗荫国毫无关系。网络的兴起和应用，对新闻专业主义提出了更高的要求。但所幸技术手段也在提升，比如互联网有海量的图片，以前只能靠“人肉搜索”，发动网友去找原始图片，而现在谷歌和百度都有上传图片查找类似图片的功能，找到图片原始来源就方便多了。

张&刘：网络爆料人要保持独立，其实并不容易，比如不为利益所动、不被批评对象所收买。为什么“利”不能打动你呢？

周筱赟：据传，少数所谓的网络爆料人，其实是靠网络发帖来收钱谋生。我有自己相对稳定的媒体工作，有一份自己觉得比较满意的收入，我不需要靠网络来赚钱。我在生活中也没有太多的费钱嗜好，我不赌博，连打牌都不会，也不嗜好烟酒，对名牌也没多大兴趣。所以我想不出，有什么利益能打动我。

我揭露江苏阜宁县61名刑满官员入编事件后，先是宣传部门领导带队到报社来找我，但没找到我。之后，有自称某杂志社编辑的人突然联系我，问我要银行账号，说想约我写稿，先预支稿费。我觉得非常奇怪，根据他的名字和手机号码检索后发现此人开了一家文化公司，我立刻就请当地的律师去查工商资料，查出该公司的法人代表就是江苏阜宁人。这属于利诱。

我对色诱也很警惕。上述利诱刚发生后，网上突然有人自称美女模特，说是摄影爱好者，想发照片给我看，发了很多暴露的美女照片过来。还自称是美国某跨国公司亚洲区副总裁，是典型的“白富美”，我就觉得有问题，所谓“无事献殷勤，非奸即盗”。我当然也不排斥网络交友，我的前女友就是网上认识的。但我和那个自称是美女模特的人聊了几句后，就发现她对我的网络爆料一无所知，这就太蹊跷了。她还曾半夜要我去找她，被我断然拒绝。我事后咨询了律师，律师说不要和她见面。

张&刘：与传统调查记者相比，你更强调自己的独立性，也更强调物证重于人证。这些都是网络爆料和揭黑有别于传统调查报道的特点。

周筱赟：对。作为传统媒体，更有公信力，就算出了什么纰漏，还是有一定补救措施。但作为网络爆料人，公信力完全是靠个人在维持，让我不得不更谨慎。所以传统媒体的调查记者可以在多方求证后仅凭不同人的口头叙述就确定事实，这是符合新闻专业主义的。

我觉得，用新闻专业主义来要求自己还远远不够，要用更严格的“法律专业主义”标准来要求自己。从法律角度来说，人证必须出庭并接受对方律师的质证，而且一旦出现人证与书证、物证冲突时，只能采信后者。不过，现在网络揭黑存在的问题是，很少有人用“法律专业主义”来要求自己，往往是道听途说就在微博发布消息。比如我在爆料中华儿慈会的同时，有加V用户在微博爆料称：“据说某两位明星的基金很黑，是他们夫妇的小金库。”我对这个基金没有研究，不确定是否真有问题，但“据说”二字竟然都可以用来爆料，实在太滑稽了！而这样不靠谱的爆料，竟然被转发2万多次，第二天还登上了几乎所有报纸的娱乐版头条，这说明网络的舆论生态、证据意识和逻辑思维太欠缺了！

娱乐化手法不是刻意为之而是水到渠成

张&刘：你曾在《南方传媒研究》上发表过一篇文章，谈《“新闻娱乐化”在揭黑爆料中的运用》。为什么要采取“娱乐化揭黑”这种方式？

周筱赟：实际上，我并不是所有爆料都采用娱乐化的方式，最关键得看爆料对象有否娱乐化的潜质。我在揭露卢美美父女时较多使用了这种方式，那是因为卢主席一家本身就有非常滑稽的色彩。比如，卢美美全家五口，都自封为各种主席；卢俊卿还自称他女儿是“天下第三冤”（前两冤是窦娥和赵作海）；还有路边的米粉店、臭豆腐店，甚至桑拿会所都是“世界杰出华商”。总之，把看上去很崇高的“世界杰出”进行恶搞，让它成为负面词汇，以此来揭露事实。

我使用娱乐化手法，不是刻意为之，而是水到渠成。为什么我用这种方式？我后来总结是因为我不想把揭黑搞得很悲情，成天做苦大仇深状，揭黑没有那么多危险，揭黑也可以是很好玩的事，可以成为一场全民的“网络狂欢”。你看全民鉴表热潮，大家都去挖掘“表哥”，最倒霉的就是杨达才，看他的手表是多少钱，皮带又是多少钱，眼镜又是多少钱……感觉好像是在玩根据图片找茬的游戏，让“表哥”杨达才无处可逃，最终被双规了。

其实，我更多采用的是方式不是娱乐化，而是“乱拳打死老师傅”。这是一句俗语，是比较戏谑的说法，它的本质是执着，就是揪住不放，拼命往死里揍。

张&刘：也就是说“娱乐化揭黑”的方式，主要是抓住其中具有娱乐化要素的某一个点来进行网络爆料？

周筱赟：嗯。说穿了，“娱乐化”就是“网络恶搞”，但这种方式也要尊重原则：严格尊重客观事实。“娱乐化揭黑”的前提是基于确凿的事实，可以夸张戏谑，但不能虚构编造；“娱乐化揭黑”的目的是让事实得到更广泛的传播。但现在很多网络的恶搞不是基于事实，所以才引起学术界的批评。

张&刘：“娱乐化揭黑”是否也有其弊端？

周筱赟：娱乐化揭黑最主要的是有利于更广泛地在网络上传播。它的弊端，一是为了达到娱乐化的目的，没有尊重客观事实；二是网民过度关注娱乐化的表面，而不去思考背后的制度缺陷。比如，“表哥”杨达才事件中，网民都热衷于研究杨达才的手表、腰带、眼镜了，几乎所有人都忘记了，杨达才的身份是陕西省安监局局长，导致他倒台的那张照片，是2012年8月26日他亲临重大交通事故现场。可是，那场导致36人死亡的重大车祸却从一开始就没能引起媒体和网民的关注。再如，雷政富事件比其他官员性爱视频更能引发网民恶搞，原因在于所谓的“12秒”，有不少网民拿刘翔110米栏的12秒来对比。网民都在戏谑雷政富的性功能只能维持12秒，而很少有人去思考背后的制度因素：为什么一个区委书记对于工程招标有那么大的权力？理论上工程都是公开招标的，这就说明制度设计有问题，我们应该更多思考如何推进监管的完善。

张&刘：某种程度上，你把网络爆料也变成了公众围观的“行为艺术”，比如铁道部12306网站招标事件，你在网上晒出铁道部的回执。

周筱赟：是的，可以说是一种“行为艺术”。但是我一向不赞赏揭黑人和调查记者表演悲情的“行为艺术”。我认为以合理合法的方式，发起公民行动，同时要学会保护自己。这样的行为艺术我是认同的。比如，我去起诉铁道部，然后北京市第一中级人民法院立案，我就把整个过程贴到网上。此前也有律师起诉了铁道部，但却没有人提起诉费的问题，我就专门拿这个来说，我说“只要花50块钱就能把铁老大告了”。

网络调查是开放式的调查

张&刘：有一个说法是，如果是传统调查记者会尽量去尝试平衡，去和被监督方沟通、求证。但网络爆料很难去给被揭露方一个辩解的机会，因此有人说这样的爆料或调查不够平衡。你怎么看?

周筱赟：我除了不会和线人接触外，也不会和被揭露对象接触。其实，通常来说，拿到材料去和被揭露对象接触，目的往往就是敲诈勒索。我很鄙视这种行为。我在网络揭黑中，我的定位不是调查记者，而是一个爆料人。我的作用是给调查记者提供线索，就好像是原告的律师，我拿到了这些法律意义上的证据可以指控被告，原告律师是不会和被告做沟通的，除非是法庭审理的质证阶段。我手里掌握了确凿证据，我也通过多方核实确认了证据的真实性，所以我不需要去和被揭露方沟通。

我现在越来越谨慎了，我的爆料通常不会下结论，只是客观地描述这些证据。从新闻专业主义角度，这样似乎不是平衡报道，但我们应该注意，网络是一个开放的平台，被揭露方完全可以通过各种渠道、各种平台予以回应。而我揭露的都是公权力机关或官员，他们的资源和动员能力必定比我大得多，网络为他们提供了充分、平等答辩的平台。

张&刘：你现在不仅仅是提供证据，也在跟进调查。你如何判断哪些事件要跟进调查？

周筱赟：我持续跟进调查的典型例子是卢美美世界华商协会事件，以及中华儿慈会和天使妈妈事件[①]。为什么会发生这样的情况呢？我此前的爆料，都是一次性爆料，事情就解决了，而这两个事件爆料后，尽管舆论汹涌，但一直没有处理。相关主管部门一直装聋作哑，而被揭露方一直气焰嚣张，甚至通过发布悬赏声明、宣称要报案等方式威胁我。我就是看不惯丑恶现象，就是要揭露他们，如果问题不解决我就要持续跟进，直到此事有一个处理结果。

张&刘：你要持续跟进、实施调查，这个过程中可能跟调查记者相比会有一些局限，比如你不能使用记者身份，更多的还是依托于网络检索、材料分析来进行调查。这些局限，会影响你调查的进度和深入吗？

周筱赟：的确存在一定局限性，但幸好有了网络的开放性。比如在“卢美美事件”中：第一，通过网络，我持续不断收到了众多至今还潜伏在卢俊卿身边的内部线人提供的证据；第二，网络的海量信息，能帮助我对已有材料进行分析，发现新的证据；第三，我的爆料产生影响后，有很多专业人士直接通过网络来找到我，协助我进行调查；第四，网络的开放性，还让它有自我纠错的功能。在中华儿慈会事件的第一季，我和儿慈会传播部总监姜莹在第一财经卫视的节目中当面对质后，我搜索到一个人在看了电视节目后，发微博说姜莹的胸针“很有品味”，我和他私信联系，他反复暗示我这款施华洛世奇的胸针很贵，有意误导我。但我从不采信人证，专门去施华洛世奇专卖店询问，并没有这款胸针。于是，我很谨慎地转发了他的微博，说我对饰品不懂行，能否请网友鉴别。马上就有网友向我指出施华洛世奇并非奢侈品，电视台也马上和我联系，澄清这款胸针是节目组提供的，是地摊货，根本不值钱。所以，网络的公开性可以及时纠错。

张&刘：你觉得网络舆论监督和传统媒体舆论监督之间有哪些异同？

---

① 2012年末，周筱赟在网络上对中华少年儿童慈善救助基金会不断进行爆料，从“4.75亿元写成47.5亿元”的乌龙事件到“儿慈会与成龙慈善基金会”之间的转账风波，周筱赟提出的一个又一个质疑引起了媒体和公众的广泛关注。

周筱赟：我个人认为：第一，网络舆论监督拓展了传统舆论监督的尺度和渠道，很多事件，传统媒体无法主动报道，但一旦成为网络公共事件，传统媒体再跟进的难度就小很多。比如光明牛奶“保鲜剂”事件。第二，网络舆论监督必须和传统媒体结合，才能产生效果，达到预期目的。因为毕竟传统媒体有更大的传播渠道，一些老领导、老同志还是保留着原来的阅读习惯。第三，传统媒体一定程度上代表公信力，如果只是网络曝光，很多人还是有所怀疑。第四，传统媒体的优势在于可以进一步深入调查，写出更详尽的报道。总之，网络舆论监督在现阶段还无法完全替代传统媒体的舆论监督。

说出真相是一个公民的责任

张&刘：有人也许会觉得，出于正义良知、推动社会进步，这些想法都是“大道理”。具体一点说的话，你为什么会投身网络揭黑这件事?

周筱赟：我从大学开始就比较关注社会公共事务，那时大学生都喜欢看《南方周末》。其实第一次揭黑就是中石化“天价酒”事件，当时已经在广州的媒体工作，完全是机缘巧合，给我爆料的“深喉”我原本就认识。因为是第一次爆料，我并没有严格遵循我后来一直在强调的新闻专业主义和法律专业主义，我当时采信了人证。但第一次爆料就非常成功，不到10天就扳倒了厅级高官。

此后，源源不断有各种线人来联系我爆料。我在第一次爆料前，写时评已在网上有一定知名度，博客点击超过5000万，最高单日点击超过100万，是2010年度“天涯十大牛人”。但我一直在考虑转型，不能只做一个网络写手，要怎样才能有区别其他网络写手的特点，怎样才能对推动社会进步有更大的作用。

张&刘：传统媒体的调查记者面临危险时，有背后的媒体提供保障、共担风险，但从事网络独立调查，背后没有这样的机构保障。因此，不少人认为做独立的网络调查风险比较高。对此，你怎么看?

周筱赟：在中国，媒体的调查记者其实并没有太大的危及生命的危险，因为记者背后都有媒体作为后盾，而媒体背后又是政府。这和菲律宾、哥伦比亚、墨西哥等经常发生枪杀记者案的国家情况完全不同。虽然记者没有太大危险，但线人或者举报人会有很大的风险。网络独立调查的风险，和线人一样，也是很高的。我从媒体伦理考虑，在网络揭黑时与供职媒体做了身份上的切割，但我相信被揭露者会暗中调查我的身份，我的媒体人身份确实保护了我。其他没有媒体作为依靠的网络爆料人面临的风险比较高。现在各级政府部门都比较重视网络舆情，一个事件一旦成了全国轰动的公共性事件，那么爆料人的安全相对是有保障的。

张&刘：在一些公共事件中，你变成了当事人，要接受媒体采访或被网上网下广泛关注。有人说，多数知识分子比较能够经受“利”的考验，而比较不能抗拒“名”的诱惑。你是怎么看待出名的？

周筱赟：知名度确实有利于我揭露的事件更广泛地传播，更有利于事情得到解决；但同时，更大的知名度对个人有更大的限制，我必须更加审慎。同样的行为，比如说脏话骂人，舆论对于一个普通网友和名人完全是不同的，所以知名度只会让我更加自律。

张&刘：不会感到疲惫吗，无论是身体上还是心理上？

周筱赟：生理上确实经常会感到疲惫，我的本职工作也很繁忙，我都是在做好本职的前提下，用业余时间来爆料。我爆一个料，要熬夜好几天研究证据写出文章，然后，通常要睡好几天才能恢复，但我心理上很有兴奋感。曾有媒体同行问我：很多记者入行一开始满腔热血，后来逐渐麻木了，为什么你没有这样？因为揭露的每个事件都不一样，同时我一旦出手，从不失手。即使最终事件没有得到处理，但因为我在其中没有利益关系，所以也没有任何损失。通常来说，我的爆料都会有结果，或多或少推动了一点制度建设。我会有一种成就感。

张&刘：有没有想过自己还会从事多长时间的网络揭黑？

周筱赟：没有考虑过这个问题。迄今为止，我没有“被喝茶”、没有“被跨省”、没有“被精神病”，更没有被劳教，连领导谈话也没有，网络揭黑没有影响我的个人生活。至少目前，没有什么理由阻上我继续做下去。

张&刘：你觉得周筱赟的网络揭黑和爆料方式是可以被复制的吗？

周筱赟：其实，这个问题我也一直很困惑：周筱赟到底可不可以复制呢？我在现实中，真的没有看到像我这样持续揭黑且从不失手的人了。胡舒立院长曾经说：“周筱赟是可以复制的。”她当时说可以复制，是针对我的非职务网络爆料行为。但后来，胡舒立院长又说：“我经过深思熟虑，认为周筱赟是不可复制的。”

我的困惑在于，爆料和核实的技巧，学起来并不难，至于知名度和公信力，微博上这样的大V有不少。此外，我的一些特殊限定条件——有传统媒体身份、稳定工作、稳定收入、新闻专业主义意识、工作时间机动，现实中有很多人都符合，但为什么就找不出第二个周筱赟呢？我也不知道其中的原因。现实中，也有些人想做，比如某些高调揭黑者，但遭到很大非议。不过我还是希望像我这样的揭黑者越多越好。

新媒体时代变化最大的不是调查的手段，而是记者的心态

——专访《南方都市报》首席记者王星

王星

毕业于北京外国语大学。南方都市报首席记者，深度新闻部驻京记者。曾任南都“网眼”版编辑。曾两度获南方周末年度传媒致敬、南都新闻奖年度大奖。报道《爱国青年韩宠光的特别一天》获第八届南都新闻报道金奖，《久敬庄里的强奸案》获第八届南都新闻报道银奖和腾讯网“2012年度调查报道奖”。2013年创立自媒体专栏“坏新闻”。

访谈实录

以即时滚动的方式来做调查报道隐藏着风险

张志安、刘虹岑（以下简称张&刘）：2013年你开始在网易写“坏新闻”这个专栏，当时为什么要办这个专栏？

王星：其实一直以来我都想写这样一个专栏。2012年我开始萌生强烈的想要办这样一个专栏的想法，那一年是我当记者的第十个年头。这十年以来，我发现有一些新闻做得不够好，甚至相当坏，非常不负责任，忽视了一些基本的原则和规范，犯下了一些让人难以理解的错误。而往往这样的新

闻，缺少具体的受害者或者说伤害的个体或群体是较为弱势的、缺少话语权的。因此，媒体这样一种行为在无形中被默许了。

另一个原因是，中国新闻界缺乏同行评议的传统。在财新批评央视报道达·芬奇案之前，全国范围内媒体同行评议的情况是非常少见的，当然，至今也不常见。在这样一种情况下，中国的媒体一团和气，没有互相监督和批评的良性氛围。媒体同业批评、对新闻业务进行探讨能够避免我们再次犯错。每个记者都可能犯错，每个记者都是逐渐成熟的，我认为坏新闻的主要责任在于媒体，因此一般我在批评时只列出媒体名称，不列记者姓名。在我看来，这些媒体犯了错误就应该付出代价，这种代价不是公权力对媒体的惩罚，而是同行对媒体的公开批评。我写“坏新闻”专栏就是想独立于所有的媒体包括我所在的媒体，完全以个人的身份来写我所观察到的坏新闻。

除此之外，其实每个人都有一颗八卦的心，每个人都有一颗吐槽的心，“坏新闻”就是我自己吐槽的平台。我个人经常在自己的微博上表达对同行媒体报道的一些看法，大多数时候我发的微博都是“吐槽帖”，这些“吐槽帖”在当时可能有一定的影响，但是很快就被人们遗忘了。所以我想把这些“吐槽帖”辑录成一个系列，供同行参考，也提醒自己避免犯类似的错误。

2013年恰逢微信公共平台盛行，在我妻子的鞭策之下，我把从2012年开始酝酿的这个专栏开了起来。

张&刘：判断“坏新闻”的标准是什么？

王星：我个人定义的坏新闻即媒体可以做到，应该做到而未做到的，没有认真核实、小心求证的，误导读者、扭曲真相的，媒体越界、伤害个体的，即为坏新闻。

产生坏新闻的原因很多，缺乏规范和同行评议的传统是主要原因，除此之外，记者的正义感也可能导致记者为了追求一个正义的结果，降低他对自己作品的要求，有意地隐瞒一些事实，夸大另一些事实。比如报道一个食品有农药残留，记者出于正义感，他可能会强调“残留”，但不提残留的量并没有超标。

张&刘：你之前在微博上发布了一条道歉信，对《武长顺被宣布调查前已卸任》这篇报道做了“自我批评”。现在反观，细节性的失误背后的原因有哪些？

王星：最根本的原因还是心态比较浮躁。目前很多的同行都有类似的问题。以前的调查记者、深度记者能够耐得住寂寞，花费两三周甚至两三个月做一篇扎实的、靠谱的报道出来。现在因为移动互联网的普及，为了追求时效，越来越难做到耐着性子去一点一点地做实新闻。

拿这篇稿子说，如果放到过去，我会去现场采访、求证，然后在下一周的南都《深度周刊》上发稿。但是现在我很清楚地知道，像财新网、澎湃这样的媒体会立刻回去发稿，而且这篇稿件在南都的发表机会非常小，所以我希望能抢先在南都的公共微信平台上发表。但是因为我心态太浮躁了，有些事实没有经过交叉确认，结果出现了几个问题。

从这个事情里，我自己也反思，在追求速度的时候应该更谨慎，不能仅凭单一信源的说法就确定事实，一定要交叉确认，哪怕付出更多的时间。

张&刘：像这样的即时的滚动新闻与动态新闻报道有何区别？

王星：这是一个很关键的问题，中间出现了一个模糊地带。以前我们理解的动态新闻的概念是以“天”为单位的，而调查性报道在过去绝大多是以“周”为单位，对它们的要求当然也不同现在的一些原创新闻客户端，例如澎湃新闻，模糊了这两种新闻的界限，它做到了以“天”乃至以“小时”为单位展现事件的进展。以澎湃新闻为例，它的记者非常熟悉调查性报道所需要的一些调查技巧和手段，他们知道如何联系官员、如何查找工商资料来突破，而这些调查手段是过去的动态新闻所没有的，而需要用到这些调查手段的新闻题材在过去一般不以动态新闻的形式加以呈现，更多的是长篇的深度报道。

澎湃以调查手段来做动态新闻，以即时滚动的方式来做调查报道，这既是它的核心竞争力，也隐藏着风险。如果以深度报道的标准去要求即时新闻，可能有些不太公平，毕竟操作的时间单位从“周”缩短为了“天”，但你毕竟做的是调查类题材，外界对你的期待和评价可能会超出你现阶段的高度。现在的问题是媒体犯错的成本太低，不能因为老虎死了就乱棒打，心态上可能流于“反正他也不会再出来咬我”。包括我很欣赏的澎湃在内，即时新闻的把关和质量控制的隐患已经开始暴露。

以广州市委书记万庆良被抓这个新闻为例，一家媒体报道说引用所谓消息人士的说法，说万庆良出行前，航空公司都会派人送去iPad，向其展示空姐照片，供其“挑选”。放在过去，万庆良落马这一定是调查题材的新闻，细节需要多方求证，但是放在今天，一些即时新闻客户端就不做多方求证，直接引述单一消息源的说法。万庆良用iPad“翻盘子”有没有可能是真的？

虽然看起来很不靠谱，但也确有可能。可是，越是惊人的消息越需要更扎实的证据、更严谨的核实，才能写进报道当中。一个新闻有噱头、能传播不是最重要的，最重要的是真实。这样的做法不仅会降低新闻的公信力，而且会影响同行的心态。互联网时代的新闻业，在追求速度的竞争中，充满了机会，充满了可能性，但同时也充满了让我们迷失、浮躁的裂缝。

去现场对于深度调查类报道而言不能被网络工具所替代

张&刘：在互联网上获取新闻线索和采访对象的信息，除了使用微博工具之外还有哪些技巧？

王星：发一条微博或者朋友圈的“求助帖”不算技巧哈，如果说技巧还是通过网络深度挖掘信息的技能。在网络上，但凡走过之处，都会留下痕迹，技巧太多太散，只能具体到某次搜索来谈，但万变不离其宗——搜索。在百度、谷歌，在微博、贴吧、论坛，太多可能性。

张&刘：随便举个例子吧，你想知道令政策的兄弟姐妹情况，在还没去当地、不认识警察的情况下，单纯通过网络也能有所进展，比如使用身份通的同名同姓搜索。互联网搜索的结果是海量的，从海量信息中深度挖掘出有效的信息有哪些技巧？

王星：一个最常用的技巧就是上面提到的用微博高级搜索工具进行精确的查找。

但往往在一些新闻事件发生之后，关键词搜索的结果会被一些铺天盖地的新闻报道和一些受污染了的信息所充斥。这个时候去除冗余信息、排除干扰信息成为我们获取核心、原始材料的重要途径。

获得原始材料和核心信息有些小技巧，比如，在百度搜索的时候用减号找到被污染前的信息，即“搜索A且屏蔽B”。例如2013年5月3日，袁利亚在京温商城坠楼身亡这个事件发生之后，在搜索栏中搜索“袁利亚-自杀”就可以找到她坠楼之前的信息，例如她本人的微博。

再比如site的使用，在搜索框中检索“关键词 site：.域名.com/cn”，这样可以帮助我们过滤掉一些无效的、被污染了的信息。比如只想看政府网站上信息，就可以搜索“关键词 site：.gov.cn”。

如果要找到一些原始材料，例如PDF文件，可以直接用文件搜索的方式，在搜索框中搜索“关键词 filetype：pdf（word）”，通过限定文件类型来精确查找结果。

张&刘：在互联网上获取信息后需要进一步挖掘时，如何将线上信息和线下调查进行整合？

王星： 举一个例子吧。在2011年，江西抚州发生了一起连环爆炸案，一个叫钱明奇的人先后在抚州市检察院内停车场、临川区行政中心西楼一楼、临川区药监局大楼旁引爆炸弹。当时我接到一个新浪微博粉丝的爆料，有一个人说他知道引爆人的消息，他告诉我钱明奇在引爆炸弹的前一天晚上发了一条微博私信说：“请关注抚州近期发生的爆炸性新闻……”他这里的“爆炸性新闻”指的其实就是爆炸。

我立刻上网去搜钱明奇的微博，结果发现他把他自己的遭遇、如何制作爆炸物的过程都在微博上呈现了出来。但是仅仅依靠他的自我叙述还不够，我还不敢确认引爆炸弹的人就是他。于是我又联系前方记者，与当地调查这起事件的警方进行确认，警方当时已经知道了犯罪嫌疑人的名字，我拿来一比对，果然就是钱明奇，因为他的微博是实名注册的。

这样一来我就把线上线下完全打通了。当时各家媒体的前方记者也不过是拿到了一些钱明奇的基本信息，然后可能去到钱明奇的家里采访他的亲戚、朋友。而我当时拿到的是他自己所写的经历，他自己叙述的冤屈。

张&刘：有观点认为，新媒体时代，网络资源和即时通信设备让采写可以足不出户，纸媒记者不需要去现场了。你怎么看？

王星： 肯定不是这样的。去现场太重要了，有一些报道必须去现场，特别是深度调查报道。新媒体时代变化最大的不是调查的手段，而是记者的心态，记者能不能耐得住寂寞，踏踏实实地把关自己的稿件；其次才是工具的选择，你可以用新媒体工具来助力调查报道，在搜集线索、扩大报道的影响力方面使用新媒体工具。

到现场不仅意味着能够接触到更多的了解当地情况的知情者，还能表示记者采访的诚意。对于一些难度较高的采访而言，到现场见到受访者更有利于说服对方接受采访。

比如财新记者王和岩写谷俊山的报道时，辗转找到一个知情人，想要采访这个人，如果王和岩打电话过去要求采访，人家肯定会拒绝的。于是，王和岩直接就问对方说：“你在哪里？我马上过去找你。”第二天早上她就到了对方所在的城市。对方如果看到一个女记者千里迢迢地来找自己，就算要拒绝采访，也不好意思连面都不见，而只要答应了见面，至少也能了解到一些信息，也有更多的机会可以说服对方接受采访。

再比如调查周永康的报道，当时这个题材是比较敏感的，如果不去到周永康的家乡，有很多信息是无法了解到的。你去了现场才能印证一些传闻，才能有机会采访到周永康的家人、邻居，由此才能拿到更多的料。

因此，去现场对于这种深度调查类报道而言是不能被网络工具所替代的。如果新闻报道的类型是像类似网眼版的新闻，没有那么错综复杂的关系，能够通过电话或者网络就弄清事实，这样的新闻就不必要一定去现场。网络一方面可以为记者提供新闻素材，另一方面可以帮助记者找到要采访的人，只要弄清了基本事实，采访到了双方的说法就足够了。这对于新闻媒体而言，也能够节约一定的成本，把这些资源投入到真正需要到现场调查采访的深度新闻的生产中去。

传统媒体官方微博的质量控制体系已经出现了严重问题

张&刘：网络时代，不同媒体的选题容易撞车，获取的资料也容易重复，做独家报道越来越难。你还在追求独家新闻吗？

王星：我现在在南都深度新闻部，我们仍然在追求独家新闻。一个新闻媒体，最向往的就是独家，这一点无论什么时代都不会改变。

但是这些年，获得独家的难度确实在增加。很多事情被报道出来之前，已经在微博上曝光了，或者已经被一些原创新闻客户端给抢先发表了。而且有很多新闻题材，因为过于敏感，所以就算拿到独家线索，也很难写出报道来。

张&刘：你在接受《中国新闻出版报》采访时说道，网络媒体的浮躁是一贯的，那么面对网络媒体、新媒体的冲击，传统媒体的浮躁是可笑又可悲的。在你看来，传统媒体的“浮躁”体现在哪些方面？

王星：传统媒体在网络时代迷失了。过去，媒体的报道至少是靠谱的，靠谱是对一个记者的基本要求，是做记者最低的门槛。网络一来，抢走了传统媒体原本拥有的议程设置的权力和关注度，传统媒体人也开始浮躁不安了。

但是网络的特点就是信息鱼龙混杂，很多不靠谱的东西在网络上流传，这个时候如果传统媒体为了关注度去牺牲自己报道的准确度，那么传统媒体原本最核心的竞争力——公信力，就会荡然无存。所以我说这样的做法是可悲又可笑。

在网络时代，传统媒体平台上的报道，例如纸媒、电视的报道，还是相对严谨、靠谱的，但是他们的官方微博的质量控制体系出现了严重的问题。在公众眼中，官方微博是一个媒体的化身，如果说一个媒体的官方微博出现了问题，那么对于这个媒体的公信力是有很大伤害的。

现在传统媒体的官方微博普遍存在的问题就是什么都敢说，没有一个把关的意识，最严重的就是传播谣言、不核实信息、滥用感叹号。有的传统媒体的官方微博已经成了一个半营销账号，而不像是严肃新闻媒体。

或许不同的媒体在经历转型的过程中选择的路径各不相同，我指的是那些还想以“靠谱”著称的媒体，那就不应该随便放松自己的官方微博的质量控制。

张&刘：传统媒体雇专人管理官方微博的情况并不多，是成本太高，还是意识问题？

王星：如果从整体来看，成本其实不高。《南方都市报》采编部有700多人，增加几个人管理微博内容，也不是太大的问题。真正需要解决的是传统媒体的意识问题，要把微博这个平台看成是跟报纸、电视同等重要的发声平台，媒体官微负责人应该是做过一线采编的优秀记者，认同这个媒体的价值观，理解这个媒体的成长历史，最好在该媒体内部人头也很熟，且受到广泛认可。这样的人，在任何一家媒体里可能都不会超过10个，应该把这样的人放到微博平台上去管理内容，而不是随随便便找几个实习生或者新人去管理官方微博。

像《南方都市报》的官方微博最初就是由以前网眼版的记者谭人玮来进行编辑的，在《人民日报》的官方微博火起来之前，南都的官方微博可以说是传统媒体运营微博的标杆。

原创新闻客户端的兴起使调查记者的心态更加浮躁

张&刘：网络时代对于调查性报道的冲击大致经历了几个阶段，每个阶段呈现出什么样的特点？

王星：第一波冲击来自于类似“网眼”“网事”这一类栏目。2006年，《南方都市报》开办“网眼”栏目，它的优势是时效性强，能在一天之内核实信息，第二天就将事情经过和核心事实呈现出来了。这一方面带给做调查新闻和深度新闻的同行很大的压力，另一方面也被许多调查记者所诟病，他们认为不去现场核实，早晚是会出问题的。好在一直没出问题。事实上，在2008年前后，舆论环境的恶化和管制的加强，异地监督越来越难，网络在那个年代，一定程度上弥补了地方封锁所带来的信息隔绝。

再往后，随着自媒体的兴起，议程设置的权力逐渐从传统媒体的手中让渡出去，微博开始统治一切。在这个时代，政府也好、企业也好、明星也好，他们都倾向于在微博上来发出自己的声音。所以无论传统媒体愿不愿意，他们都被迫要把目光转移到微博这个平台上去，因为微博已经成为大量有用信息的集散地。

对于调查记者和调查性报道而言，冲击最大的可能会是第三个阶段，即以澎湃新闻为代表的原创新闻客户端的兴起，包括各个门户网站的原创新闻的崛起。这一类机构操作新闻的模式实际上是传统的调查手段加上互联网的传播速度，这对于调查性报道和其他类型的深度报道的杀伤力是极大的，可能会超过前两个阶段互联网对深度新闻的影响。

在第一阶段，“网眼”“网事”类的栏目只有速度取胜，调查手段还是更多使用网络采访和电话采访，而且是在传统媒体的平台而非在新媒体平台去呈现内容；而在第二阶段，以微博为代表的自媒体只能是新闻的来源而不是新闻本身，还是需要记者通过专业的、独立的调查去核实信息，因此冲击也比较有限。但是，在以澎湃新闻为代表的原创新闻客户端兴起之后，对传统媒体的调查性报道而言，冲击是双重的，因为同样在现场调查，发稿的速度却远不及原创新闻客户端瀑布流式的滚动发布。

在第三阶段，一方面传统媒体，尤其是二线媒体，大范围收缩深度新闻，也有的一线媒体的深度报道出现了明显衰退；而另一方面以澎湃为代表的原创新闻客户端却在积极地在全国设点布站，一有新闻立刻就采，采完之后立刻就写，写完之后立刻就发，这可能会加大调查记者的压力，客观上使调查记者的心态更加浮躁。

张&刘：你在南都做记者已有十几个年头。这些年，你有没有想过离开，尝试转型？

王星：说句实在话，南都作为一个做新闻的平台，总体上而言还是比较理想的一个平台。从一定时间跨度来看，南都深度新闻部也是国内最好的深度和调查报道的品牌之一，不管是待遇还是对记者的支持和空间，都是相对好的。在这种情况下，我想做新闻，就没有太多理由离开。

因为我是想一直做新闻，所以我不会去别的行业，不会去做公关。如果转型的话，也许我会去互联网，因为互联网有更多的可能性，可以带领一个团队去做一些有意思的事情。

张&刘：你周围的同行转行的多吗，都去了哪里？

王星：在过去的一年时间里，我们部门的流失率相当高，听《南方周末》的记者说，他们新闻这块记者离职超过1/3。最多的还是去了互联网，也有去做公关的，也有转行去开客栈的，还有出国深造的等等。

看到大家离开，心里还是会有点蠢蠢欲动。开玩笑地说，调查记者、深度记者都转行了，岗位就那么多，我再不走的话，岂不是就找不到工作了？当然，这只是玩笑话，我其实内心没那么焦急。

一个报道者应该考虑的问题是事实，而非报道如何被评价

张&刘：网络时代，作为调查记者，你是如何克服内心的焦虑的？

王星：我从不焦虑。我是一个天生的乐天派，打一个比方说，天上掉下一块香蕉皮砸到脑袋上，别人可能会觉得好倒霉啊，恨不得上楼去找那个扔香蕉皮的人。但我就会觉得，哇，路这么宽，这块香蕉皮竟然偏偏掉在我头上，太好玩了，这个概率太小了，我赶紧自拍一张，然后发到微博上去。

可能是性格关系，我能从糟糕的事情中能发现快乐。以前我做网眼版编辑的时候，当时的网眼版和评论版是南都最抢眼的版面，也是遭遇毙稿最多的版面。评论版的编辑是我最好的朋友，我们经常晚上一起坐夜班车回家，有时他就会问我：王小胖，你的稿子也被毙了，你为什么还能这么开心？我就觉得吧，这个时代，各种各样的事情都有，今天晚上睚一觉起来，明天早上又可以做新的选题，太多太多选题可以做了，打击不到我的。

所以面对转型的压力，面对网络对调查性报道、深度新闻的冲击的时候，我并不会觉得悲观。在我看来，转型的阵痛是必经的，而在这个涤荡的过程中，中国新闻业会在更加激烈的竞争中变得越来越好。

张&刘：记者运用个人的微博去推广自己的报道、扩大影响力的行为应该被鼓励吗？

王星：我觉得这是一件好事。首先，记者用自己的微博推广自己写的报

道是有利于记者获得更多潜在知情人的信息的。许多时候，一些知情人读到了记者写的报道，想给记者爆料，但是不知道怎么联络到这个记者。如果记者用微博推送自己的报道，那么就方便了知情人联系自己。其次，这样做能增加记者对自己所写的报道的责任感，因为如果报道有失实之处，记者会招致很多批评的声音。

张&刘：你曾说，做记者要“不唯上，不唯众，只唯实”。新媒体时代，如何坚守职业标准才能做到这一点？

王星：这个时代，做到这一点说难也难，说不难也不难。如果你是一个喜欢出名的记者，可能就容易被民意所绑架，但是如果你是一个不在意这些东西的记者，只对新闻事实负责，就很容易做到这一点。

很多情况下是，你报道了事实的这一面，有一帮人骂你，而另一帮人挺你；而当你报道事实的那一面的时候，情况又反了过来。你的报道总会让一部分人不高兴。一个报道者应该考虑的问题就是事实，而不是自己的报道如何被评价。也许在一个错误的时机说出一些正确的话，可能会触怒太多人，以至于成为众矢之的。而当过了一段时间之后，善忘的人们早已经忘记了当时自己的批评，而把自己放在一个更加正义的位置上去了。

所以最开始意识到药家鑫案的真相并且在公共平台上发出声音的人被骂得狗血淋头，但是过了一段时间，更多信息被曝光之后，人们开始反思的时候，再出来发声、澄清真相的人就不那么容易被千夫所指，而会被认为是指出了真问题。所以有的时候，发稿的时机也很重要，但是这两步，最核心的问题还是说出事实。

张&刘：在自媒体时代，新闻专业主义是否会被重构，如何被重构？

王星：在这个时代，所谓专业主义，要看你拿什么去衡量它。有的人认为，自媒体不需要去履行传统媒体所遵循的原则，所以不太在意新闻品质，也没有严格的把关人制度。但是如果有一些人总是在自媒体传播一些不实信息，久而久之也会失去人们的信任。所以，新的专业主义的建立需要一个过程，自媒体无法完全套用对传统媒体的要求，而且也不应该完全套用。

第五篇

职业的反思

新闻和娱乐都要有价值观

——专访广东广播电视台经济科教频道副总监王世军

王世军

广东广播电视台经济科教频道副总监、广州公共观察观察员。本科毕业于中山大学地球与环境科学学院。2001年开始大型财经论坛主持工作，担任《南方财富论坛》等大型财经论坛主持；曾任九运会解说评论。曾获全国金话筒提名主持人、广东省百佳电视节目主持人、广东金话筒、中国广播电视主持政府奖等荣誉。现为时事辩论节目《社会纵横》、新闻述评节目《37度2》主持人。

访谈实录

强调本土化的同时，我们失去了观察和介入社会的深度

张志安、刘虹岑（以下简称张&刘）：先说说广东的电视台的变化吧。

王世军：其实它这种变化以“中国式”的方式进行了好多年了。最开始所有人的忧虑和焦虑都在于过去的广东广播电视台的颓势，所有人都意识到我们不得不变。最后落脚到一点，是我们沦落到今天是因为体制上的落后，所以某个节目的修修改改是没有意义的。

广东广电的改革很有意思，过去二十年分分合合。在

1994年的时候，单独在广东广电之外成立了一家试图在当年就走市场化道路的电视台，叫广东经济电视台，甚至在当年就喊出了“这是一家商业电视台”的称号。当时第一次在《中国青年报》做广告的时候，轰动全国，它提出了“三无条件”，没有编制、没有职称，但是我们有事业，我们有中国广播电视的未来，我们要走完全市场化的道路。在当时相当有感召力，全国各个电视台非常优秀的人才都来到了这里。

但当时那一场体制改革以失败告终，是因为这样一个独立于原有的管理体制之外的电视台的存在，既没有人管它，也没有人不管它，导致市场化运作失败。2001年，广东广电进行了一次改组，成立一家全新的广东南方电视台，由原来的广东经济电视台、广东电视台的一部分和广东有线电视台三台合并成立。当时也试图走一条市场化的路子。

经过来回的博弈，最后保留了一些新闻类别的节目，发展到最后变成了广东南方电视台一整套的新闻班子的成员。从2001年到今天，它也走过了十几年的历程，形成了在省内南方电视台和广东电视台这样一个内部竞争的格局，境外电视台的市场份额越来越小。

张&刘：目前正在的变革也面临同样的困扰吧。

王世军：是的。这一次的变革也同样面临着一个“中国式”的问题。分分合合，但是为什么分分合合？没有明确答案。也许是今天的南方电视台与广东电视台都在遭遇困境，南方电视台并没有实现成立之初被寄予厚望的突破。

以南方电视台为例，当年试图走一条能够稳步前进的路子，试图在特色上形成自己的个性。

南方电视台今天的内容生产困境是在强调本土化的时候，忽视了观察社会和介入社会的深度，可能有了地域接近性，但是也失去了媒体高度。在广告运营上，市场容量已经趋于饱和，它想要再扩张机会很小，正好又碰到了传统电视整体市场的困境的时候，它的发展十分乏力。随着外省卫视在广东市场的份额逐年增加，这个时候又出现了一种新的声音，认为要把广东电视台和南方电视台再次合并，让它们从过去的内部过度竞争转换为在本地市场的垄断力量，进而造就了今天的三台合并。

但是今天的三台合并依旧没有一个清晰的思路和说法。我们喊出的口号是，要多少年让广东卫视回到主流卫视的行列。这个在国内同行的研讨当中都持一个质疑的态度，是因为无论从产品的模式、内部的管理机制、目前平台的优劣，似乎都失去了“突变”的可能。而且这个重组过程中，已经出现大量的内耗成本。对于这次合并是否能够产生良好的效应，包括试图在个别频道进行公司化改制的市场化尝试，实践还没有开始，很难做出判断。

张&刘：观察南方台与广东台的分与合，你认为体制因素对于电视的转型是约束更多还是解放更多？

王世军：回顾中国电视的历史，从20世纪50年代出现第一个针对中国广播电视的宏观规划红头文件到今天为止，中国广电的格局没有发生根本的变化。

而且，中国内地的电视是在1949年之后才诞生的，它天生具有政治使命。我发现中国广电最大的特色是它的服务性特别强，而且这种服务的意识是从它诞生那天起就深深地沉淀在它的基因当中。

随着电视台越办越多，中国电视出现了一个很有意思的现象，就是谁和谁之间都没有真正的隶属关系。比如三级办电视里面，中央台和广东台没有任何管辖的关系，广东电视台和下面的二十几个地级市的电视台，你是你，我是我，虽然彼此还客气地称呼，我们是兄弟台。谁在各自管理它们呢，是广电总局和中宣部在直接管理中央电视台，广东省委宣传部和广电局在直接管理广东电视台。他们所有人员的任命、升迁、去留，都只在这个序列里完成。

由于三级办电视的特性，我们发现，过去对于电视的投入主要是地方政府投入为主，包括现在广播电视有线网络也是由地方政府投入，这就变成了不同级别的政府部门在投资不同级别的电视台，来获得它们各自的红利。但是各级行政权力的纵横交错又导致包括中央电视台在内的各级地方电视台，形成了依附于权力等级和行政区划的生存壁垒，它从一开始就不是一个充分竞争的市场。例如：各地形成的以“有线网络准入”为理由的市场保护，一方面各地不得不必须保证央视某些频道的转播，而另一方面各地也可以以频道排序为武器保护自己当地电视台的生存，甚至出现地级市广电部门以屏蔽、撤下省级电视台频道转播信号为威胁，争夺电视剧首轮购买权的闹剧。

这一切的背景为后来体制和市场化的突破奠定了一个中国电视的背景和特色。中国广电从来不可能突破体制，而中国广电人所诟病的体制的问题往往是表层的。比如说用人机制不灵活，我们依然在用事业单位的思维来面对整个市场人才的流动化；我们依然在用行政化的手段来管理整个快速市场化和产品化的电视节目生产和销售的市场；我们还是在用传统的国企的运营方式来面对快速变化的广告市场；我们试图开始进入新媒体时发现，原来靠我们的力量无法与资本意志相对抗。

我们吐槽的都是一个个具体的点，但谁也没有看到最后最根本的东西，其实我们的内心，从来没有恨过这个体制的根本，恨的只是这个体制的表象。每个人都清楚，如果没有这个体制的时候，我们很多人都会面临失业。所以这就是中国广电在突破体制改革时的两难，只能是修修补补，而从来没有过根本上的突破。

广电要在市场化转型中获得经济回报，周期非常长

张&刘：这一次的改革会对南方电视台和你个人的二作方式产生什么样的影响？

王世军：这也是我个人比较焦虑的一个问题。因为迄今为止，我看不到明确的答案。

决策层可能为你设置了一个非常好的情境，这些情境无一例外是以绩效管理的方式体现的。比如我参与管理一个节目频道，它要求你在三年之内的广告营收必须超过五个亿。如果要在三年内完成五个亿，我测算过，目前广东本土的广告市场不是没有可能，但是压力非常之大。为了完成这五个亿的目标，新成立了一个公司，也就是我们一个配套的体制改革试点，允许这个频道成立自己的独资公司，以公司化的方式来解决我们遭遇的体制束缚。

我的焦虑是在这个频道当中，至今没有一个人有过公司化运作的一丁点经验，包括公司该怎么成立、财务制度如何确立、资产如何剥离等等，对于这个频道的管理班子而言，需要从头开始。而且人才过度单一化，全部是从采编一线来的。

张&刘：这是传统媒体转型的困难之一，对于报业而言，还涉及技术人才。对于广电来讲，技术人才的需求稀缺吗？

王世军：技术也是很大的一个问题。

比如说我们在和我们的广告总代理公司商量这个问题的时候，为了让这个公司生存下去，我们还不能够把这些广告的代理公司抛掉，因为我们没有广告经营的渠道、资源，还是需要依靠广告总代理公司。我们试图与广告代

理公司之间形成协议，所有的硬广告由总代理公司来协助我们完成；所有的植入性广告和线下活动营销由我们自己这家公司来独立操作完成。

但是在这个时代，这些恰恰都涉及新媒体，包括设计一个App的应用，进行线上线下的运作，我们这方面的技术人才都没有。

张&刘：听起来，现在让你焦虑的不是你个人的职业，而是你管理的平台？

王世军：是这样的。我焦虑的是我所在的平台的管理运营模式的问题。

张&刘：这是否意味着，尽管在过去，你需要花那么多的时间做节目，但是现在你更多的是转向了做运营和管理？

王世军：其实我现在最大的痛苦就是在内容生产和市场运营之间做抉择。我内心是非常焦灼的。

如果从内容生产的角度来说，这是我干了十几年的事情，可以说是驾轻就熟；但是从市场运营的角度来说，虽然我做过很多财经类报道，见过猪跑，但是我并不知道猪为什么那样跑，那是一个全新的领域，对我来说就是从零开始，永远不知道前面有什么在等着你，但有很强的诱惑性和挑战性。我在选择的过程中会觉得很痛苦，来回摇摆。

张&刘：这种纠结更多地来自于你想要通过自我更新成为一个更好的职业经理人还是潜在的经济回报？

王世军：经济回报对于我的诱惑并不大。因为我对比过，在目前整个广电事业里面，试图在市场化转型中获得更丰富的经济回报，周期非常之长，它背后涉及一套非常复杂的市场运作和资本运作，这一切都是不可预期的。

另外，在目前广电的市场上我们看到的更多的是成功的故事，但是没有看到更多失败的悲惨。无论是产品的模式，还是市场背后的政策风险，中国广电未来市场的发展其实风险非常之大。所以就我个人而言，自我的挑战更有吸引力。

但是这一年我有一个痛苦的抉择，就是如果我从这二者中做出选择的话，就会面临双向选择的压力，要么走出体制外，要么留在体制内。留在体制内，可以活着，但是不可能像现在这么安逸、富足地活着；走出体制外，会有很好的预期，但不一定能够兑现。现在已经有决策层的领导提出，如果做内容生产那么就是留在体制内，如果做市场运营可能会脱离体制，变成真正的公司负责人，与原来的事业编制脱钩。

张&刘：在你看来，是不是一个好的优秀节目主持人一定要走向管理者？

王世军：不，这恰恰是一个我觉得特别难受的东西。一个好的记者、主持人或者内容生产者没有必要走进管理层，除非这个人有天然的做管理的技能和触觉，他原本应该在他的专业道路上做他该做的事情。

我回顾我这十几年的从业经历，我一步步走到今天这个行政的位置上，只是为了谋生。因为在过去的体制之下，一个好的节目主持人得到承认后得不到任何回报；而在过去的行政化管理中，能够获得真正回报，有标准和参照的就是科长、副处、处长。

我现在的收入比我们电视台所有的主持人都高，是因为我担任了一个频道的副总监，而与我主持的节目没有任何关系。而其他主持人，在南方电视台只能比照一个副科长的级别来获得相应的回报。如果让他们以一个独立主持人的身份生存，非常难。

张&刘：所以跟大部分报纸一样，电视台也没有建立真正专业评价的上升通道，还只是一个行政通道。

王世军：五年前，南方电视台请过专业的咨询公司来做行政和专业双轨道的人力资源体制，后来停止了，没有进行下去。

思想和价值观与电视的娱乐化并不矛盾

张&刘：所以你转型一开始做的就是记者型、评论型的主持，而不是播音主持类的主持。如果把从播音转型做主持的路线与非科班转型做主持的路线比较一下，各自的短板和优势是什么？

王世军：我们非科班出身的人做主持可能缺乏一些所谓的规矩。但是这种规矩是否能成为这个行业的标准，还值得商榷，而且随着人们的宽容度和接受度越来越大，这个短板现在看来甚至是变成了优点。

而我身边播音科班出生的人，却沉沉浮浮。你会发现，这些人最大的短板是他们有了表达的技巧但是没有表达的内在和价值。个别很优秀的播音主持专业出身的同事，一旦优秀起来很令人惊讶，因为他们的个人成长经历所带给他的内在底蕴和价值观，再加上专业的表达技巧，会比我们半路出家的更出色。

张&刘：理论上说，有思想和价值观可能会在电视这个行业走得更远。

但是这会不会跟电视天然的娱乐化和肤浅的机制相矛盾呢？

王世军：我对这个问题的认识分为两个阶段。三年之前，我认为这是矛盾的；三年之后，我认为这是不矛盾的。

从1997年到2011年这个阶段，我一直秉承着新闻理想和新闻专业主义，甚至认为稍微在节目当中增加了一丁点的娱乐化的表达方式，都不可以接受，因为新闻就是新闻，不能有娱乐性。

但是就在三年前，我开始重新思考这个问题，身边也有了很多案例。我突然发现，娱乐和新闻从学术上可能有很清晰的表述和标准，但是在实操层面，其实这两者是可以互相借鉴和互相弥补的。过去中国的新闻表达，长期以来我们都觉得是“不说人话”，但是什么是人话？是不是不说官话就是说人话了呢？或者说，是不是我在节目中对很多社会问题进行了激烈的抨击，甚至使用了一些暴力性的语言，这就叫说人话了呢？

这三年，不仅我的想法在变，观众也在变。举一个例子，江苏卫视的《非诚勿扰》，我个人认为它是一档新闻节目。因为新闻的概念非常宽泛，如我们看到的，新闻涉及到日常生活中的喜怒哀乐。新闻对于主持人来说，更多的是如何用一种适合传播的语言和表达方式把你内在的价值观表达出来。曾经做新闻的主持人孟非在用娱乐化的语言来解构当下中国人婚恋当中的观念和理念的冲突时，用新闻的方式，把一个征婚现场变成一个新闻访谈的现场和新闻对话的现场。新闻的内核与娱乐的表述相结合，解决了一个过去意义上的娱乐节目所没有办法解决的问题，就是在笑完之后，还能有所回味。

而且这几年开始出现微博、微信这样的社交工具之后，我突然发现一个更有意思的问题出现了：什么样的东西在现代的媒介工具下更便于传播呢？而且在传播过程中并不会造成一个“新闻已死”的悲剧？过去是单向的传播，媒介渠道是垄断的，我说什么你听什么；现在这种传播变成了双向的传播，传播需要琢磨用户和受众的心理，要懂得他们的需求，甚至在这样的传播过程中要借助个人魅力，这使得新闻类的东西开始需要借助一些个性化的东西来帮助传播。新技术的来临，使得人际传播出现了新的可能，也使得新闻传播面临巨大的挑战。假设我无法在新闻表达的话语模式上进行调整，所有坚持的理想都不可能到达彼岸。

张&刘：你所获得的新认识既有新的节目形态的启发，也有参与网络表达的思考。你现在不再认为新闻和娱乐这二者是矛盾冲突的了？

王世军：对。但是我个人坚持一个原则，我希望无论是新闻也罢，娱乐也罢，都要有价值观最后的底线和坚守。

张&刘：你所说的电视的价值观是什么？

王世军：可以用一句话来表达：己所不欲，勿施于人。价值观是一种很真实的东西，有两件事给了我极大的震撼。

一件事是深圳联防队员强奸一名女性之后，当时所有的电视台做了一件事，推门进到那个被伤害了的女性的家里，把所有的话筒堆在她的枕头边上，所有的镜头对着她，尽管那个时候她用棉被裹着自己的头。我觉得这已经逾越了我心里能承受的底线。一个人作为人的自尊，受到了彻底的亵渎。新闻，你在追求所谓的真相的过程中，也要考虑新闻当事人作为一个个体的人他的尊严和边界。

还有一件事是小悦悦事件。当时所有的电视台都高举道德的大旗，一遍一遍地播放小朋友被反复碾压的过程，并且没有做过任何技术处理。所有的主播都用充满道德优越感的语言去痛斥那经过的18个路人。但是，没有一个主持人到过现场，他们并不知道，如果是他们自己处在那样一个环境当中，会不会看得见小悦悦？看见了之后，是否会去扶？新闻主播在表达情绪正义和道德优势的时候，把应有的正义和对那个孩子的保护放在哪里呢？这件事给我极大的冲击，如果新闻是以伤害一群人，来满足另一群人的道德优越的话，那么这样的新闻价值到底在哪里？

在小悦悦事件之后，我开始认真地反思新闻的价值观的问题。我后来发现，无论我是从事新闻工作也好还是做娱乐工作也好，只要你坚守着一条底线，我都可以很愉快地工作和生活，这二者没有谁鄙视谁的问题。

张&刘：从你刚刚提到的联防队员和小悦悦的例子，我们似乎可以得出一个结论：电视新闻业目前还没有具备形成足够的职业规范和伦理共识？

王世军：对。真实、客观不是我们所想象的那样。我们这个行业里有一句话叫作：当摄像头打开的那一瞬间，真实就被改变了。任何一个机位和角度的选择足以表达一个摄影记者的价值观。

其实民生新闻最初的出现是充满了对生活的关怀，但是这么多年来，民生新闻之所以被抨击得那么厉害，就是因为民生新闻没有专业主义的精神，即进入新闻的现场，体察新闻的细节，无论是必然性的结论还是偶发性的事件，我们都应该透过这些去看背后的必然逻辑。但是现实的电视民生新闻走向了狗血、审丑、煽情，抛弃了民生新闻应该有的东西，而追求了浅层次的视觉、感官和语言暴力的刺激。

但是我一直没有放弃的原因是，我发现跟我一样痛苦的人还有很多，沉默的大多数虽然每天都在拍着这样的新闻，但是他们内心是非常纠结的，大家都在这种恶性循环中重复着自我，大家都知道不应该这么下去了，但是又似乎不得不这样下去。每个人都希望能够以另一种全新的状态来看待自己所从事的这份职业，但似乎每个人都在这个机器的运作下停不下来。

张&刘：这个机器不断地运作，停不下来的原因背后是因为电视商业化和市场化吗？

王世军：我个人觉得恰恰是因为中国的电视业没有真正的市场化和商业化才导致这种恶果。

主持人圈是一个名利场，但更多的时候所有人都是输家

张&刘：你从后台走向前台的时候，你如何看待成名这件事，有什么痛点和纠结？

王世军：电视可以说是一个名利场，但有意思的是，在这个名利场中，所有人都不是玩家，所有人都是输家。

这需要回答一个很严肃的问题：究竟谁可以给主持人定价？在西方比较市场化的媒体中，给主持人定价是有一个完整的定价体系和市场化管理的精密体系，电视台付给主持人的报酬与主持人能够带给它的回报是对等的，但是这一块我们是没有的。

所以我说，主持人圈是一个名利场，但更多的时候所有人都是输家，没有赢家。比如芮成钢，他实际上是中国主持人的悲剧。这个悲剧在于，中国的电视节目主持人在没有清晰的评价体系下，他必须找到一个评价自己的参照物，这个参照物在过去没有收视率评价机制的时候，是领导的喜爱和观众的来信；有了收视率之后，收视率高的节目主持人就是名主持人。第三种标准，就是像芮成钢这样的主持人，他所主持的节目收视率其实并不高，芮成钢获取的是某个圈子或利益集团的认同。

在这三种评价体系下，主持人的定价标准都没有形成。第一种，领导的喜爱，往往随着这个领导的离职，受到青睐的主持人也销声匿迹。第二种，

收视率，中国电视的收视率存在很多误读。在西方，制作一档节目之前，他们就已经通过受众分析和调查，清晰地知道了这档节目是平台带主持人还是主持人带平台的节目，这两种类别下主持人的定价有天壤之别。而在我们这里，因为没有进入市场化和工业化的电视节目生产，我们对于所有受众的调查都只是臆想猜测，而且我们也没有建立起一整套收视率分析和评判的标准。第三种，因为财经类节目的受众大都是精英，于是原本属于“小众”的财经主持人在这样一个精英化的受众群中获得了人脉关系，也获得了巨大的传播能量，看似从“小众”节目中成为所谓的“大众”名人，其实不过是成为依附于利益集团的既得利益者，既得利益背后也蕴含着巨大的风险。

张&刘：你自己对于“名”的态度有没有一个从追求到逐渐淡化的过程？

王世军：有。人有的时候需要一些参照物，我们这个行业中最好的参照物就是全国“金话筒”。我当年被评为广东“金话筒”，接着去参选全国“金话筒”，但没进前十名。下一年我又去了，这一年我得了一个提名奖。第三年，我又去参选了，心里暗想，有谁像我这样无限接近目标，有一种傲视群雄的感觉。结果我们有一个同事，一直籍籍无名，第一次出手，就得奖了。那一天，我觉得，天塌了，我对自己的自信崩溃了，我在想，是不是这个电视市场的标准变了，我被忘记了，人家那种更加轻松自如的表达、平时我不屑为之的表达更受人追捧了。

2008年到2010年之间，我彻底地否定过自己，我感觉自己已经被这个时代所抛弃了，整个人生非常灰暗。但是到2011年的时候，我重新找回了自信，因为对我而言，专业的认同、价值观的认同比这个奖项本身更重要。

于是我开始做回之前我喜欢的事情，我发现，做我喜爱的东西，不因为别人改变自己，让我更快乐。

张&刘：你在名气面前，最担忧的问题是什么？

王世军：所谓的“名”究竟是虚名还是真名，没有一个尺度来衡量。我不知道我的“名”究竟是我自己的，还是这个平台带给我的，就像白岩松说，一只狗在央视待一个月都是一条名狗。我的内心不确定，有一种纠结。

张&刘：你自己对“名”的看法是什么样的？

王世军：这个行业根本不要去忌讳“名”。

作为一个主持人，我们在一个大众的平台上，这个大众平台的性质就决定了我们的传播力非常之强，“名”就是一切的开始；但是在名与利之间，出现了一个很有意思的现象，中国主持人的“名”是不能转换为“利”的，这与欧美国家的主持人非常不同。而且，一个新闻主持人利用自己的名气去接一些商业活动的主持的时候，他还必须要考虑到这样的行为带来的负面影响和社会风险。

把积累的“名”转化为“利”的时候需要一个转化器，这个转化器可能是经纪人制度或者市场化的转化机制。目前，没有这种转化机制，中国新闻类节目的主持人非常纠结，一方面是体制内的回报不丰厚，另一方面是市场的极大诱惑。在没有清晰的市场规则和定价机制的前提下，试图以名获利，风险极大。

张&刘：现在有很多新闻类节目的主持人转型做综艺类节目主持人，你怎么看这样的现象，与名利机制不能运转有关吗?

王世军：综艺类节目的主持人更容易有知名度，更重要的是，这样的知名度更容易转换为经济回报。但是，我现在回过头来看，关键在于你追求什么样的“利”，是现金的回报呢，还是资源和平台，我现在更看重后者，因为后者让我的生活更富多样性。

张&刘：社交媒体崛起后，不少主持人和记者都开了实名微博，在一些公共事件中发表评论，引发关注甚至争议。你如何看待记者或主持人开实名微博就公共事件发表个人看法的意义和风险?

王世军：我在《粉丝的幻觉》一文中写过，主持人有一种集体倾向，他们非常喜欢在微博上讨论公共问题。微博的出现，第一次让我们这些主持人感觉到：我真的有粉丝，“名”这种东西可以被看到和测量了。这个时候，有一个很有意思的现象出现了，这个群体在微博上一致关心所有的公共话题，不管什么领域的，都要表个态站个队，而且他们的表达几乎是一致的。

于是，在各级管理部门严格管理主持人微博，甚至在某些话题上不让表达的时候，有一些主持人依然选择坚定地表达，除了那些有着稳固价值观的主持人外，其他人或多或少是因为粉丝的诱惑太大了。他知道，如果今天他不说这个话，明天他的粉丝就会离他而去。

永远向着人内心最深处的疑问去

——专访央视《看见》栏目主编范铭

范铭

中央电视台《看见》栏目主编。毕业于南京大学中文系，中央电视台十佳优秀编导。曾任职《新闻调查》编导、《面对面》编导。主要报道有《双城的创伤》《陈丹青出走》《一只猫的非常死亡》《志愿者卢安克》等。其中，《一只猫的非常死亡》获中国广播电视协会2006年中国纪录片国际选片会评委会奖；《以生命的名义》获中国广播电视协会2006年度中国纪录片国际选片会十大纪录片奖及中国影视协会首届学院奖之2006年度“叙事艺术大奖”。

访谈实录

新闻是活的，热的，奔淌的，也是最快地记录着当下的

张志安、刘虹岑（以下简称张&刘）：对你选择做新闻，影响比较大的人或者事是什么？

范铭：影响比较大的是两件事以及与之相关的所有人。

一件是“9·11”，另一件是非典。前者发生是我在报社实习的时候，当时是晚上9点多，报纸在进行最后的校对和印刷，准备明天刊发。这时凤凰卫视突然插播进“9·11”的现场画面，然后像电影慢镜头一样，每个围观

的人嘴形都是不可思议的“天哪”“Oh my God”，然后仿佛一瞬间，整个楼道里的人都开始奔跑，穿梭在不同房间，紧急讨论，每个编辑室都沸腾和忙碌起来，各种纸张在一种悲剧般的气氛中飘飞，然后当天所有预备好的报道全部撤下，当夜赶出了一份“号卖”，第二天凌晨送达街头。那个体验很震撼。让我感觉新闻是活的，热的，奔淌的，也是最快地记录着当下的。

“非典”亦是如此，当时全北京风声鹤唳，街上弥漫着死亡和恐惧的味道。我目睹同事柴静和整个摄制组冲在一线，每天白天出入病房，晚上回宾馆还受到隔离，送回来的带子都要进微波炉消毒，每天的体温和命运都是未知数。制片人张洁坚持要到宾馆跟他们共进退，后期编导胡劲草也是不眠不休好几天，节目播出后引起巨大的社会反响。很难说清那个历史场面对我来说意味着什么，但就像是一副油画最初的打底，这帮优秀的同事，给我最初认识这份事业，铺上了最闪亮的底色。

张&刘：你对电视新闻行业的理解，入行前和入行后，有什么改变？

范铭：入行前心里有很多绝对的“大词”，比如使命感、责任、真相、客观平衡、社会正义……现在不会这么念叨了。因为真实世界远比菁菁学院和少年情怀里预想的要“一言难尽”得多。如果我现在要想几个词，出现在脑海的也许会是复杂、多义、警惕、不断地自我怀疑和审视等等。

张&刘：从事电视新闻行业之后，有哪些人带给你启迪，对你帮助很大？

范铭：对我帮助最大的是《新闻调查》制片人张洁和记者柴静。他们在新闻伦理、理想情怀、新闻操作、自我修炼等方面都对我影响深远，这些影响主要是言传身教，包含在选题会、业务讨论、审片、闲聊和采访拍摄的每个细节中。

传媒理论大师麦克卢汉的“水手和漩涡”理论也让我受益匪浅：“水手自救的办法，是研究漩涡并与之合作”，也就是说不要害怕敌人，去了解你的敌人；不要害怕困难，去了解你的困难。只有当认识它，并且研究它，在研究当中得到乐趣时，这些乐趣才会给你逃离漩涡的线索。

张&刘：为什么有段时间，你会离开央视，选择出国游学？游学回来后，仍旧选择留在央视？

范铭：因为私人的原因。当时我的先生申请到哈佛大学尼曼基金会供全世界优秀新闻记者在哈佛学习一年的奖学金，该项目可供夫妻二人同时进修，对我来说是千载难逢的充电机会。

之所以后来还选择回归央视，是因为回国后我以“独立制片人”身份拍摄了一部敏感事件的调查性纪录片，给我惹了大麻烦。在中国，以个人身份做揭黑报道或对抗公权力很容易被地方政府阻挠，甚至可能面临牢狱之灾。当时多亏很多朋友帮忙才最终脱险。央视虽然常有其巨大的限制，但也有巨大的资源，同时给从业者提供了一种职业高风险下的隐形庇护。

张&刘：能否具体说说，在体制内媒体工作的“利”和“弊”？当你跟体制外市场化媒体交流时，有否发现彼此的价值观和方法论有很大差异？

范铭：众所周知，体制内媒体的“弊”是表达自由受到限制，因为选题需要多层申报，必然减慢对新闻的反应速度，而且有大批选题最终无法列入操作，成片也需要多重审核。因为体制内追求传播的稳妥和最少争议化，所以必然会带来一部分新闻价值的流失和损耗。

但好处是，因为有这样严格的把关和不同新闻判断带来的多重作用力，剩下的内容会相对不容易为了博眼球而失真，或为了传播最大化而过激，节目会比较“中庸”。比如在专访药家鑫父母的节目播出前，稿子大改了六七次，不能谈媒体和舆论的反思，不能谈案件的争议，不能提张显和药父后续的官司，不能过度呈现药家真实的悲伤，只能重点谈家庭教育和反思。而且在解说词上为了符合一套播出的主流价值观，必须严厉谴责罪行，对药家教育方式的批评也落笔很重。但从播出效果看，这种调整在某种程度上，是能让当时群情激奋的观众接受这个选题思路的安全路径，也是争取“最大基数人群谅解”的一个温和方式。

体制外的媒体很多是怎么快意恩仇怎么来，不像我们这么纠结。很多时候他们的报道看着更解恨，当然有时候也会走猛了，走歪了，或者不小心擦枪走火。

带着疑问往深里走，你就始终跟观众在一起

张&刘：《新闻调查》的栏目性质确定为“调查类栏目”之后，整个节目的风格变得硬朗了，作为编导，你个人做了哪些调整？

范铭：我其实没有太大调整，因为我在《新闻调查》做的第一期节目《双城的创伤》就是调查性报道。我当时算是新人，思想上没有什么以前的“包袱”，也从来没做过《新闻调查》初创时那种最传统的“资源枯竭型城

市调查”类型的主题性调查。

我觉得电视不是说理，也不是论文，就是讲故事。而调查需要的不是你已经知道了结果，呈现给观众，而是你自己也真的不知道，于是在做节目的过程中，永远向着人内心最深处的疑问去。

张&刘：怎么理解“人内心最深处的疑问”？

范铭：就我做过的几期节目来说，比如虐猫女为什么要踩猫并录成视频？河北监狱的那些重刑女犯们为什么要杀死自己的丈夫？同性恋到底是一种天性还是原罪？中国音乐学院的艺术高考到底有没有权力在背后操纵？药家鑫这样一个斯文的音乐系大学生为什么撞完人后还要捅几刀？……这些其实都是最简单的问题，但是最直接，它像一把钉子一样把一个选题钉住。如果你是在试图回答这些问题，再不断带着疑问往深里走，你就始终跟观众在一起。

张&刘：《看见》栏目中，你与柴静之间的合作，始终都很默契吗？

范铭：默契并非代表永远“意见一致”，而是一种长期相处形成的“了然”。并非不争执，只是一争执起来，对于对方要死磕的方向都知根知底。我比较感性，更容易凭着皮肤和直觉做判断，更愿意相信“人性本善”；她骨子里更理性，更容易看穿复杂的利益关系和人性中的恶。一个好的记者需要够锐、够狠，一个好的编导需要适当地“减”和“收”。所以，我们两个平衡一下，比较能够达成一种适度。

张&刘：作为编导，如果你跟柴静这样的出镜记者意见不一致的时候，一般是如何解决的？

范铭：用我全部的能量与她“辩论”，如果还是说服不了她，我就听她的。

张&刘：你觉得这些年自己身上最大的变化是什么，你的搭档柴静呢？

范铭：我跟柴静合作的第一个片子是《双城的创伤》。当时也只有她这个新来的出镜记者愿意跟我一起接这么个神叨又不靠谱的题，那是我的编导处女作。那一次之后，我们成为了朋友。那时的她剑气凌厉，一招封喉，人称“铁血女战士”，让很多异性同事都自愧不如。每次前期联系采访时，我在电话里报出柴静的名字，感觉电话那头的有关部门传来隐隐的战栗，我都自认为很有“效果”。当时的我们，一腔热血与正义，追求真理无穷，但并未意识到锐气背后的冷酷，自负背后的危险。

后来我出国回来拍的一部纪录片，让我陷入人生迄今为止最大的一次麻烦。幸运的是，我平安归来，我们又重新开始合作了。这一次，我模模糊糊地感觉到，有一些东西，从她身上长久地消失了。

她不再像过去那么咄咄逼人了。她开始重视“感受”多于“道理”，“体察”世间的矛盾多于“揭示”，“宽谅”人性的弱点多于“批判”。在采访中，遇到采访对象表达过于洒狗血，她会劝对方整理一下思路再说一遍；遇到采访对象离席而去，她也不会把这当成是噱头和胜利，反而会在节目中为人开解。她开玩笑说，姐姐我现在是“特别懂事学院，善解人意专业”毕业的了。

如今，我们都少了野心和戾气，抗击打能力加强了，学会了妥协和变通。就像一个用了几年的弹簧，不像刚出厂时绷得那么紧了，用力压下去的时候，往上剧烈反弹的强度和力度减弱了，但本身的弯曲度和柔韧性增强了。我慢慢明白，渐渐消失或变淡的那个东西，是一个“我”字。

张&刘：有没有想过，如果你的搭档不是柴静，你后来做的节目或者现在的状态会是怎样的？

范铭：如果我的搭档不是柴静，我有可能会去做一些跟电影和纯纪录片相关的节目。但人生不能假设，因为她对我的选择和个性影响至深，我本性其实挺懒散和随波逐流的，但她像一个“挥鞭者”，也像一个教练，同时像一个马拉松领跑者。她是一个让我这么多年，没有感到厌倦，也没有停下来的重要原因。

人物中必然透着事件，事件中必然蕴含着社会成因

张&刘：电视深度报道的重心应该是人，还是事件，抑或是背后的社会原因？

范铭：这是风格和观察角度的区别，不是优劣的区别。固定的节目样式决定了它必然有一定的“模式化”和“规定动作”，不然观众容易无所适从。

就像同样的食材，你可以清蒸，可以辣炒，可以红烧，可以煮汤。但是不能说，是盐重要，糖重要，还是辣椒或水更重要。因为不同的菜系会决定你偏重于什么调料，而它们的“搭配”才是最重要的。就像人、事件和社会制度也都不可或缺，因为人物中必然透着事件，事件中必然蕴含着社会成

因，不可能截然分开。

张&刘：就你的经验而言，可否举例说明，如何将人、事件和社会背景等不同层面的要素，有效统一在一个节目中？换句话说，要讲故事，还要讲出故事的意义，如何做到？

范铭：比如我们做李永波的专访，因为是人物节目，所以他作为一个个体肯定是主角，但我们之所以关注他这个“人”，不仅因为他是中国羽毛球的教父，更因为他在伦敦奥运会上消极比赛的丑闻和最终勇夺五枚金牌的荣耀。而且他回国后一直没有接受采访，所有人都想知道这背后的“事”。

而这个“人”之所以会在这件“事”上做出这样的选择，无不浸润着“举国体制”和“金牌第一”的深层制度根源。而这一价值观之所以在李永波身上根深蒂固，是因为他自己的青年时代就饱受其苦，但他最终成为了当初他憎恨的那群人。他有他的英雄主义和时代合理性，也有他的悲哀。

要想把这些讲清楚，既需要对李的个人刻画，又需要对这次新闻事件的刨根问底，而最终需要直指的，是反思我们这个时代，到底需要什么样的体育精神。“人、事、制度根源”这三者难道不是不可分的整体吗？

张&刘：你如何区分电视新闻报道中的主持人和记者角色？

范铭：在中国，很多新闻主持人或主播是传统意义上“播音员”，受到严格的出镜形象、表情、发音、形体训练，能字正腔圆地播报新闻稿件，代表电视台形象，但他们自己不采访也不写稿，只负责末端的最佳效果的输送。

也有一些主持人是评论性的，最出色的如白岩松，他有非常强悍的头脑、逻辑以及稳定的价值观，也具有一流的判断、分析、抽丝剥茧的能力，所以他会对记者提供的新闻素材进行加工和评论，甚至往往是节目的最亮点。

而记者，或者说“出镜记者”，则本身就是新闻内容的最主创人员，从选题、联系到采访和后期都跟编导密切沟通、通力合作，他们的投入程度与新闻内容的质量休戚相关。柴静是主持人兼记者，她既在演播室头尾出现，承担评论和总结功能，又在采访中以记者身份出现。

深度本身没有固定标准，但呈现深度的方式会有高下之分

张&刘：今天电视新闻中暗访手段的运用越来越受到来自各方面的限制，这对真相的深度挖掘方面带来了哪些影响？

范铭：暗访是利器，但也一直是一个饱受争议的方式。我觉得限制是好事，就像美国的法庭对于非法取得的证据都会排除，同时也不接受嫌疑人在法庭上“自证其罪”，所有人都有隐藏自己的恶的本能和权利。能够尽量用更光明、更公开、更经得起检验的方式做深度报道是对每一个从业人员的考验。一个减少暗访的世界也会是一个信任感和安全感更强的世界。

当然，对于《每周质量报告》这样的特殊栏目，他们的暗访记者本身顶着巨大的风险，如果不采用暗访的手段，几乎无法得到他们想要的画面和信息，这可能会是最两难的。我觉得理想的方式是，适当暗访取证，然后尽可能通过公开采访和调查做实，如果有能够取代暗访的采访，就尽量多用常规采访。

张&刘：电视深度报道报道的“深度”必须是可感的、依赖镜头来表现，有人说是“浅”的深度，你怎么看这样的观点，是否不同的节目形式对于深度的抵达有限制？

范铭：深浅的标准各人各异，就跟我们小时候熟读的童话“小马过河”一样。视听语言传达深度的方式与文字和其他媒介完全不同。你听一首古典钢琴曲会流泪，它一言不发，但能深深地控制和影响你的情感，攫住你的内心。同样，站在一副现代派大师的艺术作品面前，有人可能什么也没有感受到，有人可能浮想联翩。所以，视听媒体虽然会受到时长、线性表达、拍摄局限、播出载体等各种限制，但仍有它不可取代的魅力。深度本身没有固定标准，但呈现深度的方式会有高下之分。

节目形式对于深度的抵达确实会有一些限制。观众群对不同节目形式有不同的期待，就像《中国好声音》问题的深度只可能抵达“你的梦想是什么”，因为节目设计使然，但也并不影响它好看。有些栏目类型适合做得更深，不然观众觉得不解渴，有些就只能适可而止，因为观众的需求只是更浅表、更驳杂的信息整合。这些限制往往体现在节目时长、播出时间、播出平台、现场带不带观众、录制时间、后期制作时间、剪辑片比等多个方面。

张&刘：电视深度报道如何在追求深度的同时确保时效性呢？

范铭：深度和时效的矛盾确实常常不可两全，这时就必须做出部分取舍。在前期采访时必须非常有效，思路清晰，减少弯路和无用功，而且要在更短时间里更巧、更准确地尽量采访更多方，确保客观和平衡。当时归真堂“活熊取胆”事件，《看见》连外地采访带后期剪辑播出合成只花了三四天时间，播出的速度几乎赶上了纸质的深度媒体，但编导王映潼肯定几乎脱层皮。因为对于后期人员来说，追求时效的一个最笨、最无奈也是现实中最实用的方法就是：熬。几天几夜的通宵等于多出一倍的时间。所以有人开玩笑说，电视记者是“无眠之王”。

对于重大突发事件，深度报道还有一个常见的应变机制就是大团队合作，前方采访的素材及时传回，记者到不了现场的时候可以坐镇一方，做多地的电话连线，后方资料和大编辑部同步运作，甚至合成也可以分段进行，节省时间。

中国从来不缺人才，缺的是灵活的机制

张&刘：你认为中国电视深度报道的舆论监督功能与西方的“看门狗”角色有什么不同?

范铭：最大的区别是，中国式的舆论“监督”通常是自上而下的，如中央媒体监督地方，省级媒体监督市级政府，或者至多是平级的监督（如跨省监督），所以常给人以“喉舌”之感。基本不会有“自下而上”的监督，而是某种权力的体现。

而西方媒体被称为“第四权力”，对政府的批评可以很直接，“看门狗”角色本身就是对权力的制衡，只要有充足证据，甚至可以直指最高政府和当权者。

张&刘：很多人认为央视通过深度报道的方式进行舆论监督比一般媒体更有权力优势，当新闻不需要“争”就有地方记者主动让位，而且受访者说得不好还可以要求他说第二遍的时候，你怎么看?

范铭：毫无疑问，央视确实比一般媒体更有权力优势。但特权和限制是一对双生恶魔，一般媒体也没有那么多变态的层层把关和审查，优势和劣势在最终效果上互为消减。至于采访中能获得的相对便利，我们只能默默地对自己说，第一，利用好这种特权，别辜负；第二，不要滥用这种权力。

张&刘：有否“滥用权力”的例子？如何避免这种权力滥用?

范铭：一是采访态度，比如我会看见央视有些垄断资源的独家专访，带着钦差大臣般的优越语气，代表国家机器去审问一个死囚，感觉非常不舒服；二是同行精神，我听说过有些记者因为长期跑口，会联合一些部委，不让地方媒体同行分享新闻资源，这也很丢人；三是职业道德，有些人会把平

台带来的优势当成自己的特权，为自己谋福利，这是最可恶的。

至于如何避免滥用，忘了是哪个前辈说过："我们的个人努力因为这个特殊的平台而被放大了。但当你得到赞美时，别把自己当人；当你想到你在这个平台的所作所为有亿万人在看时，别把自己不当人。"

张&刘：结合你做编导的经验，今天的电视深度新闻报道如何应对宣传管制和收视率这两大压力？

范铭： 宣传管制，要么认，要么尽一切努力去不计后果地争取。我们曾经试过多次，比如某某企业大火，台里收到禁令不许报，我们就跟安监总局联系，努力获得安监的支持，安监再跟有关部门去协调，然后反馈到台里，再给台里的播出开一个小口子。不过这种类型的成功率很低，一半靠努力，一半靠国家部委内部的政策调整空间或改革意向。

收视率更是不可预测的，在视听手段上我们会竭尽全力。但电视的规律不可捉摸，就像汪峰永远上不了头条一样，你永远不知道你的播出会撞到其他频道一个什么热门比赛和火爆节目。不过收视率不是我们追求的主要目标，二次传播的质量和口碑往往重要得多。

张&刘：成功的电视新闻改革的创办几乎每次都是自上而下的决策结果，你怎么看这种改革创新的方式？

范铭： 这个判断我不太同意。没觉得成功的都是自上而下啊，即便是早期的成功电视节目《东方时空》，也是靠一两个优秀的制片人和好的团队。要说"自上而下"，不如说是"上面给空间，下面放手干"。我一向觉得，中国从来不缺人才，缺的是灵活的机制，是自由、自由、自由！

张&刘：就你的观察而言，电视深度报道未来发展的阻力有哪些？

范铭： 误区有主观原因也有客观原因，最主要的障碍就是"深"不下去，因为深到哪儿都会碰到禁忌。就像打一口深井，结果底下到处是金刚岩，一打到那儿就断一根钻头，到最后就只能绕道走。真正能深下去的，要么是在没有禁忌和口径的领域，打"时间差"，要么就是跟部委联合，做那种"找内鬼"和"清理门户"式的深度报道。

这种束手束脚的现状也导致大家或者以妥协为出发点，等于一开始未出兵就自损八百，或者就是"求快"，但电视本身周期就比文字长，再加上铺天盖地的视频网站的介入，更是四面楚歌，更易缺乏沉下去的心。一言以概之，压力主要有两方面吧，一是来自社会政治和口径的压力，二是新媒体的压力。

知其不可为而为之，实在“为”不成也不要太为难自己

张&刘：你和柴静在《新闻调查》栏目做过一期中国音乐学院招生内幕的节目和一期同性恋者的节目，就当时来看这样的节目能免于枪毙还是很不容易的。你是怎样说服审片领导的呢？

范铭：当时的审片领导叫孙冰川，现在看来他也是一个极度难得的，既有担当力又有同理心的审片领导。说服他的方式非常简单，就是把他当观众。当他的情绪能跟着片子走，能被片子震动时，他就不需要被说服。

我记得当时做一期青少年抑郁的节目叫《心灵的成长》，他看完还让我刻碟给他，因为他家里也有差不多年龄的孩子。在看《命运的琴弦》时，他确实为三个高考学子的命运担忧，希望节目的播出能够改变这个局面，所以签了单，虽然首播之后，重播全部被叫停了。

反映同性恋生存现状的节目《以生命的名义》能通过，是因为我们在报题时，紧扣卫生部2006年提出的“男同性恋群体已成为感染艾滋病的第二大高危人群，仅次于静脉注射吸毒”的这一调查结果，并在节目的内核之外包裹了很强的“防治艾滋”的主题，也得到了当地计生部门的配合，所以领导觉得现实沉重，需要直面，就批准播出了。

张&刘：通常而言判断一个节目能不能播需要哪些方面的考虑，当节目被毙掉的时候你是怎么调整自己的心态的呢？

范铭：播出不了的选题和节目有多种原因，有些是因为过于恶性的事件担心引起社会效仿，比如公共场合的自焚和爆炸、砍杀幼儿园幼童以报复社会的新闻。

毙片或毙选题怎么调整自己？嗯，我只能说，习惯就好了。这是一片神奇的土地，如果你不选择离开，就要选择自我调整。知其不可为而为之，实在“为”不成也不要太为难自己。

张&刘：“不要太为难自己”，算是妥协、放弃还是自我解压？

范铭：是自我解压吧。前两天看一个很出色的同事刘楠的新书《有一种基因叫理想》，里面写道，柴静在她最失意时在她博客留言：“向后看历史，向前看大势。”我很喜欢这句话，想明白了就不会委屈，也不用自怨自艾，也许每一个骨子里残留着理想基因的人都是在靠这种乐观继续走下去，眼底有湖水，心口有火山。

张&刘：在你的演讲《拔掉头上的天线——如何在复杂争议的事件中报道人》中提到，认识人物的过程是去标签化的过程，为什么这么说？

范铭：纵观现在的新闻，能迅速传播和火起来的，很多都是带标签的新闻，有些类型化的比如："扶人"往往伴随"被讹"，"城管小贩冲突"一定前者作恶多端，"富二代官二代"犯错立刻会成为千夫所指，"落马高官"必报道其"作风腐化"等等。

不是说这些新闻本身有问题，而是说一旦带着这样先入为主的预设去对待这些新闻，就很容易在采访中因为成见而出错。前几天《人民日报》误报"北京大妈碰瓷外国小伙"的事情就是典型，因为标签是个框框，如果习惯性把东西往里面装，就容易忽略了每件事情里面的特殊与偶然。

张&刘：去标签化，意味着放弃对大多数人的刻板印象或道德偏见？

范铭：这是一种自省意识。因为标签化的想法我也多少存在，很难幸免。其实"去标签化"说穿了就是"反简单化"。"标签化"是一种让智力懒惰的方式，因为不用去重新建立模式，有现成的样板可以套用，而这正是新闻的大忌。

张&刘：评判别人似乎是每个人的天性和习惯。要如何才能拆除道德预设地去报道一个人呢？

范铭：德国神学家朋霍费尔说过："评判别人使我们变得盲目，由于评判别人，我们就看不见自己的恶。如果我们评判别人时真正的动机是消除邪恶，那我们就应该在肯定能找到恶的地方去寻找，即我们自己心里。"

我觉得完全拆除道德预设是不可能的，因为我们生来都会有偏见，但学会放下我执，努力独立和崭新地审视熟悉的事物，是成熟的重要一步。

张&刘：你在电视新闻领域遭遇过瓶颈吗？

范铭：瓶颈一直有，也经常会怀疑自己。硬要克服其实很难，只能多学多看吧，看得越多，遇到高人越多，就越释然。因为发现，原来困扰于瓶颈是因为自己还是井底蛙。其实换个大的瓶子，瓶颈处就会开阔不少，等下次感觉到瓶颈之前，再及时换更大的瓶子。

娱乐新闻也要运用新闻的手段，遵循真实的原则来做

——专访《南都娱乐周刊》执行主编谢晓

谢晓

毕业于武汉大学新闻系，曾获全国新闻学院韬奋新苗奖一等奖。1999年开始做娱乐记者，自此致力“做中国最好的娱乐新闻”。曾策划完成“四大小生”“四大名旦”等系列对话和“香港中坚导演系列”对话。2002年结集出版明星对话集《嘴上的娱乐风暴》。曾参与《南方都市报》娱乐版创刊，任娱乐部采访主任。现为《南都娱乐周刊》执行主编。

访谈实录

不经同意拍摄的照片，某种程度上弥补了人物专访的局限性

张&刘：你怎么看人物访谈在娱乐报道中的作用？

谢晓：它是娱乐新闻中很常用很重要的一种报道体裁。我们要探知一个事件的真相，除了采访了解周边人士的说法，最终还得给事件主角一个说话机会吧。那么人物访谈可以说是这个事件真相构成中的一个重要部分，你可以看作是对第三方观点的校正或补充，能为读者提供一种观察角度。

但因为往往采访对象的表述都会选取对自己最有利的角度，所以严格来说人物访谈的内容并不会十分客观，这时需要记者在采访过程中加以观察和辨识，尽可能接近真相地还原人物。所以，一篇优秀的访谈稿很大程度上取决于记者的个人素质。如果他能在现场采访中最大可能地调动明星的话题参与度，又在后期写稿时透过自己的笔法传递出人物的神髓和个人的观点，那这篇访谈的传阅率一定很高。

张&刘：今天中国有很多娱乐新闻，大都只存在表面的“真实”，其实只是有闻必录的单面说辞和街头巷尾的道听途说。能否结合《南都娱乐周刊》对张艺谋超生和婚姻内幕进行独家揭秘的经验，谈谈娱乐记者对真相的调查如何做起，查证事实有哪些途径？

谢晓：确实，不仅是娱乐新闻，有很多新闻领域我们记者对于真相的揭发是很无力的。被采访者有他们各自的立场，当事人也会有保护自己的考虑，所以记者的工作就应当是尽可能多地找到知情人来了解采访，通过分析不同人的不同观点，再重新总结梳理，做出尽可能接近真相的报道来。

《南都娱乐周刊》从创办之初，就引入了狗仔队的偷拍报道形式，对于之前很多无力的领域终于有了自己的武器。娱乐圈涉及情感的绯闻很受读者关注，但往往明星不愿意曝光自己的“隐私”。自从有了偷拍后，很多坊间传闻都通过镜头进行了有力的佐证，最后明星被迫承认事实。这八年来，我们用镜头证实过的传闻都是真的，虽然有些感情不一定走到最后。我认为这种不经过采访对象本人同意拍到的照片，某种程度上弥补了人物专访的局限性。

张&刘：能具体说说偷拍在你们的报道中的运用吗？

谢晓：比如张艺谋超生事件的报道，从去年（2012年）开始，我们派记者前往无锡调查，但没有收获，几乎所有人都对这事三缄其口。事后网络传闻很盛的时候，张艺谋也只选择了他信任的一家财经媒体很简单地玩笑似的回应了一下，作为公众人物，张艺谋一直对自己的私生活保护得很严密，而“国师”的身份也让很多媒体做报道时心有顾忌。

但我们的记者并没因此放下这个题材，在他本人努力保护隐私的情况下，媒体是很难从正面入手来调查这个事件的，所以我们只好曲线救国，通过圈里人打探。听闻张的家人长期在北京居住，而一次偶然的机会，我们记者2013年5月在机场拍到了之前网络上有曝光过的陈婷，而且发现她身边有几个小孩。所以这个题材重新浮现在我们面前，经过几次跟拍，终于成功拍到了陈婷带孩子外出游玩的照片，而且还听人爆料说共有四个孩子。我们在11月份做了一期曝光后，不久收到一位神秘爆料人提供的张导与陈婷的合照，并在电话中详细告诉我们两人如何相识相恋，以及在无锡哪家派出所哪个民警办证的详细过程，像这么细节的爆料，依我们的判断十有八九是真的。我们也有致电那个派出所民警核实，但当时那边没有意识到事情严重性，推脱采访。直到后来多家媒体连续不断地去追问计生单位，使这个事件的影响由娱乐版扩大到社会新闻版，张导也才迟到地回应了几句。

张&刘：完成偷拍后，如何对偷拍的内容进行把关，决定刊发与否的标准是什么？

谢晓：通常偷拍的重要题材，我指的不是光吃个饭逛个街这么简单的事的话，通常都是获得了线人爆料之后才去有目的地跟拍的。

所以相当于结论已经有了，我们现在只是用镜头去证明这个结论，这样如果跟拍成功，基本就是事实成立，如果拍得很确凿，比如谁与谁有亲密动作，足以证明两人如爆料人所言在恋爱中，我们可以不需要再向当事人求证。如果图片证据不够，或现场记者观察到的情况与爆料情况有较大差别，这时就要另作处理，也需要向当事人进行核实。

另外，对于一些有可能涉嫌炒作的爆料，我们也需要认真甄别。但这种爆料一般都会有明显的漏洞，比如被拍人名气较小，需要借大人物上镜，或者恰逢宣传项目推出之时，小事当大事爆出。由于长年工作的经验，我们在这方面的判断目前还没有失过手。

张&刘：那这种偷拍是否会经常得罪明星，他们下次可能就不接受专访了呢？

谢晓：偷拍是一把双刃剑。在创刊初期，由于刊物影响力小，而且当年狗仔并不盛行，所谓娱乐报道影响力主要靠人物专访来完成，明星也习惯了被所有人宠着基本听好话的局面。突然来了这么一种不受掌控的报道形式，他们反弹很强烈。很多明星最初被拍到都几乎是出离的愤怒，所以那会儿我以前结识的明星朋友都对我多少有点疏远，或许他们在观望周刊发展，或许他们在重新打量我本人，我也在那几年时间里只好咬紧牙关埋头苦干。

周刊要成长壮大，一定不能只靠人物专访这一种题材，一份新刊要在市场上脱颖而出立住脚跟，一定需要独家新闻才行。那会儿还没有微博，信息不如今天发达，网络爆料只偶尔来自些粉丝论坛，但总算不用太求人还可以让我们做下去，一是靠调查报道，二是靠偷拍报道。这两种报道形式成为了我们的救命稻草。

2006年年底我做工作总结时的标题就是《十大独家》，其中列举了我们在创刊第一年的内容成果，这十条在当年影响力巨大的新闻让我们一出生就引起了业内的高度关注。比如《窦唯是谁》《王朔冯小刚江湖恩怨》《许晴包养传闻调查》《徐静蕾黄觉恋情浮出水面》《赵薇王励勤恋情曝光》等，每年我们都能列出许多全国独家新闻，这种影响力越做越大，不仅是读者对我们有期待，连最初反感我们的明星也开始重新审视我们。当业内有事发生时，他们很期望在我们这儿进行第一时间曝光的，当他们越来越认同我们作为媒体的第三方立场，当我们有了今天的影响力时，明星又回过头来主动联系我们做专访，争着上封面。

所以开玩笑地说，明星们对我们的情感很是复杂，既爱又恨。

偷拍的底线是不侵害名人的生命权

张&刘：作为公众人物的明星，仍然享有隐私权，在曝光明星的私生活的过程中，如何才能平衡社会知情权与公众人物隐私权的冲突？

谢晓：在这点上，我们可以参考美国对于名人的部分隐私能被新闻报道的理由，即判断该部分隐私是否具有新闻价值，是否属于公众的合理兴趣。所谓新闻价值，简言之看它的公开是否对社会和公共利益有意义有进步作用。

用张艺谋超生案例来说明，张艺谋导演被媒体曝光了现有几位子女的生活情况，从而引发涉嫌超生的社会话题，有关社会公平正义，所以即便是这部分隐私被报道，那也符合公众的知情权范围。但这个报道如果再进一步，在张导公开家庭现状之后，媒体还不断去挖掘张导妻子与孩子的生活细节，就有可能招来读者反感，超出公众的合理兴趣范围，从而可能因过分侵扰张导家人隐私而受到大众谴责。

这就是处理本条新闻所应考虑的伦理边界，在名人隐私让渡与公众知情权之间寻找到一个合理的支点，如果媒体的某些涉嫌侵犯隐私行为没有一个正义的理由，那所谓帮公众实现知情权的努力一定不会受到认可。我们周刊这些年在报道明星私生活的题材方面一直保持着这样的底线：行使新闻自由权以不侵害明星的基本隐私和人格尊严为前提，所谓“新闻报道止于隐私开始之处”；但同时，对于明星关涉社会公共利益的个人隐私应给予克减，以接受舆论监督，满足公众知情权。

张&刘：有些媒体在侵犯明星个人隐私时，总喜欢以公众兴趣为由。例如2006年某刊公开林志玲的私人住所。在你看来，公众兴趣的满足与媒体报道的边界在什么地方？

谢晓：当然不是所有的公众兴趣都应满足。简单地说，公众最大的兴趣还是窥私欲吧。在这方面，我们有自己的原则，比如不公开名人的住址、个人身份信息、未成年人孩子的长相等。合理尊重艺人的隐私权，在某种程度上也是在为娱乐报道长远发展创造一种良性共生的健康环境。当然公众的知情权与明星的隐私权一直都在互相拉扯，媒体如果不陷入功利主义的泥沼，就一定能在这对矛盾的角力中找到一个合理的支点。

张&刘：最近，王菲微博宣布与李亚鹏离婚，一度成为热门话题。腾讯娱乐报道称，其记者开车将王菲的保姆车逼停，并拍摄到独家照片事后还主动让出道路“让其回家”。此举引来众多的批评，称媒体采访过力。你如何评价腾讯娱乐记者的做法？

谢晓：拍摄离婚后王菲回京的照片无关社会公共利益，也属于公众可看可不看的兴趣范畴，此时记者为了发稿需求而不惜侵犯明星生命权，一定会遭到公众的唾弃。所幸的是没有车祸发生，媒体也拍到了照片，因此我们关于新闻伦理的反省只是为了更好地面对今后每一次的新闻自由的诱惑。

任何媒体不论以什么理由忽略明星的生命权，都是万万不可取的。这就是边界。在至高无上的生命权面前，空谈任何新闻自由都没有意义。它只会让我们从此钉在新闻伦理的耻辱柱上，成为后来者永远的反面教材。

张&刘：在汶川地震之后，有媒体爆出章子怡“诈捐门”事件。对作为公众人物的章子怡在整个慈善活动中的表现，媒体做揭露报道，本无可厚非。但尽管章子怡确实有捐出几十万人民币，但媒体的负面报道已导致其声誉难以挽回。在处理类似对明星声誉和职业生涯发展有重大影响的新闻时，娱乐媒体应秉持一个什么样的态度和立场？

谢晓：在财经界可能因为一篇报道而对某企业或企业家的职业生涯带来严重负面影响的机会较多，在娱乐界相对较少。

而章子怡"诈捐门"事件的发生，是中国慈善公益事业缺乏有力监督必然导致的，可能很多人在执行过程中其实都不太了解应从程序上怎么入手才合理合法，章子怡当时可能也有这样的知识空白点。所以在做这个报道时，我们除了首先要了解事情的实情及导致后果产生的原因外，更需要做出一个大概的是非判断后才能下笔。如果章子怡不属于主观原因而造成的无心之失，那么在做报道时就要试图从她的角度写得善意些，能获取更多人的理解。

张&刘：你多年做娱乐报道的过程中，内心一直坚守的职业伦理底线是什么？

谢晓：作为记者或主编，我都不能允许虚假新闻的存在。真实是新闻的生命，我们的偷拍不能侵害名人的生命权。

调查报道是保持第三方立场的一种不可或缺的新闻手段

张&刘：《南都娱乐周刊》提出要做"有品味的八卦，有观点的娱乐"，"有品位"是指有什么样的品味，"有观点"是指什么立场下的观点？

谢晓：这两句话其实是重点针对人们对娱乐报道常有的成见而提出的。

娱乐报道题材因较多涉及明星的情感话题或偷拍手法，往往被人认为八卦太盛。又因时下各类娱乐报道中存在很多不实猜测及夸大成分，容易被大众指斥为低俗。所以我们就针对这种看法，希望用我们扎实的调查、严谨的新闻笔法以及专业的娱乐知识为大家树立一种新风尚，扭转大家对娱乐报道的某些陈见。有品味，就是八卦而不低俗，趣味而不浮夸，严谨而不刻板。

所谓"有观点的娱乐"，主要是提倡我们在报道中有自己的思考，不流俗。像副刊版面就有一个版块叫"观点"，它充分体现了我们整本周刊乐于输出娱乐价值观的特点。不论是人物报道、作品评论，事件调查，我们都不吝抛出个人观点，以一种充满个性的视角去打量娱乐圈的一切，并提出一些有益的思考论断。

张&刘：能否举例说明，如何体现"有品味的八卦"和"有观点的娱乐"？

谢晓：2012年我们做了一篇调查报道《华谊明星离巢热揭秘》，虽然看似在用各种细节八卦明星们与华谊的是非纷争，但实际上是在探讨明星与经纪公司如何能共荣共存这样一个行内普遍存在的问题。

再如《王石挣脱旧生活　六十岁选择新生》，很明显题材重点是在起底王石的新恋情。但我们整篇稿梳理了王石的人生态度，分析他今天这个决定后面的意义，并邀请专家分析为何这个女人能征服我们眼中这么成功的名人。其实都是在用娱乐的方式来认真地推理、调查、分析，而八卦只是表相，最终目的我们还是希望读者看完稿件有所启示。

还有作品版推出的专题《香港导演内地倾销报告——内地人，忍够了！》，批评了CEPA政策后大量港片导演来内地发展却拍出很多烂片的现状，让读者大呼解气，也引来部分香港电影人的强烈反弹；《中国电影到底需不需要影评人》专题又直戳中国影评人收红包写稿不客观也无影响力的死穴，遭到他们的奋力反击；《知女传奇》以柴静受男公知热捧走红现象剖析，并延展到历史范畴的林徽因等，却挑起了某些卫道士的好战之心，由此两派人马在网络上掀起了一场浩浩荡荡的“砍柴”运动……

张&刘：《南都娱乐周刊》也会做一些敏感的报道，如臧天朔涉黑的时候，你们独家披露了《臧天朔行凶始末》。你们做此类报道的频率如何？

谢晓：近年来我们一直在拓展娱乐报道的范围，甚至会将体育界明星也纳入我们的视野，将非娱乐名人的某些八卦事件纳入报道题材内，因为这个世界都有泛娱乐化发展的趋势，只要能给读者带来娱乐效果，我们都希望尽可能多尝试。

调查报道是我们除了偷拍之外的另一种重要的起底方式，都是能与人物访谈形成互补作用的新闻手段。我们希望每期都有重磅调查稿推出，不局限于事件，有时针对人物也可以展开调查。它是我们保持第三方立场的一种不可或缺的新闻手段。

娱乐新闻是完全可以走专业化道路的

张&刘：娱乐新闻的专业主义有什么特殊之处？

谢晓：按说娱乐新闻作为新闻的一个专业领域，它与体育新闻、财经新闻一样，都讲究专业性。但它的特殊性主要体现在题材涉及情感绯闻时，很多时候用专业主义的手法去调查操作，也未必能得出一个铁板钉钉的结论。而且很多感情的事件经过是只有两人才知道真相的，外人的传说也只能成为我们判断的某个参考。

我们周刊一直讲究用专业主义对待娱乐新闻，所以我们的报道刊发后很少引来官司。在很多有争议的新闻过后，最终事实证明了我们报道是准确的。

张&刘：娱乐新闻流于网络传闻、捕风捉影的现状时常被人诟病。在你看来，娱乐新闻、娱乐报道有必要跳出八卦，走向专业化道路？

谢晓：我们今天的影响力证明了娱乐新闻是完全可以走专业化道路的。这种专业，是针对娱乐领域的任何一种题材而言，比如你写八卦，写作品、写人物，都得运用新闻的手段，遵循真实的原则来做，而且你的专业体现在你写八卦能起底所有前因后果让人看了心服口服，你写作品能写出深度角度尖锐度，写人物能写得活灵活现个性十足……

只有坚持专业，才能做得长久。我不认为走专业化道路与报道八卦题材是一对矛盾。娱乐题材中最受读者欢迎的一定是八卦绯闻，我们没有必要为了显得高端而放弃读者的喜好，要在兼顾市场欢迎度与行业影响力之中行走，才能发展得好。但做八卦题材时可以采用专业手法，调查出可信的结果，而不是纯粹的道听途说，这样也是新闻的专业化。

张&刘：娱乐报道与其他类型的报道，例如时政报道、经济报道、社会新闻报道相比，有着怎样独特的社会功能？

谢晓：娱乐报道是社会经济发展到一定阶段，人们精神生活的需要，它也是伴随着整个娱乐产业的发展而发展的。

它虽然不能直接为我们创造经济价值，也似乎离民生等基础生活问题较远，但它基本带给人愉悦轻松的体验，阅读门槛较低，无关身份地位，尤其是娱乐报道中的八卦题材，更是所有人的共同兴趣所在，娱乐报道能帮助人们消解现实生活中的很多烦恼与困境，这其实于社会稳定有着重要的作用。

张&刘：以前，“八卦”这个词是贬义的，如今，“八卦”成了一个中性词，变成了一种心态放松的“娱乐精神”。在你看来，这样一个词的词性转变背后折射出中国娱乐新闻怎样的变化？

谢晓：娱乐新闻这些年受人瞩目的原因，一方面来自它消解现实生活烦恼的作用，另一方面也由于网络文化兴起后娱乐精神的壮大，改变了以前人们对娱乐新闻过于轻浮的不良印象。

人人都可以在网络上调侃他人，曝光他人，这种以前专属于媒体的工作已经不再是独家优势。而名人们在网络世界中空前变得与众生平等起来，不再是绝对的高大上，他们甚至在自媒体上主动曝光自己。这种以前由媒体负责的工作就叫八卦。所以在今天，八卦变成了新媒体自媒体时代曝光的手段，不再特指传统媒体的揭发报道。大家对于这种手段司空见惯，更加宽容。

张&刘：在新媒体环境下，娱乐新闻往往先在微博上曝光、发酵，传统的娱乐周刊如何获得你们的独家新闻线索，并进行进一步的调查？

谢晓：网络时代，各种通信技术更发达更方便了，但我以为有时也让人与人之间的距离更远了。现在很多记者都喜欢宅在家里打个电话就把采访解决了，从网上看看微博搜搜资料就可以写出一条稿。这种惯性让他们越来越依赖网络生存，而忘记了网络爆料之前最早是靠的口口相传。

所以记者平时还是要多与业内人交往，多出来吃饭聊天，第一时间获取信息，发现问题，而不是等到网络新闻已出现才开始跟进，这也是如何让我们的线索能领先于网络爆料的方法。当然有了网络后，会多了很多陌生人向我们爆料。除了能从各论坛或微博上发现线索，更多独家线索的获取靠的是与圈内朋友交往的能力和个人的新闻敏感。至少我们周刊很多的独家新闻都是从饭桌上获取的，然后进一步发掘跟进将之搬上版面。

而新闻敏感就来自于你平日的知识积累，积累越深才越敏感，越能判断那些看似不经意的话里所掩藏的重要信息。而且一件事情发生后，在相隔几个月或半年后都可能有新进展，会成为事件发展过程中阶段性的独家。有心的记者就会时刻掌握到这种主动报道的节奏。

张&刘：最近网上两次事件网友质疑你们PS，一是刘诗诗和吴奇隆，二是张艺谋陈婷封面图。结果编辑部用图示、真人演示的方式在杂志的官微上予以说明。对读者的质疑进行澄清，这在很多国内娱乐媒体是不多见的。这是否也是新媒体环境下，增强与读者互动的一种方式？

谢晓：因为这两件事都涉及新闻真实性的质疑，而且引起了网上较大的反响，如果我们不出来澄清，势必等于默认我们是PS的。但如果正儿八经地发声明，又显得我们太过官气严肃，所以我们采用了一种比较符合娱乐精神的澄清方式，同时也确实加强了与网友的互动。

“报网复合受众”为新闻二度处理提供了发挥空间

张&刘：微博兴起后，明星跟娱乐报道之间的关系改变了吗？明星和明星经纪人，是否拥有了更大自主的空间，他们可以不再那么依赖娱乐媒体和记者？

谢晓：微博兴起后，明星从以往绝对依赖媒体转变成了部分依赖，他们有了自媒体平台后，在发布新闻或回应新闻时可以打破媒体的节奏自行安排，从被动变主动了，确实不像无网络时代一样依赖媒体了，这是时代的进步。也让媒体与明星之间的关系发生了一些改变，变得更平等，明星不用再求着媒体发稿，而媒体也无法用发稿权来封杀谁。

张&刘：当越来越多的网民，通过网络媒体来获取娱乐报道，尤其喜欢从网络视频上看娱乐节目和娱乐报道，娱乐杂志应该做怎样的战略调整？

谢晓：还是那句话，找到自己的优势并把优势打造得更强。根据调查，现在爱看网络新闻的网民很多时候会因为看了网络新闻之后的深度持续关注而去购买杂志。

所谓“报网复合受众”的存在，让我们做新闻时时注意区别于网络的特点。网络新闻短平快，所以在新闻的深度与精度上比不过杂志，同时也为我们充分利用这种时间滞后的优势，在新闻的二度处理中重新找到亮点提供了发挥空间，或者整理出我们带观点的解读，相信这是现代社会缺乏思考的人们最看重的。

张&刘：在新媒体环境下，将娱乐新闻向纵深方向挖掘，也是一种差异化竞争策略。在这方面，《南都娱乐周刊》主要有哪些尝试，能否结合具体的报道谈一谈？

谢晓：在新媒体环境下，纸媒要生存下去只有不断地朝纵深发展。纵深不仅指的是篇幅上的，更重要的在于你要提供某些独特观察的角度，不拘一格的描述风格以及掷地有声的评论观点，才能与网络新闻真正形成互补。

比如我们早年做的《冠希回忆录》《阿娇复出的两个白昼》，都是人物题材，但从写法思路上很有突破。前者以时间为轴，假设陈冠希以今天的视角来回顾他以前成长的事例，我们试图通过梳理他的成长小事得出结论，他为何会成为今天艳照门的主角？他的性格是怎样长成的？而阿娇那一篇是写在她复出时间，记者通过几天跟踪采访观察，而试图向大家展现阿娇复出前倒数时间里的状态心情等。这都是一种角度的观察，区别于一般的平铺直叙或专访。

张&刘：在窦唯事件中，娱乐记者应该反思的一点是记者如何真正做到关怀他们所报道的对象。能否结合你做娱乐报道的经验，谈一谈今天娱乐新闻对于被报道的公众人物应该有着怎样的态度或者说关怀？

谢晓：窦唯当年烧车的极端行为我不太了解事情的详情，不方便评论。但在娱乐报道中也确实应有一种人文关怀存在。对于我们笔下的人物、事件，除了满足读者的窥私欲，某些时候也应有大媒体的情怀。

比如我就提倡大家在写稿时，注意坏事不要写到尽，往往能从笔调上往回扳一些。即便拍到了不好的事，我们希望在处理图片时也不是再踩一脚的态度，而是娱乐轻松些，从版面情绪上进行某种平衡。

张&刘：你在微博中写道："无论上了头条、将上头条、未上头条，不管主动公布、被动公布、即将公布的各位新闻主角，一直都在为个人生活争取空间，但命运各异的原因请参考以下这段来自欧洲人权法院法官的话：'如果一个公众人物能够合理期待自己的私生活不受媒体的侵犯，则他对私人空间的权利就优先于他人的言论或新闻自由。'"你理解的公众人物对媒体的"合理期待"是怎样的？

谢晓：我认为公众人物出现在公众场合下的一切行为都是有可能被摄入镜头的，因而他们要时刻严格要求自己，不要做出一些不合规范的举动来。而他们对于媒体立场的理解度越宽，他们对于媒体报道失望的可能性就越小。所谓"合理期待"就是可以理解为公众人物在公众场合下基本没有隐私权，按这个尺度去处理每一件事，他都会不失望不愤怒。

带着理想，能走得更远

——专访《中国青年报》特别报道部副主任刘万永

刘万永

1996年本科毕业于河北大学教育系，1998年毕业于中国新闻学院，同年进入《中国青年报》工作。现为特别报道部副主任，中共十八大代表。2003年全国新闻界抗击非典宣传优秀记者，2009年腾讯网年度教育记者，《中国青年报》2010年“年度最佳记者”。曾三次获得中国新闻奖，并于2012年获得第十二届长江韬奋奖。代表作品有《一个退休高官的生意经》《王佳俊冒名顶替读大学路线图》《公安部处长洗冤录》等。

访谈实录

我是“官员的长相，记者的命”

张志安、刘虹岑（以下简称张&刘）：你曾说自己做记者是“命不好，心态好”，为什么这么说？

刘万永：前两天，我们部门的人跟我开玩笑，说我是“官员的长相，记者的命”。我长得挺像官员的，但却是一条当记者的劳碌命。作为记者，很辛苦、收入比较低、工作没规律，当然也有风光的时刻和场合，但更多的时候面临着身体上的疲惫、心理上的压力以及持续降低的社会评价。

我觉得，现在整个社会对记者的评价越来越低。80年代的时候，记者承担了更多社会启蒙的作用，《人民日报》的记者去各地采访，都会被当成是“领导”，受人尊敬。但现在，大家更多的是把记者的工作与低俗新闻、为了出名而制造假新闻联系在一起。

张&刘：80年代记者不仅在启蒙，而且也在宣传。现在大家在抱怨炒作或假新闻，但这个职业是不是也被祛魅，告别了宣传者、启蒙者的角色回归了记录者的本位呢？

刘万永：记者的职责当然是记录历史，从说教、宣传到记录，确实回归了媒体工作的本位。我不认为把过去记者当成领导是对的，但记者这个行业社会评价持续降低，确实让我很忧心。

张&刘：在“命不好”的情况下，你怎么保持比较好的心态呢？

刘万永：如果前提是“命不好”，你可以离开，也可以选择留下来。如果选择后者，就努力有一个好的心态。

做记者很重要的一点就是要发自内心地热爱这个行业，热爱自己的工作。

一方面，从判断选题到最终成稿这个过程中，记者是否有用心，对这个稿子的成败影响是很大的。虽然稿子写出来，有时候读者看不出来记者是否用了心，但是记者自己肯定知道。

另一方面，从收入、社会地位、社会声誉上来讲，有很多工作比记者这个工作来得好。所以，我觉得一个记者是否能够走得够远，是事关新闻理想的。我在《做有硬度的新闻》[1]这篇文章中写道，有很多人因为各种因素而离开了新闻这一行，我并不反对别人这么做，这是件好事，说明这个人还是有很多能力，可以自主地选择自己的职业。但新闻这个行业还是应该有人能够坚持下去。一个学新闻的人，毕业之后在这个行业干个三五年，这说明不了什么问题，有的人能够坚持下去，而且还奋斗在一线，这是值得尊重的。

对于我而言，我喜欢并且能够胜任这个工作，至于其他因素，比如收入，我不是不考虑，只是我现在的收入自己能够接受，而且这个工作还能给我带来很多乐趣，这一点比什么都重要。所以，带着新闻理想，在这条路上能够走得更远一点。

张&刘：为什么不少记者到你这个年龄，都容易感到倦怠甚至厌烦，但在你同事的眼中，你还是保持着非常积极的状态。你是如何克服职业疲惫

① 原文发表于《中国记者》2012年第10期。

感的？

刘万永：疲惫感肯定大家都有，我不可能像打了鸡血一样，永远不疲惫。懈怠的时候，有时也会问自己：岂有豪情似旧时？！只是我对新闻还有热情。我一直觉得，还没有做到我理想的那个状态。

我在采访中心当记者的时候，觉得要是能在“冰点”这个版面上发一篇稿子，那我在离开《中国青年报》时肯定不会有遗憾了。但是2004年的时候，我就成为了“冰点”的记者，那发稿子是我的工作了，这个想法也就烟消云散了。

张&刘：你心中那个理想的状态是怎样的？

刘万永：这个理想状态，我不能很精确地描述出来，只能说是我对自己的期望吧。“文无第一，武无第二”，一篇稿子再好，也会有缺憾的。写出好稿子，也许永远是一个可望而不可即的梦想。

张&刘：你一直对做事件性的报道选题比较感兴趣。到了现在这个年龄，还会有那种被一个选题“击中”的感觉吗？

刘万永：应该还是有的。前年年底的时候，我们特别报道部碰到了一个选题，是一个兰州大学的学生发帖举报自己的同学公务员考试作弊的事[①]，我们连着发了 3 个整版。虽然已经年底了，但我们部门所有的人都特别兴奋，我们主任说“这帮人个个都像打了鸡血一样”。对于我们而言，从年初到年末，日子一天一天地过去，稿子也是一版一版地出……当真正遇到好的题目的时候，大家都会非常兴奋，都会有一种职业冲动。

我到这个部门已经有7年了，一直到现在，遇到好题目都会有一种冲动，想要自己去采访。前几天，我在微博上偶然知道《中国电子报》原副总编常林锋羁押六年被判无罪的事情[②]：宣判无罪后，常林锋举着严重变形的双手，称遭受了刑讯逼供。

我当时在家，立刻就联系发微博的人，他是我的师弟，告诉我北京媒体都不能做这个选题。我想，我一定要做这个选题，于是就立刻开始找律师、找判决书，然后把稿子写了出来。本来这个稿子，我不写也没事，也可以找别的记者来写，但我还是有这股冲动，这股冲动是非常宝贵的。

---

① 报道原文见《一青年举报同学公务员考试作弊被刑拘 律师质疑：吴忠警方办案是依据领导指示，还是公安部的规定？》，《中国青年报》2010年12月1日。

② 报道原文见《启动非法证据排除程序 报社副总编被羁押6年后重获自由》，《中国青年报》2013年3月21日。

如果一个记者遇到新闻时都没有反应，那我认为他已经到了离开这个行业的时候了。

一个记者，心态好就不要期望太高

张&刘：在你看来，“冰点”的特稿和特别报道部的调查性报道各有什么特点？

刘万永：特稿更讲究文章的节奏感和可读性，调查性报道更需要逻辑性，但是这两种稿子确实都需要把稿子写得吸引人。

我也比较困惑的是，调查性报道可读性比较差，很难写得生动，因为要生动就需要很多细节，但如果有一些生动的细节我没有证据来证明，只好宁可放弃。此外，在逻辑性和可读性之间，怎么平衡，怎么达到最佳也是我比较困惑的问题。

张&刘：20世纪80年代的时候，《中国青年报》是引领深度报道的前沿阵地，在年轻人中影响很大。现在，随着受众阅读习惯的改变、社会和媒介环境的变化，这份报纸在年轻人中的影响力有所衰减。你怎么看这个问题？

刘万永：如果一些青年读者不喜欢《中国青年报》了，除了获得信息的渠道多元这个因素之外，我们需要反思的是《中国青年报》作为一份青年报，为什么青年不喜欢。也许是我们报道的内容有问题，或者是语言风格有问题，这些都需要我们思考。

张&刘：你长期做舆论监督报道，过去这么多年，你对舆论监督的空间和环境变化是怎么看的？此外，有没有感觉监督报道越来越难以实质性地解决问题？

刘万永：我觉得舆论监督的空间有时候宽松、有时候紧张，总体来讲应该是在好转了吧。

具体说到报道效果，这需要根据具体情况来判断。过去，《焦点访谈》7点38分播节目，当地政府连夜开会把相关负责人都免掉，那个时代已经过去了。我们的记者不要给自己加那么多额外的期待，因为我们的工作就是报道，至于说报道之后能起到什么作用，并不是我们能够决定的，也不是我们能够左右的。

张&刘：调查记者比较容易有英雄主义情怀，希望通过调查性报道去推动和影响现实。在你看来，记者是否应该有通过报道来改变社会的使命感呢？

刘万永：我觉得记者能够通过报道来推动社会进步是一件好事，有这个期望也是很正常的，但是不要期望太高。如果期望太高就容易变得很沮丧，无力感就会加强，虚无感也会越来越强。当虚无感越来越强烈的时候就会考虑离开这个行业了。一个记者，心态好就是不要期望太高。

张&刘：这方面，你的心态看起来很平和。你的同事叶铁桥告诉我们："特别报道部的调查性报道就是一个拳头，如果这个拳头没打痛对方，我们就会觉得沮丧。"你会有这种沮丧的感觉吗？如果报道出来后产生的影响没有达到预期的效果，你会如何调整心态呢？

刘万永：没有，很正常啊；有，是额外的嘛。我做了15年的记者了，大家能记住的我写的报道无非也就那一两篇，实际上我做的很多报道，大家根本没有听说过。如果今天我们的报道出来了，没有达到效果，这是很正常的，每天有那么多的报道，我们的报道也许淹没在众多的报道中了。

所以，没有是正常的，有是意外的收获。要是有了这种心态，记者在做稿子的过程中就会心态很平和。

张&刘：其实，说一件事或一篇报道影响一个人，经常是比较牵强的。但我们还是想知道，你当记者15年来，有没有一件事或者一篇报道使你对记者这个职业的认识发生了比较大的变化？

刘万永：我最早做教育新闻，后来写一些法制新闻，现在主要是做舆论监督式调查性报道。这些年的从业过程中，我感觉有一个比较大的变化：过去，我们挖到一个料，拿到一些证据，就会认为自己挖到了真相，我们拿到的东西就是事实的全部；但现在，说到真相的时候，会越来越沉重，越来越慎重，我们不敢轻易说我们拿到了真相的全部。

2008年，我写过一篇稿子《谁盗卖了季羡林的藏品》[①]。当时根据事件多方提供的书面证据、视频等等，就会得出一个看似毫无疑问的结论。但是，这个结论其实是错误的。事后证明，这里面只有一个人提供的视频是真的，其他人都在说谎。不过，幸亏当时我在写每一个人的话的时候都标明了消息源，对他们的话都有所保留，没有用肯定的、确切的语气去叙述，而且也没有得出一个确定的结论。虽然稿子出来有一定影响，但是我没有成为被告。

---

①《谁盗卖了季羡林的藏品?》刊登于《中国青年报》2008年10月30日。

这个事情对我的教训是非常深的。记者永远不要在采访中天然地认为，我掌握的就是一个多么严谨的证据链，或者是一个多么全面的真相。

速生的东西，必然速死

张&刘：做热点事件的报道，你们特别报道部是如何整合各方资源进行快速调查的？

刘万永：我们部门的人比较少，一共7个人，其中3个人是记者。其他记者就依靠地方记者站，但一个记者站也就一个记者。

我们的报道多数是由一个记者单独完成，但也有一些报道是几个人合作的。比如前年我们做的一个兰州大学的学生举报他的同学公务员考试作弊的题目，就是好几个记者合作的。因为这个稿子涉及几个不同的地域：举报的学生是兰州大学的，我们需要去兰州采访；被举报的小伙子是被宁夏警方抓的，还涉及宁夏的采访；被举报的孩子的爸爸去了北京，说是要去清华大学找法律专家，我们还需要在北京采访。涉及跨地域的报道的稿子，为了在时间上更紧凑，我们会同时派几个地方的记者。

我经常会给记者强调的一点是：记者要有编辑的意识。我们一个整版大概是8600字到9000字的篇幅，还需要一到两张照片。记者写稿的时候就需要自己对稿子进行拆分，拆分到三篇到四篇的样子，其中有一篇3500字到4000字的主打的稿子，两到三篇的配稿。写稿的时候，记者要注意具体的素材如何应用，详略如何侧重，照片如何选择……这样的话，后期编辑的时候就能省很多的力。

张&刘：一睁眼就等着填版面，这种状态会不会让你的工作比较焦虑？

刘万永：哎呀，我太焦虑了，我天天都在焦虑当中！我希望我们的队伍能够形成一个梯度，能够"以老带新"，既能保证稿子数量，又能确保稿子的质量。

现在面临的问题是，部门人员不稳定，青黄不接。我们主任吴湘韩每天的一个重要工作就是给驻站记者打一圈电话，看看谁手里有线索，谁在写合适我们特别报道版的东西，尽可能地挖掘一些资源吧。

张&刘：以"天"为周期操作深度报道，相对来说速度较快、但可能缺乏足够的深度。你们会怎么平衡深度和速度的关系？

刘万永：深度和速度很难平衡。我过去经常跟我同事说的一句话是："速生的东西，必然速死。"

我当记者的时候，通常是上午开选题会，中午吃过饭，领导就会告诉我今天我要做一个什么样的稿子，当天晚上就要交稿。但我人也需要时间，而且并不是所有的领域我都了解，要写好一个报道还需要相应的知识储备，这些东西经常很难做到，也就是说我经常要写一些我完全不懂的东西。因此，我经常跟我同事说："速生的东西，必然速死。"

我们现在的状态也有跟过去有类似的地方。特别报道部一周要出三个整版的稿子，经常面临的情况就是稿子来得很晚，实在没有稿子的时候就只好把版面让出去。

张&刘：你们整版的报道要有所"拆分"，这种组合报道如何突破"现场+背景+专家观点"的模式和窠臼？

刘万永：我们过去一直在用这样的模式，现在基本也没怎么变。我觉得更主要是出于版面语言上的考虑。比如，专家观点不会太长，大概1200字到1500字，正好是右边的竖一栏，剩下五栏，我的稿子比较好摆。

其实，我最反感的就是专家观点这样的稿子。第一，我们可采访的专家库资源太少，采来采去就是那几个人，读者都看烦了。我们应该采访的是不同的人，甚至是观点相左的人。第二，更多时候，所谓的专家观点，不是谁都能说出新东西。我就经常跟我们同事说："你还不如采访我呢，这些东西我都能说！"如果我们没有找到合适的专家，如果专家没有独到的观点，不如不找专家谈。当然有时候也与事件本身有关系，有些专家觉得我们问的问题没有什么意义。

我希望专家观点能够越短越好，越独到越好。如果达不到这样的要求，不如不要，把更多的篇幅留给前线采访时得到的一手资料。

关于事件背景，原来有一个小栏目叫"链接"。这样做，比较省事，也能够在信息上更加丰富、多元，但最后被有关部门明令禁止了，就是不能就这个事件联想太多。比如说假如劳教制度今天废除了，我把任建宇案做成一个"链接"，这样的稿子也许就会被毙掉。

最关键的就是前方记者能不能把该拿的东西都拿到，写出来的稿子逻辑严密，证据切实充分。如果能做到这些，这个版就能够立得住。具体怎么组合，其实有很多方法，比如可以用相关的图表或漫画来丰富版面语言。实际上，稿子的信息量丰富了，读者喜欢读了，我们的目的就达到了。

张&刘：关于组合式深度报道的操作，还有什么可分享的经验吗？

刘万永：作为特别报道部的编辑，我最重要的工作就是把合适的工作交给合适的人去做。组合报道的意义在于能够给读者提供一个全景式的报道，尽可能地把所有的点都覆盖到。这往往是由一个记者难以完成的，需要前后方相互配合，一步步地把事件真相呈现出来。

新技术的辅助，不过是让试错的时间变短了而已

张&刘：互联网兴起之后，特别报道部在获取新闻线索、展开调查、搜集证据方面有哪些变化？

刘万永：我们前年开办了一个"今日求证"的栏目，类似于《南方都市报》的"网眼"版，挑选互联网上的热点话题，并打电话给相关的人进行求证，力求在最短时间内发稿，争取做出时效性强的报道。

在获取线索方面，也更多地通过网络来发掘。具体操作上，通过网络能够找到采访对象。比如我们做过美国的校园枪击案，记者不可能去美国，如何完成这个稿子呢？我们就去找离现场最近的人。我的同事叶铁桥就在网上搜美国某个大学中国学生学者联谊会的主席，再通过互联网找他们的联系方式，进行采访。

现在，无论在新闻线索的采集上，还是在选择合适的采访对象上，甚至说在寻求某一个事件的真相上，互联网都起着越来越大的作用。但多数情况下仅仅通过网络、电话是不能得到真相的，还是需要记者到一线去找不同的部门和相关的人，才有可能把真相求证出来。所以，如果经过初步电话核实不能确证事实的话，我们就会放弃当天"今日求证"栏目的选题。

张&刘：听说你一直保持着一些传统新闻人的报道习惯。有没有想过用新媒体工具来丰富调查手段？

刘万永：借助新媒体肯定是必要的，尤其在寻找线索上。更重要的是，要知道新媒体并不是万能的，并不是所有的新闻都能够依赖这些手段就能完成的。对一些事件的报道，还是要到现场去，还是要去采访大量的人，才有可能还原出一个事件完整的真相。

传统的调查手段与新工具是相辅相成的。无论是多么具有传统思维的记

者，都需要去学习新媒体技术。比如我要去一个地方采访，这个采访地点对于我而言是完全陌生的，我就可以用微信“摇一摇”，可能摇出的身边的人就是知情人士。

无论记者是一个个敲门，还是一个个打电话，抑或是用微信“摇一摇”，都是一个试错的过程。新技术的辅助，不过是让试错的时间变短了而已。

张&刘：网络时代，不同媒体的选题容易撞车，获取的资料也容易重复，做独家报道越来越难。你们特别报道部如何追求独家呢？

刘万永：独家越来越难，难道我碰到一个独家题材的时候会兴奋得睡不着觉。对于我们而言，这可能是最让我们感到焦虑的，因为任何一个记者任何一个媒体都希望发出独家的东西。

网络时代，虽然独家很难，但不是说完全没有独家的可能。曾经有一个知情人在看到我们的报道后，直接跟我们报社联系，要求我们的记者在“接头”的时候拿着某天的《中国青年报》。我们要尽量去做有影响力的报道，这样也许会有信赖我们的读者来为我们提供独家线索。

当然，记者和编辑的判断能力也很重要，是否有独到的眼光非常重要。新闻发生了，要第一时间判断它的新闻价值、第一时间完成采访、第一时间发稿，才可能有独家的机会。

组合信息的能力也很重要。很多事情发生后，信息是散落在各处的，你能不能把这些东西串起来，然后发现背后的重大命题的能力很重要。

张&刘：你怎么结交如此多的律师朋友，平时怎么有意识地建立和扩大自己的社交圈？

刘万永：我还不像别人，为了达到什么特定的目的而去结识特定的人。在做报道的过程中，我会接触各种各样的人，有的人报道完了之后就各奔东西了，但有的人会成为一生的朋友。很多时候，大家会相互扶持，相互帮助。我不会因为那个人是律师，手里有很多案源，我就去和他有意地结识。我的律师朋友都是通过一些案件的采访认识的或者朋友介绍的。

张&刘：朋友多、关系广的记者，再加上人热心，比较容易在调查记者圈建立所谓的“江湖地位”。你怎么看自己所处的位置？

刘万永：在记者圈里，没有谁是核心，谁不是核心。不同的媒体，有不同的要求。只不过是大家愿意聚在一起，讲一讲自己做过的稿子，讲一讲工作中的酸甜苦辣和经验教训，顺便把自己被毙掉的选题讲出来看看别人能不能做。

新闻作品都是遗憾的艺术

张&刘：你毕业后从事新闻工作，是怎么逐步进入调查性报道领域的？

刘万永：刚出来工作的时候，我就写过一些法制类的报道，跟调查性报道有很多相似之处。后来，出于自己的兴趣爱好以及对新闻了解的增多和理解的深入，认为应该选择自己适合的方向。

我在中国新闻学院上学的时候，有很多老师都是新华社记者，他们退休之后，都想出一本自己的作品集，结果把自己的作品搜集到一块一看就哭了——都是新闻通稿。

没有能够体现自己做记者的价值的东西，我觉得这是最可悲的。既然人的生命有限，在中国当记者在一线跑的时间更有限，为什么不把有限的职业生命好好利用来写一些让人记得住的报道呢？

张&刘：所以，你把调查性报道作为自己的专攻领域也是因为感觉这个领域最有价值？

刘万永：因为我喜欢它啊。在做调查性报道的时候经常会发现一些侵犯公共利益的官员在很真诚地对你说谎，这个时候，采访就变成了一种智力的比拼，我需要用我掌握的事实来证明他说的话是假的。这很有意思，很有快感。

张&刘：一般人或许面对对方撒谎，自己也有压力。为什么你会有这种快感？

刘万永：揭开被遮蔽的真相，向读者呈现事实，让他们免于蒙蔽，有什么比这更快乐的工作呢？

张&刘：随着年龄的不断增长，你对调查性报道的热情为什么还这么高？

刘万永：很多人做三五年新闻就没有激情了，很大一部分原因是不再有新鲜感了，看到一些稿子觉得我好多年前都已经写过了，只不过是换了个时间地点和人物而已。

这个时候，你要么去开拓自己的视野，要么就离开这个行业，你总需要一些兴奋点。在微博上，不妨去关注一些你太愿意关注的人。比如我的微博关注得比较多的是一些记者或者律师，这个时候不妨去关注一些别的群体来扩展自己的视野，来保持对新闻的敏感度。

张&刘：如果现在重新去打量你自己当年做的有影响的报道，比如《一个退休高官的生意经》《王佳俊冒名顶替读大学路线图》，会有哪些新的感悟吗？

刘万永：新闻作品都是遗憾的艺术，因为我们事后总能意识到这个稿子的缺点是什么。我觉得，这些遗憾是一个记者成长过程中必然的产品。

我到大学里去给学生们做讲座的时候，不会仅仅讲一些自己过去的“辉煌”，也会讲自己的错误。因为我觉得像我们这样从业十几二十年的人，有责任也有义务把自己不那么闪光的东西也要告诉这些年轻的学生，要让他们知道做这个工作真实的状态是什么样的。并不是说，我写了一篇报道，引起了巨大的轰动，一个拖了十年的问题由此得到了解决，于是学生们觉得，哇，当记者真有成就感啊，或者当记者真刺激真好玩，真有新鲜感啊。我觉得说这些都不对，我们应该告诉这些学生，做这个工作中存在什么实际的困境和问题。

作为一个记者，需要不停地用作品来证明自己

张&刘：“党代表”这个身份对于你来说意味着什么？

刘万永：去年《南方人物周刊》采访我，我说了“党代表是我的免死金牌”，结果有很多人骂我，哈哈。其实是这样的，比如我去采访，可能会遇到一些危险，能够用党代表这个身份为自己寻求保护，但到目前为止我还没有在采访中使用我党代表的身份，也许就算我拿出这个身份也没什么用。

其实，我作为党代表参加十八大是一个非常宝贵的经历。作为记者去报道这样一个会议，和作为党代表参加这样一个会议是两个概念。一方面，能够知道中国政治的运作是什么样的；另一方面，也会反思我们的报道应该怎么样客观真实地记录下这样一段历史。原来我作为记者拿着录音笔、扛着摄像机去追着代表采访，现在变成了别人追着我采访。那个时候，我才真正体会到为什么有的人愿意接受采访，有的人不愿意接受采访。当时，我对跟我分在一组的一个代表说：“我曾经就是这些追着你们采访的记者中的一员，我最反感的就是代表不愿接受采访，所以我希望你能够善待记者。”

张&刘：你曾三次获得中国新闻奖，2012年又获得了长江韬奋奖。你如何看待这些奖项对你的意义？

刘万永：中国新闻奖或者长江韬奋奖是体制内的、官方的最高奖。有的人说，这些奖你给我，我都不要。有这种想法也是很正常的，可以理解的。我只是觉得，获奖只能说明你符合评奖的标准，同时在参与评奖的人中你很

幸运地取胜了，但并不能代表你比与你一起参评的人优秀多少，更不能代表在这个新闻界你的地位有多高。

一个记者，需要不停地用作品来证明自己。在这个行业，过去那种靠一篇稿子就扬名天下、奠定“江湖地位”的时代已经过去了。我们做记者的职业生命是很有限的，要在有限的时间里尽可能地写一些好的作品，读者才有可能记住你，仅仅是有可能。记者不要对结果有过高的期待，因为期待本身就是一个错误，如果得不到你想得到的东西，反而很失望。就像一句话说的“本来无一物，何处惹尘埃”。

一个记者在写稿子的时候，衡量稿子的标准不应该是为冲击中国新闻奖而设立的，比如字数一定要在3000字以下，而应该是为了稿子本身，为了把这件事情交代清楚。如果为了拿奖而写稿，这个稿子不可能写得好。

张&刘：你在做记者方面最大的优势是什么？

刘万永：我老婆经常说我这个人对什么都无所谓。我觉得，无所谓就是在物质上的要求不高，虽然我挣钱不多，但是我觉得够花了啊，我不需要多么高的消费。我从来不会因为为了达到某一个目的而着急上火，在我看来很多事情都是自然而然的，着急也没什么用，“命不好，心态好”很多时候就表现在这个上面。

因此，我做报道的时候心态会比较平和，不会想着这篇稿子出来了，明年就能拿个新闻奖什么的。如果记者在写一篇稿子的时候有非常功利的想法，他的判断就会受到影响，容易出昏招。

张&刘：你在《记者还用讲新闻理想吗》这篇文章中提到：“很多人会觉得新闻理想虚无缥缈，但在实践中，理想却又是那么具体。”这个“具体”，怎么理解？

刘万永：我觉得，新闻理想在很多具体的情景下会指引一个记者做出自己的判断和选择。做记者做久了可能会有惰性，或者被一些外在的客观因素所干扰，但是如果他有浓烈的新闻理想，肯定不会给自己找借口。新闻理想就像一个指南针一样，在当记者这条路上指引着我。

张&刘：你曾经说过你的“新闻理想”是通过自己的报道去维护社会的公平正义。

刘万永：随着职业年龄的增加，许多记者越来越少地谈到“真相”或者“公平正义”。你不是也经常提醒我们不要“自我道德化”吗？我觉得，我们做的事情也许在客观上对这个社会的公平正义有促进作用，但是记者不要天然地认为自己做的事情就是在维护社会的公平正义，应该是觉得自己做的不过是一个记者应该做的事情。

就像我看到《中国电子报》被羁押六年，最后被宣判无罪的副总编举着自己那双严重扭曲的手时，我心里想的不是他遭到了刑讯逼供，应该获得国家赔偿，我应该帮他做这个事情，我想的是这是一个好新闻，我应该把它做出来。

张&刘：理想其实更多深埋在人的内心深处，而日常的工作实践中则少谈些理想、多做些报道。

刘万永：我觉得新闻理想不是天天挂在嘴边，它不是喊出来的，而是实实在在地通过自己的作品来实现的。我有很多踏踏实实写稿子的朋友，我从来听不到他们说自己有多么宏大的抱负，但他们能够通过自己的作品把它实实在在地表现出来。

新闻的底线是尊重事实和他人

——专访中央电视台《新闻调查》编导王晓清

王晓清

1976年出生，现任中央电视台《新闻调查》编导、出镜记者。曾获中国新闻奖广播电视节目一等奖。在湖北电视台工作期间，作品《唐山地震三十年祭》获2006年度中国纪录片国际选片会十大纪录片奖。2006年加入央视《新闻调查》栏目，担任编导，后兼任出镜记者，主要作品有《被质疑的红十字》《哈尔滨倒桥事故调查》《睡在桥下的兄弟》《当孩子离去》等。

访谈实录

探讨式的采访比对抗式的采访要难

张志安、刘虹岑（以下简称张&刘）：电视新闻的一个特点就是要被访者面对镜头，面对面地接受采访。你是如何说服不同的人面对镜头说话的呢?

王晓清：我遇到的采访对象中对电视新闻采访完全持抗拒态度的并不太多，当采访对象是新闻事件当事人的时候，有些人是他有责任面对媒体，而有些人会有倾诉的欲望。当一个事件模棱两可的时候，他要告诉大家他是如何看待这个事情的。直接抗拒采访的人，并不是特别多。

当然也会有因为不同原因有顾虑，想回避的，但大多还是可以通过各种方式沟通，说服对方接受采访。

其实，我觉得采访与人和人之间谈话是一样的。真诚地去和别人打交道就可以了。现在有一种不大好的倾向，特别是少数调查记者会带着对抗和敌意去和采访对象接触，甚至会故意制造一种矛盾对立的气氛，我是不赞同这一做法的。

记者就是第三方，只是想听听你怎么说这个事情，你心里是怎么想的。探讨式的采访比对抗式的采访要难。要对抗起来很容易，你不断地去质疑、激怒对方就可以了。但问题是有时候，在这种对抗式的采访中对方体现出来的其实并不是一个真实的状态。一个人在盲目和紧张的状态下与人交流、对话，是不可能打开自己说一些真心话的，因为他时时刻刻都在揣摩自己的措辞是否恰当。

所以，我觉得采访不是和对方对抗，而是要了解对方真实的想法，不管对方是什么人。我最感兴趣的是他怎么说这个事情，他真实的想法是什么样的。当你是以这样一种心态去和对方交流的时候，对方也能感受得到，就有可能形成一种探讨式的采访氛围。我说服采访对象的方法就是让对方感受到，我的意图就是想要了解他真实的想法是什么、他为什么这么做。

张&刘：如果采访对象是新闻事件中备受争议的人或者侵犯公众利益的人，会不会担心你的信任、善意和镜头也许会被对方所利用，用来作为自辩的方式？

王晓清：如果一个人不想说自己真实的想法，那他永远都不会说，不管你是怀着善意还是充满敌意。怀着信任和真诚去与人交流并不意味着放弃了质疑的态度，失去了记者应有的判断力。如果受访者某个地方回答得不真诚，我也可以真诚地追问他，我可以说：“我认为这不是你真实的想法。”

记者真诚的态度和提问的直接性或锐度不是矛盾的。该问的问题都必须问到，不论记者是以一个什么样的态度。在这样一个前提下，我觉得一定是真诚和尊重的效果更好。

张&刘：的确，以真诚的态度与受访者探讨问题比简单对抗更能促使采访顺利进行，在这个过程中，也需要记者准确判断受访者的态度和观点并及时追问。采访中，你是如何观察受访者并及时做出判断和调整的？

王晓清：两个人面对面坐在一起聊天的时候，就能够很直接地感受到对方有什么细微的情绪，有哪些问题对方回答有疑虑，或者有哪些问题对方还有继续诉说的欲望。

做新闻需要一定的阅历和理解力。因为到了一个年龄之后，和人打交道会和特别年轻的时候有差异，只有经历了足够多的事情能具备了对人情绪的感受力，才能更好地完成采访的工作。

张&刘：采访中需要双方处于平等的位置，你如何理解“平等”，如何保持与受访者的平等交流？

王晓清：我认为平等是交流层次上的平等，就是要能够听懂对方说的话，对方也能明白你想问什么，这就是平等、对等的交流。在采访一些学者和专家的时候，也许我在这方面不是专业的，但要能听懂对方在说什么。同时，也要能够提出一些问题，这些问题既是电视机前的观众想要了解的，也是被访者适合去回答甚至有时候希望去回答的。当有了这种交流能力的时候，就能在采访过程中与对方保持平等。

张&刘：在你看来，平等不仅仅是心态上的平等，更多的是彼此理解的一致、知识的对等。

王晓清：是的。心态上也需要平等，但从人格意义上说，任何人都是平等的。我认为，平等更多指两个人能不能真正地交流起来，让这个对话变成一个有意义的对话。

张&刘：在采访过程中，你是否也会有职业伦理方面的困惑呢？如果碰到，如何处理的？

王晓清：职业伦理这个东西不太可能形成一个教科书式的东西去操作，特别是就中国当前的新闻发展阶段来说，还没有建立起特别多的共识。现在还是主要靠个体自己的理解，逐渐建立起共识。

如果要说我个人的理解，职业伦理产生的心理基础是，永远不要把实现采访、对节目有利作为最高价值。比如，我不太赞同偷拍，也不会通过别的一些压力强迫对方接受采访。在双方交流过程中，有什么问题是对方不便于公开的，我会尊重对方的意愿，除非这个东西确实涉及公众利益。另外，还有全世界通行的对少年儿童的保护和受害人的保护也需要遵循。职业伦理其实就是一句话：尽量考虑到对人的保护，尽可能降低对人的伤害。

有时候，我也会有这方面的困惑，但大多数时候都能解决。比如，在这样一个特殊的电视采访的情景下，他会把我当作一个可以进行深度交流的人，这种深度交流在两个陌生人之间是不会发生的。但是，由于电视给了我们一个谈严肃话题的特定情境和氛围，这个时候我们就会进入这个情境、接受这个情境，这是这个职业必然带来的东西。这种东西会让我有一些疑惑，比如采访某些经历不幸的人，他们会谈自己很深层的一些感受，会去复述整个家庭经历的不幸，会去叙述最让自己难过的事情。这时我会思考自己是不是承担得起这些沉重的东西，以及最后电视产生的影响和价值大小是否能够足以让他去重复这样一种不幸呢？这样的价值是否能够以重复他人的悲伤为代价呢？可能不一定。不过，我会这样劝解自己：他坐在这里接受我的采访就代表了他能够接受这样一种方式，他愿意来跟我谈他内心的感受。

对于这样一些采访对象，我希望在节目成片中贯穿善意和敬重的态度，让受访者和观众能感受得到。也会特别注重节目的质量，要对得起对方真诚的讲述。这是我们所能做的和必须做的。有些彼此感觉很好的采访者，会长期保持联系，过年过节会问候，再去当地会再聚聚。采访是人和人之间的交流，我与他们的关系是长期的而不应该只是短暂的采访关系，这样比较能够说服自己。可能这已经超越了职业伦理变成了一个个人性格的问题——在我看来，他们接受我的采访，和我谈得特别真诚，我会觉得如果我仅仅是为了这次采访就让对方掏心窝子地跟我交流，心里会不舒服。

记者不是提问的工具，记者就是一个正常人

张&刘：《新闻调查》最近的一期节目《当孩子离去》中，失独者落泪的时候，你伸出手去握住她的手。这种情感流露，会不会让一些观众产生误解，觉得没有保持通常记者要求的客观和中立？

王晓清：这个时候谈中立、客观不太恰当吧。记者首先是一个人，大家不要把记者理解为一个提问的工具，记者就是一个正常人，他在和人谈话，如果两个正常人谈到这个话题时会有一些安慰的表示，那就很自然地去做就好了。

那是一位年长的阿姨，她在我一个晚辈面前表现出了难过，我就会很自然地去拉拉她的手，在生活中我也会这么做。如果对方是一个很自尊的男士，他本来就是不希望表现出难过，希望能克制住自己的情绪，我就没有任何安慰的反应。这些东西不需要任何所谓的设计，在生活中遇到这样的情况会怎么反应这个时候就怎么反应。记者只要不去表演，不去突出自己，自然

而然地去做就好了。

任何教条的东西都是需要警惕的，有时候我更相信人和人之间的常识和直觉。

张&刘：也许有读者会认为，采访的时候，照顾到被访者的感受，记者这样做比较自然。但在后期编辑的时候，或许可以把类似这样的镜头剪掉。为什么依然把它保留在节目中呢？

王晓清：一个原因是我们使用的是双机，镜头已经拍到了，这个时候被访者的情绪和后面的衔接点是不能够割裂开的。《新闻调查》希望留住人和人之间的“交流场”。当然，任何事情都应该讲究一个分寸的问题，比如是不是要强调这个行为，以及这个行为本身的分寸感是否合适……其实，我们从来没有刻意地强调这些东西，它只是自然地发生了。

我记得《新闻调查》的同事董倩做的一期节目叫《穷广东调查》，里面有一个段落让我特别感动：当她采访一个少数民族山村里的一个年轻女孩时，那个女孩背着一个娃娃，带着董倩去家里看。女孩忽然想到“难道我的一生就是这样吗”，然后说着说着就掉眼泪了，一边掉眼泪还一边笑，对董倩说：“真不好意思，让您见笑了。”这时候，董倩就拍她的肩安慰说，没事，你还年轻。她也没有多说什么，这个时候能感觉到记者就是自然而然的真诚举动，她的反应特别人之常情，恰如其分。

只要是人和人自然的交流和反应，为什么一定要计较它在不在节目当中展现出来呢？我不大能够理解为什么有些人看到这种行为就觉得这样做一定就不好，其实好与不好，真诚与不真诚，观众一眼就能看出来。

可能大家会引用专业主义的概念来看这个问题，认为应该绝对摒弃这样一种行为，我觉得还是要分具体的内容吧。在有争执双方的时候，记者不要去同情一方的哭泣和感受，特别是有时候这种哭泣和感受可能是一种工具，记者要关注的是事实本身，而不是当事人的情绪，因为有的情绪甚至可能是不真实的。但是像有的节目，比如我刚刚谈到的这种情况，当一个人谈到自己的生活突然产生的感触，这个时候是没有和他人利益的冲突和利益的追求的，这种情绪新闻中是可以保留的。但是，在有双方的利益冲突时，记者情绪的流露就应该慎重。

张&刘：现在回忆起来，跟过去相比，现在你与被访者的互动交流有什么变化？

王晓清：变化很大。我20多岁的时候，有的采访对象是没有办法与他们平等交流的，可能也没有办法听懂对方的一些话。当你听懂或者听不懂对方某些话的时候，对方是能够感受到的，不管是专业上的还是情感上的。我觉得采访是最难的，只有到了一定的年龄才能在与人交流的时候，真的能听懂对方在说什么，而且准确地知道观众会关心什么样的问题，怎样去提问。在每一个新闻事件的现场接触的人、接触的事都会让我去想很多东西，就像老人说的，"很多东西真的只有经历了才能明白"，那个经历会变成自己的一部分，每一次经历都会给自己留下一些东西。

出镜记者，核心不是出镜而是记者

张&刘：电视新闻对镜头的运用有怎样的特点？

王晓清：电视新闻的镜头画面需要的是平实，不要夸张。刚到《新闻调查》的时候，我剪片子的风格会比较注重外在的包装，但后来我的手法反而越来越简单了，有时候画面过于花哨和丰富反而会冲淡内容，因为观众在单位时间内能接受的信息是有限的。

举个例子说，电话采访，有的人习惯把镜头切来切去，去丰富镜头的表现。有一次，一个受访者不愿意露面，就在一个办公室里面采访，我只能在门外拍，当时我换了很多景别，比如全景的展现、近景的门把手、摄像机上面声音的指针，中间切换了几次。后来一位同事和我交流，他说他看这一段的时候觉得非常不舒服，因为那个时候他只关心那个人说了什么，而我镜头的切换妨碍到了他专一地接受信息。他说的是对的。

张&刘：用镜头去展现新闻事件中人的心理状态有什么技巧吗？

王晓清：首先要能够感受到他是一个什么样的心理状态，才能选定一个方式去客观地表现他，然后结合具体的环境以及对事件和人的理解去呈现。举个例子说，汶川地震的时候，我们看到一个男人远远地看着自家的废墟，我们选择的表达方式是背影——甚至是保持一段距离的背影。这个时候，保持一段距离是一种尊重。一个男人在悲伤的时候是很忌讳你去拍他的近景，你去让他的面部特写出现在镜头上。有的人会这样做，但是我不喜欢。一个远景的背影，时间长一点，它的信息量和情绪已经足够了，而且是合适的。

张&刘：根据你的经验，出镜记者的出镜方式和作用具体是怎样的？

王晓清：情况千变万化，没有绝对的，可选择的叙事语言和表达方式不是唯一的。同一个信息，可以用空镜头也可以用出镜记者，至于选择哪一种，会考虑非常多的元素。比如说这个地方有非常丰富的空镜头，适合用空镜头去表达，又或者说我希望这个地方需要空镜头来营造一种氛围，我也会选择空镜头。用出镜记者还是空镜头就是一种选择，具体怎么选，要看一个节目总体的设计。

有时候，出镜记者的使用是交代某个环境，这个环境仅仅通过镜头来表现可能会非常复杂，如果有一个人来引领就能特别容易看清楚；有时候，某个抽象的观念、某个段落的转折通过出镜记者来呈现是合理的；甚至有的时候，出镜记者是被设计为一个结构元素，在某些环节上需要用出镜记者来打破节奏。但一定要清楚一点，那就是什么时候观众不希望看到出镜记者，或者说什么时候出镜记者绝对不应该介入。比如说特别精彩的新闻现场、当事人正在交流的一个完整的氛围，这个时候如果进出镜记者就好比看电视剧看到精彩的时候突然进广告一样。

张&刘：《新闻调查》比较注重用记者出镜的方式来逐步揭开真相或者展现记者跟新闻当事人的“交锋”。这种叙事方式具有怎样的优势？

王晓清：这个栏目是觉得如果有这样一个人的元素在里面，那么表现起来在形式上会有它的优势。首先，两个人坐在那里谈话，如果说这两个人能够真正地对话，那么这种交流的感觉是非常有魅力的。一次交流中有很多问题需要追问，如果这个记者是一个合格的追问者，节目把他的形象、提问的内容都用镜头表现出来，这个对话就更加完整。

记者出镜能够保留一个谈话场，这个谈话场里面的信息是丰富的。从观众收看的视觉习惯来说也是这样，如果只有一台机器，观众一直盯着这个被访者，也许也会觉得奇怪吧，大家也想看到提问的人是谁，想看到他是怎样的一个状态，他是什么样的表情。我觉得这是一个很自然的需求。

在一个时长45分钟的节目中，很适合用这样一个形式来表现。记者去调查一个事件，节目完全可以把他拍进去作为角色来展现。其实不止《新闻调查》，好多栏目也都做，只不过说很多栏目没有把它变成一个常态化的形式固定下来。从电视传播来说，一个节目的形式要常态化，这本身是合理的。确定了这种形式，它就成了这个节目的标志。这样一个有角色活动的元素在节目里，观众看起来也不会那么累。如果一个片子里有记者出现的画面全部被解说词给替换掉了，记者的行动感就会比较弱。

另外，新闻毕竟是依靠人和人认知和调查这个世界的事业，有任何资深的、有能力的记者，对于一个媒体来说，都应该是值得珍惜的，在平面媒体也好，网络媒体也好，我相信都是这样。那么电视新闻调查节目也会注重把这个资深的记者作为栏目的标志，就像栏目的评论员一样，时间一长，观众对这个人会产生认知，也会愿意跟着他去了解事件。一个固定的记者形象也是栏目的符号。

张&刘：风格对于一个出镜记者而言重要吗？

王晓清：记者只需要提问就是了，出镜记者从来不应该考虑风格的问题，如果去考虑了，那他就走神了。我认为刻意设计所谓出镜风格的一定不是好记者。当然，提问如何去问，某句话应该怎么说，都应该提前经过深思熟虑，但这不是说一切都是台本，而是说要对报道的问题和问题的背景有足够的把握，一些关键的语言的表达一定要准确。只有有了认真的准备，在采访现场，记者才会有好的临场反应。但无论是事前准备，还是临场的反应，都应该是真实的流露。

我总是觉得，出镜主持风格和过日子是一样的，是什么样子就是什么样子。崔永元和白岩松的风格都不是设计出来的，他的风格和他的经历、他的气质有很大的关系。有人开玩笑说，看白岩松出来觉得出大事了，看小崔出来顿时就觉得没事了。他们各自有各自的优势和强项，一个可能更轻松，一个可能更严肃。不可能让白岩松像崔永元一样，也不能让崔永元像白岩松一样。每个人的风格都是自然的流露，由来已久，可能从他的童年开始呈现出来了。

如果一个人的风格不是自然流露而是完全依靠设计，太技术性了吧，设计得不高明、蹩脚的，也能看到很多，那就是做作；设计得很高明的，风格也至多只能是一个辅助手段。比如，对于某一个话题怎么谈，可能有的节目主持人会更温和一些，有的可能会更尖锐一些。如果说是主持节目，那我觉得不排斥设计走某种风格路线，但我还没有看到过某个新闻节目的出镜记者是靠设计的风格而成为好记者的。

张&刘：新闻节目中出镜记者的风格不应该过于突出，是因为风格的存在会限制其报道的类型吗？

王晓清：尺有所短，寸有所长，每一个人都去做自己适合做的事情就好了。一般来说，新闻记者是比较百搭的，因为一个新闻出镜记者的个人特点不应该那么突出，他在报道一个事件的时候位于一个客体的位置，他所做的是提问，是让事件的主体、当事人能够凸显出来，他的角色类似于相声中的捧哏。从我们《新闻调查》这个节目的形态设计上来说，出镜记者，少了他不行，但是新闻出镜记者其实就是代表观众、站在观众的角度去看，是这么一个眼睛，这么一个角色。和新闻事件、林林总总的信息、新闻事件的当事人比起来，出镜记者始终位于一个次要地位。如果我们在某个新闻节目里看到某个现场记者有特别强烈的风格，我觉得一定是哪儿出问题了，有点喧宾夺主的味道。

张&刘：从工种上来说，出镜记者和主持人是不同的。不过，普通观众不太清楚电视新闻节目主持人和出镜记者的区别，你能说下对这两种角色差异的看法吗？

王晓清：在中国，我们常说的主持人概念可能更多的是主持一个栏目或者一台晚会，他要去把握现场的流程、调节现场的气氛，他自己的表现也会成为节目的出彩点之一。另外，主持人的台本和发挥的范围相对会固定在这个节目之内。

真正的出镜记者，核心不是出镜，而是记者，他首先是一个新闻人，作为记者去提问，即使没有镜头在这里，他也是这样去问。《新闻调查》这个栏目希望更强调记者和被访者的交流感，希望把双方的问答过程和气氛更完整地传达给观众，所以它使用了双机而不是单机，这时候出镜记者就出镜了，仅此而已。如果观众将出镜记者当作新闻节目的主持人，也没有错，但新闻节目的出镜记者应该记得自己不应该作为一个主角去表现自己。

做新闻需要对社会的理解、对人的认识、对问题的研究

张&刘：具体的因为什么契机到了《新闻调查》这个平台？

王晓清： 2006年，我为湖北电视台拍了一个叫《唐山地震三十年祭》的纪录片。拍完后，正好《新闻调查》也刚拍了关于唐山大地震的节目。我在北京和一位朋友交流的时候，她正好是《新闻调查》制片人张洁的朋友，她觉得我那片子还行，说晚上正好约了张洁去《新闻调查》办公室聊天，问我愿不愿意跟她一起去，给张洁看这个片子。当时地方台的新闻工作者都知道

新闻评论部这样一个地方，有一群真正热爱新闻的人，有一批电视新闻界最好的栏目，当然就想跟着她去看一看。到了《新闻调查》办公室，张洁看了这个片子觉得不错，他问我有没有兴趣来这儿，这对我很有吸引力。当时我说我需要回去考虑一下。回去之后，心里一直觉得想去，如果不去心里肯定会很遗憾，然后就下定决心去了。其实，这是挺偶然的机会，我不是一个特别爱规划的人，到了一个阶段遇到一个合适的机会就去了。

张&刘：在你看来，做电视新闻的理想平台是怎样的？

王晓清： 其实，我一向不太考虑平台的问题，我倾向于把“平台”替换为“环境”。环境是由你身边的人和合作伙伴组成的。如果能跟这群人合作默契，像朋友一样地沟通，在一个栏目组里面，对节目的价值观有共识，都能够为了这个集体去努力，并且个人在这个集体里也能够获得舒展就很好了。

所以，我更关心环境而不是平台。做任何事情都要和靠谱的人在一起嘛。

张&刘：你对未来的职业发展有什么规划和期待吗？过去张洁也说，希望一辈子在《新闻调查》工作下去，但计划赶不上变化，现在他去做电视剧了。你想过会有这些变化吗？

王晓清： 说实话，我没有什么规划。我是一个极度缺乏规划的人，从来不会想过几年之后我会怎么办。如果你有兴趣，内心会告诉你，而不是靠事先一步步去规划。只要认真地去工作，认真地对待一些问题，这样生活就会很踏实。

张&刘：你做新闻的持续动力是兴趣吗？理想对于你的兴趣来说有什么意义？

王晓清： 我做新闻的动力就是兴趣。

做新闻的人肯定对周围的人和事都有强烈的兴趣，希望去弄清楚更多的问题。通过做新闻这几年，它带给我很多的成长。有些东西经历过之后使我这个人与过去的我已经发生了很大的改变。看到的一切，经历的一切，让我想得更多。在想这些问题的过程当中，自己发现我对问题的认知和了解进步了，我自己也发生了很大的变化。

做新闻从来不仅仅是一个工作，而是一件很有趣的事情。有一次采访一位社会学者，他说，知识的边界也就是无知的边界。当你知道更多的时候你才知道自己是无知的。我每次采访社会事件都会有一个新的发现，它会告诉我自己之前的一些成见是错的。比如，在报道哈尔滨倒桥事件的时候，我认识到原来一个国家的桥梁设计标准和汽车工业标准和道路桥梁的交通法规都是一个配套体系，如果说不重视这个问题，就意味着不重视管理，即使所有的桥梁都遵循了桥梁建设规范，也可能会存在安全风险。当我发现这种新的知识或者打破了过去的某种成见的时候，我就会觉得特别高兴。

我不太喜欢过度地强调新闻理想这种东西，太功利了。理想常常换一个角度看就是功利，就是说我要实现什么，我要做到什么，我要改变什么。如果说我努力了却改变不了，还做不做呢？我是要那个结果呢，还是觉得这件事我就得做呢？关键还是要有兴趣，觉得乐在其中，愿意做、好好做就是了，还需要实现什么理想呢？

有时候，理想会太强调最后的结果，让人忘掉手段，忘掉伦理，我觉得更强调底线会好一些。新闻的底线就是尊重事实，尊重他人，不管对方是谁。多谈点底线，少谈些理想吧。